Zu diesem Buch

Am Anfang vieler folgenreicher Neuerungen steht oft eine einfache Idee. So auch bei der «Kollegialen Beratung»: Ihr liegt die Überlegung zugrunde, dass sich Menschen in einem Arbeitsfeld gegenseitig qualifiziert bei beruflichen Problemen beraten können. Was oft informell geschieht, braucht jedoch eine bestimmte Struktur: In einer Gruppe wird ein Mitglied von den übrigen Teilnehmern in verteilten Rollen nach einem feststehenden Ablauf beraten mit dem Ziel, Lösungen für eine konkrete Frage oder ein Problem zu entwickeln. Die Beratungsgruppen von fünf bis zehn Mitgliedern arbeiten selbständig ohne professionellen oder externen Berater.

Dieser Band entwickelt an praktischen Beispielen die sechs Phasen der Kollegialen Beratung und stellt Methodenbausteine zur Verfügung, die je nach behandelten Problemen oder Erfahrungsstand der Gruppe eingesetzt werden können.

Der Autor

Kim-Oliver Tietze, Diplompsychologe, Jahrgang 1968, arbeitet als Berater, Trainer, Coach und Supervisor in den Bereichen Organisations- und Personalentwicklung für Unternehmen und Non-Profit-Organisationen. Seine Tätigkeitsschwerpunkte sind die Konzeption, Durchführung und Evaluation von Programmen zur Führungskräfteentwicklung, die Förderung innerbetrieblicher Kooperation sowie systematisches und kreatives Problemlösen in Projektgruppen. Er lebt in Hamburg.

Kontakt: **http://www.kollegiale-beratung.de**

Kim-Oliver Tietze

Kollegiale Beratung

Problemlösungen
gemeinsam entwickeln

Rowohlt Taschenbuch Verlag

**MITEINANDER
REDEN: Praxis**

Herausgegeben von
**Friedemann
Schulz von Thun**

Redaktion Wolfgang Müller
Zeichnungen Kim-Oliver Tietze

Originalausgabe
Veröffentlicht im Rowohlt Taschenbuch Verlag GmbH,
Reinbek bei Hamburg, Juli 2003
Copyright © 2003 by Rowohlt Taschenbuch Verlag GmbH,
Reinbek bei Hamburg
Alle Rechte vorbehalten
Umschlaggestaltung any.way, Walter Hellmann
Innengestaltung Daniel Sauthoff, Hamburg
Satz Linotype Centennial und Helvetica
(PostScript) QuarkXPress 4.1
Gesamtherstellung Clausen & Bosse, Leck
Printed in Germany
ISBN 3 499 61544 4

Inhalt

Vorwort

Die Kollegiale Beratung bietet eine lebendige Möglichkeit, konkrete Praxisprobleme des Berufsalltags in einer Gruppe zu reflektieren und gemeinsam Lösungen zu entwickeln. Die Besonderheit dieses Konzepts liegt darin, dass die teilnehmenden Mitglieder sich wechselseitig beraten und die Gruppe dabei eigenständig vorgeht. Die Teilnehmer orientieren sich bei der Beratungsarbeit an einer einfachen und klaren Struktur, die ihnen ein systematisches Vorgehen erlaubt. Das Ziel, berufliche Kompetenzen zu entfalten und die kreative Kooperation in einer Gruppe, macht die Kollegiale Beratung zu einem attraktiven Qualifizierungsangebot für Angehörige zahlreicher Berufsgruppen.

Das vorliegende Handbuch entstand vor dem Hintergrund von Erfahrungen mit Einführungs- und Multiplikatorenschulungen zur Kollegialen Beratung in Unternehmen und Non-Profit-Organisationen. Als Praxisanleitung konzipiert, enthält es eine eingängige Darstellung der Methode, eine Fülle von Beispielen zu beruflichen Fragestellungen, praktische Hinweise für die erfolgreiche Durchführung von Beratungen und Tipps zur Überwindung möglicher Hürden. Es soll Lehr- und Lernbuch für den Einstieg in die Kollegiale Beratung sein, aber auch Nachschlagewerk für die Erweiterung des Methodenrepertoires einer Gruppe.

Das hier vorgestellte Konzept der Kollegialen Beratung unterscheidet sich in einem wesentlichen Punkt von anderen Vorschlägen: Die Gruppe wählt im Lauf des jeweiligen Beratungsprozesses eine spezielle Methode, mit der sie gezielt auf die Bedürfnisse des Teilnehmers eingeht, der sein Praxisproblem vorstellt. Dafür steht ihr eine große Auswahl an kreativen Beratungsmethoden zur Verfügung, die auch von professionellen Beratern, Supervisoren und Coaches angewendet werden. Dank dieser Variationsmöglichkeit entspricht die Kollegiale Beratung den Bedürfnissen sowohl von Anfänger- als auch von Fortgeschrittenengruppen, die je nach Beratungserfahrung einfachere oder komplexere Methoden einsetzen können.

Eingeladen zur Kollegialen Beratung sind Mitarbeiter in allen Arbeitsbereichen, in denen die Kompetenzen zu konstruktiver Zusammenarbeit und zwischenmenschlicher Verständigung mit Kollegen, Mitarbeitern, Kunden oder Klienten eine wichtige Rolle spielen. Im beruflichen Kontakt mit anderen Menschen ergeben sich oft verwirrende Situationen, unerwartete Schwierigkeiten und spannungsreiche Verwicklungen, für die sich Lösungen leichter im strukturierten Austausch finden lassen, den die Kollegiale Beratung anbietet. Damit spricht die Kollegiale Beratung als praxisbegleitendes Problemlösungs- und Qualifizierungsinstrument eine große Bandbreite unterschiedlicher Berufsgruppen an. Dazu gehören beispielsweise Führungskräfte in Unternehmen und Behörden, die ihre berufliche Kompetenz weiterentwickeln möchten, Projektleiter, die ihre Fähigkeiten zur Steuerung und Koordination einer Projektgruppe professionalisieren wollen, Mitarbeiter, die ihre Kompetenzen im Umgang mit manchmal schwierigen Kollegen, Kunden und Klienten erweitern möchten, sowie Personalentwickler, Berater, Trainer, die ihre Praxisfragestellungen mit Hilfe der Kompetenzen und der Erfahrungen von Kollegen lösen wollen. Selbstverständlich eignet sich die Kollegiale Beratung auch zur Strukturierung von Fallbesprechungen in sozialen, pädagogischen und medizinisch-therapeutischen Berufen.

Darüber hinaus wendet sich dieses Handbuch an Personalverantwortliche, die an einem effektiven Konzept zur Praxisqualifizierung von Mitarbeitern und Führungskräften in ihrem Unternehmen oder ihrer Organisation interessiert sind. Und nicht zuletzt bietet sich das Konzept der Kollegialen Beratung für Trainer, Berater und Coaches an, die nach einer praktikablen Struktur für Fallbesprechungen in Seminaren und Workshops Ausschau halten und dabei kreative Methoden einsetzen möchten, mit denen alle Teilnehmer aktiv beteiligt werden.

Wie ist dieses Handbuch aufgebaut?

Die **Grundlagen der Kollegialen Beratung** geben einen Überblick über das Konzept der Kollegialen Beratung sowie über Ziele, Themen und Anwendungsfelder. Das Kapitel **Ablauf der Kollegialen Beratung** schildert zu Beginn exemplarisch eine Kollegiale Beratung, beschreibt ausführlich die Aufgaben der Beteiligten und erläutert die einzelnen Phasen, in die sich der Ablauf gliedert. Die Sammlung von **Methodenbausteinen für die Kollegiale Beratung** enthält verständliche Anleitungen sowie jeweils ein ausführliches Praxisbeispiel, mit dem jeder Methodenbaustein illustriert wird. Die **Praxis der Kollegialen Beratung** widmet sich Tipps rund um das Erlernen der Kollegialen Beratung.

Grundlagen der Kollegialen Beratung

Was ist Kollegiale Beratung?

Der Kollegialen Beratung liegt die einfache Idee zugrunde, dass Menschen aus ähnlichen Arbeitsfeldern einander qualifiziert bei beruflichen Problemen beraten können. Sie folgen dabei einer bestimmten Struktur, und die Beratung findet in Gruppen von Gleichen statt. Was das bedeutet und welche Merkmale die Kollegiale Beratung kennzeichnen, wird im Folgenden beschrieben. Am Anfang steht eine kurze Definition, die durch die anschließenden Überlegungen erweitert und konkretisiert wird:

Kollegiale Beratung ist ein strukturiertes Beratungsgespräch in einer Gruppe, in dem ein Teilnehmer von den übrigen Teilnehmern nach einem feststehenden Ablauf mit verteilten Rollen beraten wird mit dem Ziel, Lösungen für eine konkrete berufliche Schlüsselfrage zu entwickeln.

Merkmale der Kollegialen Beratung

Die Kollegiale Beratung erhält ihren besonderen Charakter durch mehrere Kennzeichen: die Arbeit in der Gruppe, die Selbststeuerung ohne Externen, den festen Ablauf, die Transparenz der Methodik, die Arbeits- und Rollenverteilung der Beteiligten, die aktive Beteiligung der Teilnehmer und die Fokussierung auf berufliche und arbeitsbezogene Themen. Auch wenn derzeit unterschiedliche Konzepte von Kollegialer Beratung mit verschiedenen Bezeichnungen existieren (siehe S. 36f), so sind die hier aufgeführten Merkmale doch allen gemeinsam.

Kollegiale Beratung findet in Gruppen statt. Die Kollegiale Beratung findet grundsätzlich in Gruppen von fünf bis zehn Personen statt. Der Beratungsansatz und die Methodik erfordern, dass stets mindestens fünf, besser sechs Personen anwesend sind. Erst dann erschließt sich das Potenzial der angewendeten Methoden, und die Kompetenz der Mitglieder kann sich produktiv entfalten.

Ein professioneller Berater ist nicht anwesend. Das vielleicht wichtigste Merkmal der Kollegialen Beratung besteht darin, dass sie ohne ausgewiesene Beratungsexperten stattfindet. Das für die Kollegiale Beratung notwendige Know-how haben sich die Gruppenmitglieder selbst angeeignet. Deshalb liegt die Verantwortung für den Beratungsprozess auf den Schultern aller gleich verteilt. Alle besitzen gleiche Kenntnis über die Ablaufstruktur und gestalten damit den Prozess selbständig. Ein externer Coach oder hauptberuflicher Berater, dessen Handwerk im Beraten besteht, ist aus diesen Gründen entbehrlich.

Die Beratung folgt einem festen Ablauf. Der Beratungsprozess orientiert sich immer an einer relativ einfachen, aber gleich bleibenden Struktur, die aus mehreren Schritten oder Phasen besteht. Die später in diesem Handbuch vorgestellte Konzeption umfasst sechs Schritte. Diese Struktur lehnt sich an allgemeine Prinzipien und Erkenntnisse des guten Problemlösens und Beratens an. Ein Mitglied wird von den übrigen Mitgliedern stets nach der gleichen Struktur beraten, selbst wenn durch eine Methodenauswahl abwechslungsreiche Variation möglich wird. Mit dem festen Ablauf gewinnt die Gruppe auch ohne die Prozessexpertise eines professionellen Beraters die Sicherheit, dass sie alle für einen Problemlösungsprozess notwendigen Schritte berücksichtigt.

Der Ablauf und die Methoden sind allen Teilnehmern bekannt. Dank dieser Transparenz können die Beteiligten gemeinsam sicherstellen, dass die notwendigen Ablaufschritte eingehalten werden. Leerlauf und Unsicherheiten beim Vorgehen werden vermieden.

Auch die Aufgaben der Rollen anderer sind allen Gruppenmitgliedern bekannt, und dadurch erhält die Kollegiale Beratung eine gewisse Berechenbarkeit und Verlässlichkeit. Mit dieser Klarheit kann jeder abschätzen, wie der Prozess für ihn verlaufen wird und wann in welcher Phase welches Verhalten erwartet wird (z. B. fragen, zuhören oder Gedanken äußern).

Die Beratungsrollen und die Aufgaben werden verteilt. Jeder Teilnehmer der Kollegialen Beratung erhält zu Beginn jeder Beratung eine bestimmte Rolle: als Fallerzähler, Moderator, Berater oder Sekretär (siehe S. 42). Mit diesen Rollen wird beschrieben, welche Aktivität von den Beteiligten in welcher Phase der Beratung erwartet wird. Das verantwortungsvolle Ausfüllen dieser Rollen nimmt wesentlichen Einfluss auf das Gelingen der Kollegialen Beratung.

Alle Teilnehmer sind aktiv an der Beratung beteiligt. Die gezielte Aktivierung aller Teilnehmer im Beratungsprozess gehört zum Wesen der Kollegialen Beratung. Die Kollegiale Beratung baut gerade darauf auf, dass das breite Potenzial, die vielfältigen Erfahrungen und die Lebendigkeit einer Gruppe genutzt werden. Alle Beteiligten sind aufgefordert, ihr jeweiliges Fachwissen, ihren eigenen Erfahrungshintergrund und die erworbenen Kompetenzen aus ihrer Berufspraxis einzubringen.

Lösungen für berufliche Praxisprobleme werden entwickelt. Im Zentrum der Kollegialen Beratung stehen konkrete berufliche und arbeitsbezogene Schlüsselthemen, die die Teilnehmer als Praxisfälle einbringen: Interaktions-, Rollen- oder Kommunikationsfragen, Entscheidungsdilemmata und Beziehungsverwicklungen. Allgemeine Themen aus dem Berufsalltag, die ohne spezifischen Bezug zu einer konkreten beruflichen Praxisfrage eines Mitglieds sind, werden dagegen nicht berücksichtigt. Ebenso ist es ausgeschlossen, Konflikte zwischen Mitgliedern der Beratungsrunde selbständig zu bearbeiten, weil die Methodik dafür nicht ge-

eignet ist. Hierfür bedarf es einer gesonderten Teamberatung
(z. B. Teamentwicklung, Konfliktberatung) mit Unterstützung von
außen.

Die Kollegialität der Kollegialen Beratung

Was macht die Kollegiale Beratung eigentlich «kollegial»? Kurz
gesagt geht es darum, sich im positiven Sinne wechselseitig wie
Kollegen zu behandeln. Aber es geht noch um viel mehr. Das hier
gemeinte Prinzip der Kollegialität umfasst eine Kombination aus
Beschreibungen der Zusammensetzung einer Beratungsgruppe
und aus Erwartungen an eine konstruktive Haltung und Kooperation der Gruppenmitglieder untereinander.

- Kollegial bezieht sich auf die *wechselseitige Hilfsbereitschaft der
  Teilnehmer*. In der Gruppe helfen sich die Mitglieder gegenseitig

bei der Entwicklung von Lösungen für ihre beruflichen Praxisfragen. Wenn ein Mitglied um Unterstützung für die Bewältigung eines Problems ersucht, weiß es, dass der Raum dafür in der Kollegialen Beratung zur Verfügung steht. Es kann mit der Hilfsbereitschaft der übrigen Mitglieder rechnen.

- Kollegial bezieht sich auf die *Zusammensetzung der Gruppe*. Die Gruppe besteht aus Personen, die im Berufsalltag Kollegen sein könnten, aber nicht im Wortsinne Kollegen sind, die in der Praxis miteinander arbeiten. Gemeint ist ein vergleichbares berufliches Betätigungsfeld oder ein ähnlicher Erfahrungshintergrund der Gruppenmitglieder, beispielsweise als Führungskräfte, Personalentwickler, Kundenberater oder Projektleiter. Die Zusammensetzung sollte in Bezug auf diese Aspekte einigermaßen homogen sein, solange dadurch die Gefahr der Betriebsblindheit nicht gefördert wird.

- Kollegial bezieht sich auf die *Umkehrbarkeit der Beratungsbeziehung*. Während eines Beratungsprozesses sind die verschiedenen Rollen unter den Gruppenmitgliedern aufgeteilt: Ein Mitglied wird von den übrigen beraten. Die Beratungsbeziehung ist danach grundsätzlich umkehrbar, getreu dem Motto «Erst beraten wir dich – dann beratet ihr mich». Die Mitglieder beraten sich gegenseitig, indem prinzipiell und praktisch jeder abwechselnd jede Rolle einnimmt. Jeder kann (und soll) beraten werden, und jeder kann (und soll) im Verlauf der Gruppentreffen beraten.

- Kollegial bezieht sich auf die *Gleichberechtigung der Gruppenmitglieder*. «Kollegial» ist ein Appell an das Ideal der Gleichberechtigung: Die Erfahrungen aller Beteiligten sowie ihre Wort- und Ideenbeiträge gelten als gleichwertig. Die Beziehungen zwischen den Teilnehmern sollen symmetrisch sein. Der Status, den die Teilnehmer außerhalb der Beratungsgruppe innehaben, darf im Beratungsgeschehen keine Rolle spielen. Damit geht die

Forderung an die Bereitschaft einher, sich prinzipiell von jedem in der Gruppe beraten zu lassen. Dies verlangt Offenheit und Wertschätzung gegenüber allen Fragen, Erfahrungen und Anregungen von Beteiligten.

Diese vier Merkmale charakterisieren die Kollegialität dieser Beratungsform. Die ersten drei Punkte sind in der Praxis leichter zu realisieren als die Ideale des vierten Punkts. Theoretisch kann sich das vollständige Team einer Klinikstation in gemischter Besetzung kollegial beraten, wenn die Oberärztin auch die Stationsschwester als Moderatorin akzeptiert. Praktisch würde das vermutlich in Bezug auf den Status, die Offenheit und die Bereitschaft zur Anerkennung der Gleichwertigkeit auf erhebliche Schwierigkeiten stoßen.

Die genannten und geforderten Merkmale legen nahe, dass sie bei freiwilliger Teilnahme an der Kollegialen Beratung am besten zu erfüllen sind. Man kann Menschen nicht vorschreiben, im Beratungsprozess kollegial und konstruktiv miteinander umzugehen, wenn sie nicht wirklich dazu bereit sind oder andere gewichtige Gründe dagegen sprechen. Man kann kein kollegiales Beratungsbiotop schaffen und durch eine Anweisung Gemeinsamkeiten oder einen Grundkonsens zur Kooperation unterstellen, während sich die Gruppenmitglieder außerhalb der Beratung im Widerspruch dazu verhalten.

Das Beratungsverständnis der Kollegialen Beratung

In der Regel verbindet man mit «Beratung» die Tätigkeit von Fachleuten, die einem Unternehmen *raten*, ein spezielles Computersystem anzuschaffen, oder die einem Vorstand empfehlen, die Organisation auf eine bestimmte Art zu verändern. Oder man verbindet damit eine ärztliche Konsultation, bei der der Patient sein Leiden schildert und der Arzt aufgrund seiner besonderen Kenntnisse in der Lage ist, entsprechende Gegenmittel zu verordnen, um das vorgetragene und untersuchte Leiden zu lindern. Ratsuchende bedienen sich nach diesem Prinzip der Kompetenz von Experten, um von deren Fachwissen zu profitieren. Diese Art von Beratung wird *Expertenberatung* (Schein 1987) genannt und findet ihren Einsatz in vielen Problembereichen des privaten und beruflichen Lebens, wo hochspezielles Fachwissen und umfangreiche einschlägige Erfahrungen erforderlich sind. Es wäre in solchen Fällen unsinnig und unökonomisch, sich dieses Wissen selber anzueignen. Expertenberatung geschieht, indem der Berater als Fachperson angesprochen wird, nach einer Analysephase auf der Grundlage seines Wissens eine passende Lösung entwirft und sie dem Ratsuchenden als Empfehlung mit auf den Weg gibt. Vom Ratsuchenden wird dann erwartet, dass er dem Ratschlag des Experten folgt, um seine Lage zu verbessern.

Ein anderes Verständnis von Beratung, an das sich auch die Kollegiale Beratung anlehnt, ist als *Prozessberatung* (Schein 1987) bekannt. Bei der Prozessberatung gestaltet der Berater den Problemlöseprozess, in dem der Ratsuchende sein Problem recht selbständig bearbeiten und eigene Lösungen entwickeln kann. Beratungsformen, die dieser Richtung entsprechen, sind Coaching, Moderation oder Psychotherapie. Coaches und Psychotherapeuten sind ausgebildete Profis darin, hilfreiche Gespräche so zu führen, dass als deren Ergebnis die vorgebrachten Probleme gelindert oder vom Ratsuchenden im Alltag selber gelöst werden können. Moderatoren strukturieren in Unternehmen Sitzungen oder Workshops, in denen Lösungen erarbeitet werden, ohne sich dabei inhaltlich einzumischen. Die Leistung der Prozessberatung liegt darin, dass in ihrem Rahmen Problemlösungen besser, schneller und gezielter erarbeitet werden können als ohne sie.

Die Rollen bei der Prozessberatung sind anders verteilt als bei der Expertenberatung. Der Ratsuchende wird von einem Prozessberater als Experte für seine Problematik angesehen, während der Berater seinerseits als Struktur- und Methodenexperte handelt. In Begleitung des Beraters setzt sich der Ratsuchende als Hauptakteur selber mit der Analyse und Bewertung seines Problems auseinander, entwickelt verschiedene Lösungsalternativen und entscheidet nachher selbst, was davon er in welcher Form umsetzt. Er bleibt deshalb auch verantwortlich für die praktische Umsetzung einer Lösung. Der Berater erleichtert dem Ratsuchenden diesen Lösungsprozess, indem er seine Methodenkenntnisse anwendet und die richtigen Fragen stellt, um den Blick des Ratsuchenden auf andere, bisher unbeachtete Aspekte seines Problems zu lenken. Somit strukturiert er insgesamt das Beratungsgespräch. Weil dies als ein Klärungsprozess verstanden werden kann, leistet der Berater immer auch «Klärungshilfe» (Thomann 1998). Er kann dem Ratsuchenden inhaltliche Lösungsvorschläge unterbreiten, tut jedoch gut daran, dabei eine Haltung einzunehmen, aus der heraus seine inhaltlichen Beiträge lediglich als Angebote verstanden werden, die der Ratsuchende annehmen oder auch ablehnen kann. Ein erwünschter (Neben-)Effekt dieser Form von Beratung ist, dass der Ratsuchende gleichzeitig seine Kompetenzen erweitert, schwierige Situationen strukturiert zu reflektieren, und in der Folge ähnlich gelagerte Probleme zukünftig eigenständig lösen kann.

Die Kollegiale Beratung orientiert sich an diesem skizzierten Verständnis der Prozessberatung. Die Gruppe erhält eine Beratungsstruktur, die klar, relativ einfach und zielführend zugleich ist. Wichtig ist allerdings, dass die Problembereiche, die damit bearbeitet werden, eingegrenzt werden, um Überforderungen zu vermeiden. Die behandelten Probleme sollten aus dem beruflichen Bereich kommen, relevant für den Ratsuchenden und nicht zu komplex sein. Dann kann eine qualifizierte Kollegiale Beratung auch von Menschen durchgeführt werden, die keine längere Beratungsausbildung absolviert haben.

Ziele der Kollegialen Beratung

Das übergeordnete Ziel Kollegialer Beratung ist die Verbesserung der beruflichen Praxis der Teilnehmer. Mit beruflicher Praxis sind hier die Interaktionen zwischen Praktikern und Kollegen, Mitarbeitern, Kunden und Vorgesetzten sowie das Verhalten von Praktikern in ihrer Berufsrolle gemeint. Mit Kollegialer Beratung lassen sich drei miteinander verbundene Ziele erreichen:

1. **Praxisberatung near-the-job: Lösungen für konkrete Praxisprobleme,**
2. **die Reflexion der beruflichen Tätigkeit und der Berufsrolle sowie**
3. **Qualifizierung durch den Ausbau von praktischen Beratungskompetenzen.**

Praxisberatung near-the-job: Lösungen für konkrete Praxisprobleme

Ganz oben steht natürlich das Ziel, mit Hilfe Kollegialer Beratung Lösungen für Praxisprobleme im betrieblichen Alltag zu entwickeln. Durch die aktive Mithilfe der Beteiligten erhält ein Teilnehmer konkrete Rückmeldungen und praktische Lösungsideen für seinen beruflichen Alltag. Dem Fallerzähler stehen die Erfahrungen und Kompetenzen der übrigen Gruppenmitglieder zur Lösung seiner Problemsituation zur Verfügung. Die Teilnehmer erleben somit eine Praxisberatung on-the-job oder zumindest near-the-job.

Die Bearbeitung von Problemen in der Kollegialen Beratung und die nachfolgende Bewältigung von Schwierigkeiten führt zur Verminderung und zur Vermeidung von Belastungen und beugt neuen Berufsproblemen vor. Sie steigert damit die berufliche Zufriedenheit der Teilnehmer, deren Arbeitsmotivation, und sie fördert konstruktive Arbeitseinstellungen (Rotering-Steinberg 1998). Im Rahmen Kollegialer Beratung besteht die Gelegenheit, Kommunikations-, Interaktions- und Frustrationsprobleme des beruflichen Alltags aufzuarbeiten. Einstellungen und Verhaltensweisen werden hinterfragt, korrigiert oder bestätigt. Die Folgen sind zum Beispiel eine Entwicklung und Verbesserung der Führungskompetenz und ein Abbau von Stressoren und Frustrationen bei Führungskräften. Schwierige und gestörte Interaktionen können geklärt und so insgesamt eine produktivere Atmosphäre geschaffen werden.

Doch nicht nur der Teilnehmer, für dessen Problem konkrete Lösungen entwickelt werden, profitiert von der Kollegialen Beratung. Alle übrigen Teilnehmer gewinnen im Miterleben der Beratungen ebenfalls neue Einsichten für ihre Berufspraxis. Sie diskutieren verschiedene Formen von (Führungs-)Verhalten, erkennen Bezüge zu eigenen beruflichen Themen und erweitern ihren persönlichen Kompetenzfundus. Oft entdecken Gruppenmitglieder verblüffende Parallelen zwischen den Problemsituationen, die von anderen Teilnehmern geschildert werden, und ihrem eigenen Erleben. Die Teilnehmer erfahren, welche Haltungen und Verhaltensweisen zu Problemen und welche Interventionen zu Lösungen führen können. Sie lernen dabei, sich dort Gedanken über ihre eigenen Einstellungen und Verhaltensweisen zu machen, wo sie es bisher vielleicht noch nicht getan haben. Die diskutierten Erfahrungen und die geglückten Problemlösungen anderer Teilnehmer helfen ihnen bei der Bewältigung zukünftiger Probleme. Sie können aus den Reflexionen und geplanten Handlungsmöglichkeiten eigene Varianten für ähnliche Probleme ableiten oder sich an bestimmte Handlungsschemata erinnern, wenn sie in der Zukunft mit ähnlichen Konflikten konfrontiert werden (Rotering-Steinberg 1990). Das eigene Repertoire an Möglichkeiten zur Entschärfung schwieriger Konstellationen, zur Vermeidung von Spannungen in der Zusammenarbeit, zur umsichtigen Entscheidungsfindung, zur systematischen Problemlösung und zur Konfliktklärung wird dadurch erheblich bereichert.

Ein bedeutender Schwerpunkt der Praxisberatungen liegt erfahrungsgemäß bei den zwischenmenschlichen und kommunikativen Verhaltensweisen. Wenn Teilnehmer ihre Probleme vorstellen, erhalten sie Rückmeldungen über ihren Umgang mit Kollegen und Mitarbeitern sowie Vorschläge für alternatives und vielleicht angemesseneres Verhalten. So bewältigen die Teilnehmer der Kollegialen Beratung nicht nur akute berufliche Probleme – zugleich werden auch Schlüsselqualifikationen gefördert, auf die in Unternehmen heutzutage immer größerer Wert gelegt wird, beispielsweise Fähigkeiten zur produktiven Zusammenarbeit und zur konstruktiven Konfliktlösung.

Reflexion der beruflichen Tätigkeit und der Berufsrolle

Indem berufliche Schlüsselsituationen thematisiert und von verschiedenen Seiten beleuchtet werden, findet in der Kollegialen Beratung eine regelmäßige Überprüfung der Berufsrolle, der Handlungsweisen und der Einstellungen statt. Eine zentrale Kompetenz bei der beruflichen Qualifizierung, der persönlichen Weiterentwicklung und der Professionalisierung beruflichen Handelns bildet die Fähigkeit zur Reflexion. Sie ist der Schlüssel zum Lernen im Erwachsenenalter. Reflexion bedeutet, das eigene Verhalten und die eigenen Deutungen von einem anderen Standpunkt aus betrachten und kritisch hinterfragen zu können. Das geschieht im beruflichen Alltag oft beiläufig, ist aber von besonderer Wichtigkeit, wenn man verfahrene Situationen erlebt, wenn das eigene Verhalten in bester Absicht unerwartete und vor allem unerwünschte Wirkungen hervorbringt oder wenn man sein Verhaltensrepertoire weiterentwickeln möchte. Das Geben und Nehmen von Feedback bildet in diesem Zusammenhang eine wichtige Komponente.

Ein zeitweiliger Wechsel des Beobachtungsstandpunktes ist die entscheidende Voraussetzung dafür, um eigenes Verhalten zu überprüfen, das z. B. zum Fortbestehen eines Konflikts beiträgt. Durch das Angebot verschiedener Blickwinkel, aus denen sich eine Situation betrachten lässt, entstehen zusätzliche Zugänge zum Problem und zu seiner Lösung. Daraus resultiert ein Gefühl für die Möglichkeiten und die Verantwortung, die der Einzelne bei der Bewältigung von Konflikten haben kann. Mit der Veränderung der Perspektive wird ein neuer Blick auf die Situation möglich, und damit ergeben sich auch neue Handlungsansätze.

Die Kollegiale Beratung bietet ihren Teilnehmern die Gelegenheit, Lösungs- und Handlungsmöglichkeiten in vertrauensvoller Atmosphäre gefahrlos zu reflektieren (Rotering-Steinberg 1990). Das berufliche Handeln wird mit ihrer Hilfe aus der Distanz betrachtet. Jeder lernt dabei, sein Verhalten aus einer zweiten, einer Beobachterperspektive wahrnehmen zu können. Über diese Form von Fremdwahrnehmung und über angemessen vorgetragenes Feedback gelangt man leichter zu einer veränderten Selbstwahrnehmung; sie ermöglicht eine vielseitige und mehrschichtige Betrachtung des eigenen Handelns, der eigenen Auffassungen und der Resonanzen, die daraus bei Interaktionspartnern entstehen. Dadurch werden Entscheidungs- und Handlungsspielräume erweitert und die Teilnehmer zur selbständigen Bewältigung schwieriger Situationen befähigt (Osterhold 2001).

Qualifizierung: Ausbau von Schlüsselkompetenzen

Die Teilnahme an Kollegialer Beratung fördert den Erwerb und die Erweiterung von Schlüsselkompetenzen, die von Führungskräften und Mitarbeitern in Unternehmen heute erwartet werden, ja in der Regel schon bei der Einstellung vorausgesetzt werden. Hierzu zählen soziale Kompetenzen, Beratungskompetenzen und Methodenkompetenzen.

Soziale Kompetenzen. Durch die Teilnahme an der Kollegialen Beratung werden kommunikative und interaktionelle Kompetenzen gefördert, die als Schlüsselqualifikationen gelten (Schlee & Mutzeck 1996). Indem sich die Mitglieder der Gruppe kontinuierlich mit Praxisproblemen und unterschiedlichen Standpunkten auseinander setzen, entwickeln sie eine Neugier auf und ein Verständnis für andere Positionen. Da häufig soziale Situationen aus dem Berufsleben thematisiert und unter die Lupe genommen werden, verändern sich mit der Zeit auch die Sensoren für solche Themen. Mit der kontinuierlichen Teilnahme erproben und erweitern die Beteiligten somit Fähigkeiten, die auch über die Beratungsgruppe hinaus große Bedeutung besitzen.

Beratungs- und Coaching-Kompetenzen. Im Rahmen eines veränderten Führungsverständnisses sollen Führungskräfte oft Coaching-Qualitäten entwickeln, um ihren Mitarbeitern zu mehr Eigenständigkeit zu verhelfen. Auch Vertriebsmitarbeiter beispielsweise sind angehalten, ihr Rollenrepertoire um die Rolle eines Kundenberaters zu erweitern, die einen veränderten Dialog mit den Kunden ermöglicht. Hier eröffnet die Kollegiale Beratung eine einzigartige Trainingsmöglichkeit für Beratungskompetenzen, die anhand von konkreten Praxisfällen vertieft werden. Dazu gehören Fähigkeiten wie die strukturierte und am Mitarbeiter orientierte Gesprächsführung, das gezielte und erkundende Fragen, das einfühlende Verstehen und das aktive Zuhören. Mit der Einnahme der unterschiedlichen Rollen im Lauf des Beratungsprozesses wird das Beraten regelmäßig praktiziert und eingeübt.

Methodenkompetenzen. Die Struktur der Kollegialen Beratung beruht auf den Prinzipien erfolgreichen Problemlösens. Zu diesen Prinzipien gehören im Wesentlichen die strikte Trennung von Problembeschreibung und Lösungsfindung, die Ziel- und Lösungsorientierung sowie die Berücksichtigung und Verknüpfung vieler unterschiedlicher Perspektiven bei der Lösungsentwicklung. Die Methodik ist zwar nicht ohne weiteres auf andere Anwendungsbereiche (z. B. technische Probleme) übertragbar, jedoch lassen sich einige grundsätzliche Prinzipien und viele Elemente des Vorgehens sehr gut auf andere berufliche Situationen, zum Beispiel in der Projektarbeit, übertragen.

Nutzen der Kollegialen Beratung

Der weitere Nutzen der Kollegialen Beratung über die Erreichung der genannten Ziele hinaus lässt sich für die Teilnehmer und für die Organisation insgesamt auf mehreren Ebenen beschreiben:

Nutzen für die einzelnen Gruppenteilnehmer

Rückhalt durch die Gruppe. Die Anteilnahme, die Unterstützung und das Verständnis durch die anderen Gruppenmitglieder wirken ermutigend für die eigene berufliche Praxis. Das Vertrauen in die eigenen Fähigkeiten wird gestärkt, indem dem Fallerzähler ermöglicht wird, sich in einem geschützten Rahmen von destruktiven Selbstbildern (z. B. «Ich bin offenbar unfähig») zu lösen und konstruktivere Optionen (z. B. «Ich habe doch noch andere Möglichkeiten, die ich probieren könnte») zu entwickeln.

Entlastung durch Mitstreiter. Die Teilnehmer erhalten nicht nur Lösungen für die eigene Praxis und alternative Möglichkeiten für eingefahrene Handlungsmuster. Durch die Reaktionen anderer erleben sie gleichzeitig, dass sie mit ihren beruflichen Problemen nicht allein stehen. Ähnlich entlastend wirken die Fallschilderungen und Problemlöseprozesse anderer Teilnehmer. Hier erfahren sie, wie sich diese auch mit beruflichen Problemen, Unsicherheiten und Interaktionskonflikten herumschlagen, für die sie Lösungen suchen. Sie entdecken Parallelen in den berichteten Problemlagen, in Einstellungen und in Rollenkonstellationen. Daraus entstehen verbindende Gemeinsamkeiten mit den anderen Gruppenmitgliedern, die von einigem Druck befreien.

Fachlicher Austausch. Indem die Teilnehmer über ihre Arbeit berichten, findet in gewissem Umfang auch ein fachlicher Austausch über die Grenzen unterschiedlicher Fachbereiche und Funktionen statt. Man erfährt mehr von den Arbeitsinhalten, Strukturen und Abläufen benachbarter und entfernter Abteilungen und erweitert den Blick für abteilungsübergreifende Themen. Daraus entwickelt sich ein verbessertes Verständnis für die komplexen Zusammenhänge im eigenen Unternehmen.

Gemeinsame (Führungs-)Kultur. Die kollegiale Reflexion arbeitsbezogener Problemstellungen begünstigt die Entwicklung von differenzierten Bildern, Vorstellungen und Haltungen und damit die Herausbildung einer Kultur mit gemeinsamen Werten. Insbesondere wenn die Teilnehmer Mitglieder einer Führungsebene sind, wird durch Diskussionen über Verhaltensaspekte im Beruf und Beratungen von Praxisfällen ein gemeinsam gelebtes Führungsverständnis wahrscheinlicher. Zudem bieten der kollegiale Austausch und das Erleben der Arbeitsweisen anderer die Möglichkeit zum Vergleich und zur beruflichen Selbstkontrolle.

Nutzen für die Organisation

Qualifiziertere Mitarbeiter. Durch die oben genannten Effekte werden verschiedene Kompetenzen der Teilnehmer gefördert und somit ihre Qualifikationen um wesentliche Aspekte erweitert. In besonderem Maße werden die Professionalisierung und Qualifizierung im Umgang mit Ausnahmen, Schwierigkeiten und Unsicherheiten gefördert (Schlee & Mutzeck 1996).

Vernetzung. Durch den kollegialen Austausch, der in der Kollegialen Beratung immer stattfindet, entstehen wichtige Verbindungen und Beziehungen in der Organisation, die eine schnellere Abstimmung erlauben. Die Teilnehmer lernen über die Fallerzählungen die Arbeitsbereiche der beteiligten Kollegen kennen und entwickeln ein vertieftes Verständnis für die fachübergreifende Vernetzung von Fragestellungen und Problemen im Unternehmen.

Steigerung der Qualität der Arbeit und bessere Arbeitsleistungen. Reflektierte und fundierte Verhaltensweisen führen zu professionellerem Handeln und damit zu einer Verbesserung des Umgangs mit Kunden und Mitarbeitern, der sich schließlich auch in den betriebswirtschaftlichen Ergebnissen positiv niederschlagen kann.

Ausbau einer Unterstützungskultur. Das gemeinsame Angehen und Lösen von Praxisproblemen in der Gruppe trägt dazu bei, Ängste und Vorbehalte darin abzubauen, Probleme in der Gegenwart von anderen zu benennen. Dies bildet die Grundlage für eine Kultur, in der man sich gegenseitig unterstützt und Probleme rechtzeitig angeht, bevor sie sich ausweiten.

Kostengünstige Personalentwicklung. Der finanzielle Aufwand für das Einführungstraining und die gelegentliche Auffrischung und Vertiefung der Kollegialen Beratung durch einen (internen oder externen) Trainer oder Berater ist geringer als bei Maßnahmen, die einer stetigen Begleitung bedürfen.

Anwendungsfelder der Kollegialen Beratung

Die Methode der Kollegialen Beratung eignet sich für die Anwendung in ganz unterschiedlichen Berufsgruppen. Mit ihrer Hilfe kann ein großes Spektrum von Themen und Inhalten bearbeitet werden. Aufgrund ihrer inhaltlichen Offenheit sowie wegen ihres starken Praxisbezugs kann die Kollegiale Beratung in zwei Varianten eingesetzt werden: a) als eigenständiges Programm ohne Anbindung an andere Maßnahmen oder b) eingebettet in eine Kombination mit anderen Maßnahmen der Personalqualifizierung.

Kollegiale Beratung als eigenständiges Programm

Führungskräfte, Projektleiter und andere Fachkräfte haben in der täglichen Ausgestaltung ihrer Berufsrolle immer wieder neue Situationen zu bewältigen, für die sie bislang noch keine Kenntnisse erworben, Kompetenzen ausgebildet oder Erfahrungen gesammelt haben. Von ihnen wird oft selbstverständlich erwartet, dass sie diese Anforderungen auf Anhieb erfolgreich bewältigen. Dennoch erleben sie immer wieder Situationen, die viele schwierige Fragen aufwerfen und nur wenige eindeutige Antworten geben. Die meisten sozialen Situationen in Unternehmen zeichnen sich gerade dadurch aus, dass sie einzigartig und komplex sind. Das Repertoire eines Einzelnen für einen angemessenen Umgang mit ihnen wird niemals so umfassend sein, dass sich Ungewissheit und Ratlosigkeit vermeiden lassen. Standardisierte und einmalige Qualifizierungsmaßnahmen können hier nur begrenzt Unterstützung bieten.

Für diese Zielgruppen kann Kollegiale Beratung als eigenständige unternehmensinterne Qualifizierungsmaßnahme eingerichtet werden. Einige bereits erfolgreich erprobte Möglichkeiten sind:

- Die Entwicklung und Förderung der Führungskompetenzen von Mitgliedern des Führungskreises, von Abteilungsleitern oder Teamleitern.
- Kollegiale Beratung für Trainees zur erfolgreichen Bewältigung von Erfahrungen der Sozialisation im Unternehmen.
- Systematische Förderung von Nachwuchs-Projektleitern durch die Einrichtung regelmäßiger Kollegialer Beratung, bei der Praxisfragen gelöst werden.
- Die wechselseitige Unterstützung von internen Trainern, Beratern und Personalentwicklern bei der Reflexion schwieriger Praxissituationen aus Seminaren und Workshops mittels Kollegialer Beratung.

Kollegiale Beratung in Verbindung mit anderen Maßnahmen

Denkbare und in der betrieblichen Praxis verwirklichte Vorschläge für die Verknüpfung von Kollegialer Beratung mit anderen Personalentwicklungskonzepten sind:

Fester praxisorientierter Bestandteil von länger angelegten Qualifizierungsprogrammen. Fallarbeit mittels Kollegialer Beratung kann ergänzend zu Seminaren angeboten werden, zum Beispiel im Rahmen einer einjährigen Führungskräftequalifizierung. Die Beratungsinhalte können sich dann speziell auf die in den Seminaren behandelten Themen und erworbenen Kenntnisse beziehen.

Maßnahme für den Praxistransfer im Anschluss an Seminare. Mit der Kollegialen Beratung können die Teilnehmer beispielsweise von Führungs-, Vertriebs- oder Projektmanagementseminaren ihr erworbenes Wissen ausprobieren und in die Praxis umsetzen.

Durch die Beratungsgruppe wird für eine angemessene Begleitung dieses Transferprozesses und die wichtige Reflexion der Praxis gesorgt.

**Baustein der Umsetzungsplanung im Rahmen von Veränderungspro-
zessen.** Kollegiale Beratung eignet sich zur Lösungssuche für
praktische Umsetzungsfragen bei der Einführung von Veränderungen oder bei der Bewältigung von Schwierigkeiten. Einschnei-
dende Organisationsveränderungen wie beispielsweise Umstruk-
turierungen, die Einführung von Steuerungsprinzipien (Balanced
Score Card, EFQM), eine Leitbildumsetzung oder die Verwirklichung von Zielvereinbarungen bringen für die Menschen neue,
komplexe und vielfach unvorhersehbare Herausforderungen mit
sich. Die meisten Führungskräfte haben diese Wege in ihrem bisherigen Berufsleben noch nicht beschritten – umso wichtiger werden die Begleitung und die Bewältigung heikler Situationen, die
sich im Laufe des Prozesses einstellen können. Kollegiale Beratung wird so zu einem wichtigen Baustein für ein praxisorientier-
tes Change-Management.

**Transfer-Baustein in einer Moderations- oder Beratungsausbildung
für interne Berater.** Die besondere Situation interner Berater erfordert gezielte Aufmerksamkeit. Sie stehen im Spannungsfeld von
Hierarchien, Machtinteressen und Unternehmenspolitik. Sie müssen sich mit der Besonderheit auseinander setzen, dass sie in der
Hierarchie einen festen Platz einnehmen und somit sensibel
Rücksicht auf interne Interessen im Unternehmen zu nehmen
haben. Für die Reflexion, Problemlösung und Handlungsplanung
in solchen Fällen eignet sich Kollegiale Beratung besonders.

Themen und Inhalte der Kollegialen Beratung

Für die Kollegiale Beratung eignen sich im Grunde genommen alle Themen und Fragestellungen, die in Verbindung mit einem konkreten beruflichen Anlass eines Teilnehmers stehen. Aber nur auf konkrete Fragen, die aus konkreten Praxisbeispielen erwachsen sind, lassen sich mit Hilfe Kollegialer Beratung auch konkrete Antworten finden. Andernfalls wird die Beratung für alle Beteiligten schnell unbefriedigend. Abstrakte oder allgemeine Fragestellungen sind daher nicht geeignet, es sei denn, sie schlagen sich für den Fallerzähler in einer konkreten Situation seiner beruflichen Praxis nieder.

Zeitlich kann diese konkrete Situation in der Vergangenheit angesiedelt sein («Mir ist Folgendes widerfahren, und ich möchte es besprechen, um daraus lernen zu können»), in der Gegenwart («Derzeit ist meine Lage so, und ich will wissen, wie ich mich verhalten kann») oder in der Zukunft («In zwei Wochen habe ich ein wichtiges und brisantes Meeting: Was muss ich berücksichtigen, damit ich Erfolg habe?»).

Fälle

In Coaching und Supervision hat es sich eingebürgert, von «Fällen» zu sprechen. Mit Fällen werden allgemein Situationen, Probleme und Geschehnisse beschrieben, die für jemanden besonders und ungewöhnlich sind und die vom Alltag abweichen. Fälle ergeben sich zumeist dann, wenn Routinen unerklärlicherweise stecken bleiben oder wenn Begegnungen mit anderen Menschen unglücklich und unbefriedigend verlaufen. Gelungenes, Bewältigtes, Alltägliches und Selbstverständliches wird selten als Fall berichtet (Thimm 1997).

Fälle können sich auf alle Personen und Probleme beziehen, denen wir im Berufsalltag begegnen. Anlässe für Kollegiale Beratung können beispielsweise sein: kritische Führungs- und Kommunikationssituationen, strategisch schwierige oder betriebspolitisch delikate Entscheidungen, komplexe oder konfliktträchtige Projekte, manifeste oder latente Spannungsfelder im unmittelbaren Arbeitsumfeld, akute Konflikt- und Krisensituationen innerhalb des Unternehmens oder in wichtigen Außenbeziehungen, beispielsweise mit Geschäftspartnern, Kunden oder Lieferanten (Lauterburg 2001).

Auch wenn die Bandbreite der Themen, die sich mit der Kollegialen Beratung bearbeiten lassen, sehr groß ist, so müssen die berichteten Situationen gewissen Anforderungen entsprechen:

- Der Fall bezieht sich aus aktuellem, konkretem Anlass auf eine konkrete soziale Situation mit einem oder mehreren konkreten Interaktionspartnern.
- Die Interaktionspartner und das Problemfeld liegen außerhalb der Beratungsgruppe. Außer dem Fallerzähler ist niemand aus der Gruppe direkt in den Fall involviert.
- Den Fallerzähler beschäftigt die Frage derzeit noch. Er wünscht sich die Reflexion einer offenen Frage, auf die er noch keine befriedigende Antwort gefunden hat.

Beispiele für Fälle und mögliche Fragestellungen

Umgang mit veränderten Verhaltensweisen: «Ich beobachte, dass einer meiner Mitarbeiter in letzter Zeit deutlich in seiner Leistung nachlässt. Wie kann ich mit ihm darüber ins Gespräch kommen?»
Bewältigung neuer Aufgaben: «Ich stehe als Projektleiter am Anfang eines neuen Projekts. Wie kann ich den Auftakt in der Projektgruppe so gestalten, dass sich alle wirklich engagieren?»

Integration neuer Mitarbeiter: «Ich habe einen neuen Mitarbeiter bekommen. Er tut sich schwer, sich ins Team zu integrieren, und steht abseits. Was kann ich tun, damit er vom Team akzeptiert wird?»

Die eigene Arbeitsweise: «Ich habe eigentlich genau die Stelle, die zu mir passt. Trotzdem komme ich nur noch mit dem Motto ‹quick and dirty› durch. Damit bin ich nicht zufrieden. Wie kann ich das befriedigender gestalten?»

Probleme mit Mitarbeitern: «Ich gerate mit einem Mitarbeiter regelmäßig in Streit. Es scheint, als habe er bei seiner Argumentation stets eine andere ‹Datenbasis›. Wie komme ich da raus?» Oder: «Meine Assistentin hat seit drei Monaten wiederholt Fehlzeiten. Wie kann ich sie darauf ansprechen?»

Probleme zwischen Mitarbeitern: «Zwei Kolleginnen können sich nicht leiden, und das belastet die Atmosphäre im ganzen Team. Welche Möglichkeiten habe ich als Teamleiter, ihr Verhältnis besser zu gestalten?»

Schwierigkeiten mit Kunden: «Der Kunde verlangt immer wieder Verbesserungen am Konzept und kritisiert anschließend das, was er selber gefordert hat. Mir scheint, er will nur den Preis drücken. Wie kann ich mich verhalten?»

Gestörte Arbeitsabläufe: «Die Nachbarabteilung verspätet sich mit ihren Ergebnissen häufig um ein paar Tage, was in unserem Team dann großen Stress und Druck verursacht. Wie kann ich darauf reagieren?»

Probleme in der Projektarbeit: «Es knirscht in meinem Projektteam. Welche Anstöße für eine verbesserte und produktivere Zusammenarbeit kann ich geben?»

Schwierigkeiten mit Vorgesetzten: «Mein Vorgesetzter kritisiert mich unmäßig vor versammelter Mannschaft. Wie kann ich mich angemessen dagegen wehren?»

Bewältigung von Veränderungen: «Mehrere Mitarbeiter haben das

Unternehmen verlassen oder stehen kurz davor. In meiner Abteilung herrscht eine bedrückende Atmosphäre. Was kann ich tun?»

Betrachtet man die angeführten Fragestellungen, dann fällt vielleicht auf, dass in der Kollegialen Beratung vor allem eine individuelle, personenbezogene Perspektive eingenommen wird. Der praktikable Ansatz für Veränderungen ist stets der jeweilige Fallerzähler und sein Verhalten, was sich in der Frageform «Wie kann **ich** …?» spiegelt. Hier sind die Chancen am größten, dass mit Hilfe Kollegialer Beratung Lösungen entwickelt werden können, weil die betroffene und anwesende Person ein substanzielles Interesse an einer Veränderung hat.

Fragen der Organisation insgesamt oder unmöglich erscheinender Rahmenbedingungen können im Verlauf des Beratungsprozesses zwar thematisiert und herausgearbeitet werden. Im Rahmen der Kollegialen Beratung kehrt man jedoch immer wieder zu der Frage zurück, durch welche Haltungen und Verhaltensweisen der Einzelne stärkeren Einfluss (zurück-)gewinnen kann, um diese Aspekte zu verändern. Das bedeutet nicht, die äußeren Variablen zu ignorieren. Es ist sinnvoll und wünschenswert, wenn die Teilnehmer der Gruppe während des Beratungsprozesses äußere Einflüsse, die auf den jeweiligen Fall einwirken, aufmerksam ins Auge fassen. Beispielsweise können interne Vorgaben und Arbeitsbedingungen mögliche Veränderungen für den Fallerzähler erschweren. Die Beratungsgruppe sollte diese Einflüsse auch bei der Entwicklung von Lösungen berücksichtigen.

Die Kollegiale Beratung eignet sich insbesondere dazu, einzelnen Teilnehmern bei der Veränderung von unproduktiv erlebten Umständen behilflich zu sein oder sich mit ihnen in einer Weise auseinander zu setzen, dass am Ende ein befriedigenderes Ergebnis steht. Aus der Gruppe heraus können (über den Ratsuchenden) auch Impulse an Verantwortliche weitergeleitet werden.

Ausgangspunkt kann beispielsweise sein, das ein Teilnehmer ein Anliegen vorbringt, das sich mit bestimmten Rahmenbedingungen befasst. Er kann von den übrigen Teilnehmern mit Hilfe der Beratung darin unterstützt werden, eine geeignete Strategie zu entwickeln, um die Beseitigung eines erlebten Missstands anzustoßen. Man sollte jedoch immer beachten, dass Kollegiale Beratung kein Multi-Funktions-Werkzeug ist, mit dessen Hilfe sich komplexe Probleme einer Abteilung oder eines Unternehmens bearbeiten oder lösen lassen. Für die Veränderung von institutionellen Rahmenbedingungen, von internen Fallstricken und von Organisationstabus, die auf die berichteten Probleme einwirken, sollten auf jeden Fall besser geeignete Foren gefunden werden.

Wann eignet sich Kollegiale Beratung nicht?

Es gibt einige Fälle, die sich nicht für eine Bearbeitung im Rahmen Kollegialer Beratung eignen. Von Kollegialer Beratung ist im konkreten Fall **abzuraten**,

- wenn es sich um eine allgemeine Organisationsfrage handelt, beispielsweise «Wie können wir die Bedeutung des Controllings so verändern, dass jeder im Unternehmen ein Bewusstsein dafür entwickelt?». Hier sind «normale» Führungs- oder Problemlöseworkshops mit den entsprechenden Verantwortlichen gefordert.
- wenn alle Teilnehmer gleichermaßen vom Problem betroffen sind. Die Beratung würde dann extrem schwierig, weil Berater und Moderator ihre Rollen nicht mit dem nötigen Abstand ausfüllen können. Für solche Situationen muss ein anderes Forum zur Bearbeitung des Problems gewählt werden, unter Umständen moderiert von einem externen Berater.
- wenn Konflikte oder Spannungen zwischen den Teilnehmern

der Beratungsgruppe bestehen. In einem solchen Fall sollte die Gruppe sich unbedingt dafür entscheiden, die Konfliktparteien an einen außen stehenden Konfliktklärungshelfer, Coach oder Supervisor zu verweisen.

- wenn private Themen eingebracht werden. Beispiele könnten eine allgemeine Unzufriedenheit mit der eigenen Lebenssituation oder familiäre Probleme sein. Private, persönliche Themen gehören nicht in den Rahmen der Kollegialen Beratung. Natürlich setzt man sich während einer Beratung immer wieder mit eigenen persönlichen Eigenheiten auseinander; ein beruflicher Bezug muss aber stets deutlich werden.

- wenn es um persönliche Themen oder heikle Fragen geht, die besser mit anderen Beratungsformen wie dem Einzelcoaching zu bearbeiten sind. Hier könnten in der Kollegialen Beratung Loyalitätskonflikte entstehen, wenn zum Beispiel jemand mit dem Gedanken spielt, die Firma zu verlassen.

Die dargestellten Aspekte bilden gute Anhaltspunkte für die Entscheidung, ob Kollegiale Beratung das Mittel der Wahl für die Bearbeitung eines Problems ist. In der Praxis ist es nicht immer leicht zu beurteilen, ob ein eingebrachtes Problem damit beraten werden kann oder nicht. Hier sollte die Gruppe sowohl die Sensibilität als auch den Mut entwickeln, gewisse Fragestellungen frühzeitig und entschieden abzulehnen. Kollegiale Beratung ist kein Ersatz für professionelle Beratung durch Experten, für Coaching unter vier Augen, für regelmäßige Teambesprechungen, Führungsrunden, Mitarbeitergespräche etc. Sie eignet sich auch nicht zur Aufarbeitung von Führungskrisen, Managementversäumnissen und Organisationsproblemen.

Und: Die kollegiale Beratungsgruppe ist kein Entscheidungsgremium. Die Ratschläge, Tipps und Ideen der Berater entbinden den Fallerzähler nicht von der Verantwortung, die er für sein Tun besitzt. Kollegiale Beratung kann den Fallerzähler dabei unterstützen, verschiedene Lösungen zu entwickeln und Alternativen abzuwägen. Die Entscheidung für eine Lösung sowie deren Verwirklichung verbleiben am Ende immer im Verantwortungsbereich des Fallerzählers.

Herkunft der Kollegialen Beratung

Die Idee zur Kollegialen Beratung stammt aus pädagogischen Berufsfeldern, das Prinzip der Praxisberatung gewinnt seit Jahren aber auch in anderen Bereichen immer mehr an Bedeutung. Darüber hinaus gibt es Parallelen und Unterschiede zwischen Kollegialer Beratung und Coaching bzw. Supervision, die wichtig für das Verstehen der Kollegialen Beratung sind.

Fallarbeit in pädagogischen Berufsfeldern

Das Prinzip der selbstgesteuerten und strukturierten gegenseitigen Beratung stammt ursprünglich aus der Arbeit mit Lehrern. Anfang der siebziger Jahre begann man in Deutschland damit, dass Lehrer und Referendare ihre Praxisschwierigkeiten beim Umgang mit einzelnen Schülern als «Fälle» vortrugen und diese Fälle in der Gruppe beraten wurden (Gudjons 1977). Bei dieser «Fallarbeit» war zunächst ein Psychologe anwesend, der den Beratungsprozess strukturierte. Später, in den achtziger Jahren, ging man dazu über, den Lehrergruppen eine einfache Beratungsstruktur an die Hand zu geben, mit deren Hilfe sie die Fallarbeit selbständig weiterführen konnten (Rotering-Steinberg 1983). Für pädagogische, soziale und psychologische Berufsfelder gewann in der Folge Kollegiale Beratung eine größere Bedeutung. Bis heute

haben sich verschiedene Formen Kollegialer Beratung herausge-
bildet. Analog zu den gängigen Beratungsschulen in diesen Bereichen finden sich verhaltensorientierte, psychodramatische, ge-
stalttherapeutische und systemische Ansätze. Neuerdings zeichnet sich ein Trend zu Mischformen ab, in denen verschiedene
Methoden und Ansätze miteinander kombiniert werden.

Heute findet man verschiedene Konzeptionen Kollegialer Bera-
tung unter Namen wie «Kollegiale Beratung und Supervision
(KoBeSu)» (Schlee 1996), «Kollegiale Supervision» (Rotering-
Steinberg 1999), «Kollegiales Team Coaching» (Rowold & Schley
1998) und «Kooperative Beratung» (Mutzeck 1999). Andere
Autoren verwenden ebenfalls den Begriff «Kollegiale Beratung»
(Fallner & Gräßlin 1990). Im englischsprachigen Raum sind die
Begriffe «(leaderless) peer supervision», «peer coaching» und
«peer consultation» geläufig. In den Niederlanden nennt sich
diese Beratung «Intervision» (Hendriksen 2000), wobei jedoch
die Beratungen nach diesem Konzept von einem gruppenexter-
nen methodensicheren «Intervisor» angeleitet werden, was das
Prinzip der Kollegialität verwässert. Gemeinsam ist allen aufgeführten Konzepten ein strukturiertes Vorgehen. Sie unterscheiden
sich jedoch in ihrer Grundorientierung, in der Anzahl und Funktion der einzelnen Phasen und in ihrer Komplexität.

Praxisorientierung in Seminaren

Parallel zu dieser Entwicklung im pädagogischen Bereich vollzog
sich bei der Gestaltung von Führungsseminaren für Wirtschaftsorganisationen eine Schwerpunktverschiebung. Ursprünglich
standen bei diesen Trainings Vorträge und Verhaltensübungen im
Mittelpunkt, bei denen vorbildliches Führungsverhalten vermittelt wurde. Im Lauf der Zeit ging man mehr und mehr dazu über,

die Trainings anhand konkreter Fälle, Themen und Fragen aus der Praxis der teilnehmenden Führungskräfte zu strukturieren. Ein Grund hierfür war die Erkenntnis, dass die Vermittlung von Führungskompetenz nach dem Gießkannenprinzip («Für alle das Gleiche») für die jeweils individuellen Lernbedürfnisse verschiedener Führungskräfte nicht angemessen war (Schulz von Thun 1996). Aus der veränderten Konzeption («Was der eine noch braucht, hat der andere vielleicht schon zu viel») ergab sich die Notwendigkeit, eine flexible Methodik einzusetzen, mit der das individuelle Lernen aus den konkreten Problemsituationen der Führungskräfte möglich war. Heute enthalten viele Seminare für Firmenangehörige Phasen, in denen Praxisfälle mit Hilfe von «erlebnisaktivierenden Methoden» bearbeitet werden, bei denen auch die übrigen Seminarteilnehmer beteiligt sind.

Aufgrund ihrer Herkunft ist die Kollegiale Beratung in sozialen und pädagogischen Berufsfeldern am ehesten verbreitet, entweder als Alternative oder als Ergänzung zur Supervision durch einen externen Supervisor. In psychotherapeutischen Weiterbildungen gehört eine Form von Kollegialer Beratung oft zum Pflichtprogramm der Weiterbildungskandidaten. Das Prinzip der Praxisfall-Beratung in Gruppen von Praktikern ohne externen Berater lässt sich unabhängig von diesen Einsatzfeldern auch auf andere Bereiche übertragen. Seminarleiter und Personalentwickler setzten die Kollegiale Beratung auch in Wirtschaftsorganisationen mit Erfolg um und berichteten davon (Galler, Kopp & Vonesch 2001; Lauterburg 2001; Blomen, Dusch & Stark 2000).

Die Reflexion konkreter beruflicher Praxisprobleme gewinnt in Qualifizierungsangeboten von Unternehmen an Bedeutung. Fallarbeit und Kollegiale Beratung werden zu Bestandteilen der Weiterbildung von Projektleitern oder von Führungskräftenachwuchs. Die Lösung konkreter Alltagsprobleme der Teilnehmer durch die Teilnehmer selbst wird als geeignetes Personalentwicklungskonzept geschätzt und anerkannt. Dabei wird die Beteiligung an den Problembearbeitungs- und Lösungsprozessen auch für die übrigen Teilnehmer als lehrreich angesehen.

Betrachtet man die Kollegiale Beratung im Kanon der geläufigen Qualifizierungsmaßnahmen in Unternehmen, so nimmt sie dort eine besondere Stellung ein. Im Vergleich zum Coaching mit einem externen Coach bildet sie eine organisierte, jedoch selbstgesteuerte Form der Problembearbeitung. Im Vergleich zu herkömmlichen Seminaren mit Themen wie beispielsweise Kommunikation, Führung oder Projektmanagement, in denen immer auch Theorien und Modelle vermittelt werden, ist sie eine ausschließlich an der Praxis orientierte Art der Weiterbildung.

Verbindungslinien und Unterschiede zu Coaching und Supervision

Coaching und Supervision sind Beratungsformate, bei denen – unter Anleitung eines Coaches oder Supervisors – Lösungen für berufliche Praxisprobleme der Teilnehmer erarbeitet werden. Coaches und Supervisoren haben in der Regel eine mehrjährige Weiterbildung absolviert, die sie für diese Tätigkeit qualifiziert. Die Konzepte sind in gewisser Hinsicht identisch, in sozialen und pädagogischen Berufsfeldern wird die Beratung jedoch traditionell als «Supervision» bezeichnet. Sie wird vor allem in Gruppen angeboten. In der Wirtschaft nennt man es Coaching, wobei hauptsächlich das Einzelcoaching unter vier Augen praktiziert wird, bei dem es um die Bearbeitung beruflicher Themen geht. Eine Sonderform ist das Teamcoaching oder die Teamsupervision. Hier stehen nicht die Fälle Einzelner im Mittelpunkt, sondern die Konflikte, die Kooperation und die Kommunikation innerhalb eines festen Teams. Damit ähnelt es der Teamentwicklung.

Kollegiale Beratung besitzt Ähnlichkeiten mit dem Coaching bzw. der Supervision in Gruppen. Sie findet jedoch ohne spezialisierten Coach oder Supervisor statt. Letzteren stehen durch ihre Ausbildung und ihre Praxiserfahrungen umfassendere Beratungskompetenzen zur Verfügung als gleichrangigen Kollegen, die sich untereinander beraten. Kollegiale Beratung kann daher professionelle Beratung nicht ersetzen, wohl aber gut ergänzen. Coaching, Supervision und externe Beratung werden weiterhin bei vielschichtigen, langwierigen und komplexeren Problemkonstellationen notwendig bleiben. Diese Praxisberatungen werden in der Regel in viel mehr Varianten ablaufen, als es in der Kollegialen Beratung beabsichtigt und möglich ist.

Anforderungen an eine Methode zur Kollegialen Beratung

Das Konzept der Kollegialen Beratung geht davon aus, dass die unterschiedlichen Kompetenzen und Praxiserfahrungen der teilnehmenden Personen wertvolle Beiträge zur Lösung von Praxisproblemen darstellen und dass diese Erfahrungen nutzbar gemacht werden können und sollten. Zudem geht sie davon aus, dass sich die Beratungskompetenzen, die im Rahmen der Gruppe zur Bewältigung von beruflichen Problemen gebraucht werden, relativ leicht erlernen lassen.

Aus diesen Überlegungen heraus ergeben sich bestimmte Anforderungen an eine Methodik der Kollegialen Beratung:

- Die Beratungsstruktur und die Beratungsmethoden sollten für Beratungseinsteiger leicht erlernbar sein. Da viele Berufspraktiker sehr wenig oder keine besonderen Beratungserfahrungen besitzen, müssen die notwendigen Kompetenzen einfach zu erlernen und unkompliziert einzusetzen sein.

- Die Beratungsstruktur sollte trotz ihrer Einfachheit für die Teilnehmer der Gruppe schnell zu praktikablen Ergebnissen und Lösungen führen, damit die Beratung von den Beteiligten ernst genommen wird.
- Die Kollegiale Beratung findet meistens in Gruppen von Teilnehmern statt, die keine Beratungsausbildung absolviert haben. Ein Beratungsdurchgang sollte deshalb nicht zu lange dauern, um Überforderungssituationen bei Beratern und zu Beratenden zu vermeiden.
- Die Beratungsmethoden sollten für erfahrenere Gruppen anspruchsvoll bleiben, weil sonst das Interesse an der Teilnahme mit der Zeit nachlässt. Der Werkzeugkasten der Kollegialen Beratung sollte mit der Kompetenz der Gruppe wachsen können.

Die Konzeption der Kollegialen Beratung, die in diesem Handbuch vorgestellt wird, orientiert sich an diesen Anforderungen. Die Basisstruktur ist zunächst auf die Produktion von Lösungen hin angelegt. Ein Beratungsdurchgang dauert in der Regel nicht länger als 30 bis 45 Minuten. Die Methoden, die die Gruppe anwenden kann, sind wenig komplex, und dennoch lassen sich mit ihrer Hilfe wertvolle Problemlösungen erreichen.

Der Ablauf der Kollegialen Beratung

Praxisprotokoll einer Kollegialen Beratung

Im Folgenden wird anhand eines praktischen Beispiels dargestellt, wie eine Kollegiale Beratung im konkreten Fall verlaufen
kann. Die kursiv gesetzten Informationen enthalten zum einen
Nonverbales, zum anderen Erläuterungen, die zeigen sollen, dass
sich die Gruppe an der Struktur orientiert, die nachfolgend ausführlich beschrieben wird.

Prolog: Zwei Frauen und sechs Männer zwischen Anfang und
Ende 30, die in einem Unternehmen der Lebensmittelbranche
Führungsaufgaben innehaben, bilden seit einigen Monaten eine
Gruppe zur Kollegialen Beratung. Sie nahmen ein halbes Jahr
zuvor an einer zweitägigen Einführungsveranstaltung teil, in
der sie die Struktur, die Rollen und die Methodik kennen lernten
und sie anschließend mehrmals einübten. Seither trifft sich die
Gruppe alle vier Wochen für einen Vormittag zur wechselseiti-
gen Beratung. In drei Stunden nimmt sich die Runde zwei Fälle
vor, zwischen diesen beiden wird eine Pause gemacht, und nach
Abschluss geht man gemeinsam zum Mittagessen in die Kantine.

*Freitagmorgen, 9 Uhr. Die Teilnehmer der Kollegialen Beratung fin-
den sich in einem Konferenzraum ein. Die Rolle des Moderators für
die erste Beratung wurde in der vorigen Sitzung festgelegt. Die
Gruppe beginnt mit einer Anfangsrunde, in der die Teilnehmer
äußern, ob sie ein Fall beschäftigt, zu dem sie beraten werden
möchten. Dann werden in der ersten Phase, dem Casting, die Rollen
für das erste Beratungsanliegen verteilt.*

Moderator: Guten Morgen. Schön, dass wir heute wieder komplett sind. Dann wollen wir mit einer Anfangsrunde einsteigen und schauen, welche Fälle wir heute haben. Was ist in den vergangenen Wochen bei euch Wichtiges passiert? Was beschäftigt euch im Job? Und bitte signalisiert dabei schon einmal, wenn ihr ein Thema oder eine schwierige Situation habt, die wir hier beraten sollten.

Der Reihe nach berichten alle Anwesenden kurz, was ihnen zu den Fragen des Moderators in den Sinn kommt. Zwei Teilnehmer, B und C, melden dabei ein Beratungsanliegen an.

B: Mir hängt ein Gespräch mit meinem Abteilungsleiter nach, über das ich nachher ziemlich empört war. Es ging da um die Anerkennung meiner Arbeitsleistungen, nachdem ich aus dem System der Zeiterfassung raus bin.

C: Ich habe nächste Woche ein Meeting bei einem unserer größten Kunden. Es geht um die Konditionen fürs nächste Jahr. Ich bin mir nicht ganz sicher, mit welcher Strategie ich in das Gespräch gehen soll, weil ich erwarte, dass es heikel werden könnte.

Moderator: Also lasst uns mit Schritt eins, dem Casting, beginnen. Wir haben die Möglichkeit zur Bearbeitung von zwei Fällen bis zum Mittag. Mit welchem der beiden sollen wir beginnen? Wer wird der erste Fallerzähler? Wer der zweite?

B: Ich würde gerne anfangen.

C: Gut, dann bin ich danach dran.

Moderator: Schön, damit wären die ersten Rollen besetzt. Wer moderiert den zweiten Fall?

D: Das würde ich machen, wenn nichts dagegen spricht.

E: Nee, mach nur. Ich war letztes Mal an der Reihe.

B: Ich bin nach meiner Beratung wahrscheinlich innerlich zu dicht, um direkt danach moderieren zu können.

Moderator: Dann übernehme ich jetzt die Moderation für den ersten Fall. Alle Übrigen nehmen jetzt die Rolle von Beratern ein. Damit ist das Casting abgeschlossen. Können wir loslegen? Also, dann kommen wir zur Spontanerzählung. *(Zu B)* Du hast jetzt ungefähr fünf Minuten Zeit, um uns zu erzählen, worum es geht.

Die zweite Phase ist die Spontanerzählung, in der der Moderator den Fallerzähler bittet, in Kürze seine Situation zu beschreiben, sodass die anderen Teilnehmer erfahren, worum es geht. Der Moderator unterbricht den Fallerzähler gelegentlich durch vertiefende Fragen und durch kurze Zusammenfassungen in eigenen Worten.

Fallerzähler: Wie schon gesagt, ich hatte ein Gespräch mit meinem Abteilungsleiter, das mich noch beschäftigt. Seit einiger Zeit ist meine Gruppe der Personalentwickler nicht mehr in der Zeiterfassung drin. Warum, das ist hier jetzt nicht relevant, deshalb kürze ich die Vorgeschichte ab. Anfangs fand ich das sehr positiv: Wir können in Zukunft völlig flexibel mit unserer Zeit umgehen. Auf der anderen Seite werden natürlich unsere vielen Überstunden nicht mehr dokumentiert. Und weil wir viel unterwegs sind – für Auswahlverfahren, Trainings und Workshops –, sammelt sich da eine Menge an. Nun merke ich langsam, mein Fass läuft über. Wir verdienen nicht so viel wie leitende Angestellte, sondern eben nur wie normale. Wir sind viel auf Dienstreisen unterwegs und sammeln dabei eine immense Menge an Überstunden an. Das fällt jetzt natürlich unter den Tisch.

Moderator: Du hast dich erst auf die Freiheit gefreut, merkst aber jetzt, dass die Sache einen gehörigen Haken hat, nämlich dass niemand mehr merkt, wenn ihr eine Menge Überstunden schiebt?

Fallerzähler: Ja, genau. Und vorletzte Woche hatte ich das Jahresgespräch mit meinem Abteilungsleiter. Ich habe ihm im ersten Schritt die Maßnahmen präsentiert, die ich im vergangenen Jahr durchgeführt oder umgesetzt habe. Das ergab eine lange Liste, und die fand ich – ehrlich gesagt – selber imposant. Und dann habe ich ihm verdeutlicht, dass diese Erfolge und dieser Einsatz natürlich nur mit mehr als 38,5 Stunden pro Woche gehen. Ich habe ihm dann zu verstehen gegeben, überleg dir, wie du das wertschätzen oder würdigen willst. Dann habe ich ihm mehrere Vorschläge gemacht: eine Gehaltserhöhung, die Stunden abfeiern, weniger Maßnahmen im kommenden Jahr oder eine Einmalzahlung.

Moderator: Du hast ihm erst deinen Einsatz und deine Erfolge präsentiert und ihm dann gesagt, was du dafür als Gegenleistung verlangst?

Fallerzähler: Nein, das klingt vielleicht krasser, als es war. Ich habe nichts verlangt. Aber ich denke doch, wenn ich mich so einsetze, dann möchte ich schon was dafür sehen. Na ja, er hat darauf geantwortet, für eine Gehaltserhöhung sei es derzeit noch zu früh. Das käme frühestens Ende des kommenden Jahres infrage. Und eine Einmalzahlung passe politisch nicht in die Landschaft, weil wir sparen müssen. Dann schlug er mir am Ende vor, ich könne mir doch zukünftig einfach ein besseres Zeitmanagement angewöhnen. Das fand ich den Hammer! Ich war so perplex, dass mir mein Gesicht eingefroren ist. Mit dieser Ablehnung hätte ich nie und nimmer gerechnet.

Moderator: Du warst geschockt und verletzt? Und wie hast du dann reagiert?

Fallerzähler: Ich hab erst mal gar nichts gesagt. Ich glaube aber, ich habe so ausgesehen, als würde ich vor Säuernis schnauben. Wir haben uns dann auch nicht weiter gestritten. Erst als er draußen war, war ich dann völlig wütend und geladen. Ich frage mich jetzt: Was mache ich nun?

Moderator: War das deine Erzählung? Oder gibt es noch eine Information, die du ergänzen möchtest?

Fallerzähler: Ja. Ich will auf jeden Fall auf meinen Abteilungsleiter zugehen für ein Gespräch, weil ich mich nicht so schnell abbürsten lassen will.

Moderator: Okay, wir sollten für die Beratung im Hinterkopf behalten, dass es dir um ein Gespräch geht. *(Wendet sich den übrigen Teilnehmern zu)* Habt ihr noch Verständnisfragen?

Beraterin E: Wie war denn der Abschied am Ende des Gesprächs?

Fallerzähler: Ich glaube, ich habe etwas kühl reagiert. Weiß ich aber nicht mehr genau, weil ich so getroffen war. Außerdem hatte er den nächsten Termin und musste schnell weg.

Berater F: Wie erlebst du denn euer Verhältnis normalerweise, wenn man das überhaupt sagen kann?

Fallerzähler: Wir haben häufiger zusammen Projekte gemacht. Da haben wir uns ganz gut verstanden, wir duzen uns. Seit längerer Zeit haben wir aber nicht mehr direkt miteinander gearbeitet.

In der dritten Phase wird der Fallerzähler aufgefordert, eine Frage zu benennen, die zur Schlüsselfrage für die Beratung wird. Der Moderator unterstützt diesen Prozess.

Moderator: Gut. *(Zu den Beratern)* Das waren jetzt zwei Fragen von eurer Seite. Könnt ihr euch mit den Informationen ein Bild machen? *(Er erhält ein Nicken)* Kommen wir zur Schlüsselfrage. *(Zu B)* Welche Schlüsselfrage hast du an uns, was möchtest du aus dieser Beratung mitnehmen?

Fallerzähler: Ich frage mich jetzt: Was könnten Gestaltungsmöglichkeiten für mein Vorgehen sein, damit zum einen mein Unmut beim Abteilungsleiter ankommt und zum anderen ein Kompromiss dabei herauskommt, mit dem ich zufrieden sein kann?

Moderator: Wenn du von uns Ideen für Gestaltungsmöglichkeiten bekommst, ist es das, was du dir wünschst?

Fallerzähler: Ja ... Nee, eigentlich würde ich auch gerne eure Meinung zu der Geschichte hören.

Moderator: Du willst unsere Meinungen haben. Das verstehe ich. Was erhoffst du dir davon?

Fallerzähler: Dann werde ich mir sicherer, wie ich vorgehen kann. Ich frag mich auch: Wie kriege ich den Abteilungsleiter? Oder ist das völlig neben der Spur? Ist das okay, was ich will?

Moderator: Du hast uns jetzt gleich drei Schlüsselfragen genannt, die uns Orientierung für die Beratung sein könnten. Erstens: Sammlung von Gestaltungsmöglichkeiten, zweitens: unsere Meinung, und drittens: Wie erreiche ich meine Ziele beim Abteilungsleiter? Welche davon liegt dir besonders am Herzen?

Fallerzähler: Ich glaube, ich möchte doch am ehesten die Gestaltungsmöglichkeiten. Also Ideen, wie ich weiter vorgehen kann und was ich beachten sollte.

Moderator: Ich wiederhole die vereinbarte Schlüsselfrage: «Welche Gestaltungsmöglichkeiten habe ich, damit mein Unmut beim Abteilungsleiter rüberkommt und ein zufrieden stellender Kompromiss entsteht?» Ist das jetzt die Schlüsselfrage an uns?

Fallerzähler: Ja, genau.

Moderator *(an die Berater)*: Ist die Schlüsselfrage für euch verständlich und nachvollziehbar in Bezug auf die Situationsbeschreibung? *(Allgemeines Nicken)*

Bei der vierten Phase, der Methodenwahl, einigt sich die Gruppe auf eine Beratungsmethode aus der Sammlung an Beratungsmodulen (ab S. 90), mit der sich die Schlüsselfrage bearbeiten lässt.

Moderator *(zum Fallerzähler)*: Hast du einen besonderen Wunsch, nach welcher Methode wir vorgehen sollen?

Fallerzähler: Na, der Kopfstand könnte passen.

Moderator: Kopfstand. Aha. Für Gestaltungsmöglichkeiten eignen sich, glaube ich, auch noch Brainstorming, kurze Kommentare und die guten Ratschläge.

Berater C *(zum Fallerzähler)*: Wie wäre es mit den guten Ratschlägen? Könnte auch passen.

Fallerzähler: Das ginge natürlich auch. Einverstanden. Ich möchte von euch gute Ratschläge bekommen.

Moderator: Gute Ratschläge? Irgendwelche Einwände? *(An die Berater)* Die nächsten zehn Minuten werdet ihr für den Fallerzähler gute Ratschläge formulieren. Ich selber mache dabei nicht mit. Vergesst nicht, jeder Empfehlung die Einleitung «Ich gebe dir den guten Ratschlag ...» voranzustellen. Also: Gefragt sind gute Ratschläge zur Frage «Welche Gestaltungsmöglichkeiten habe ich, damit mein Unmut beim Abteilungsleiter rüberkommt und ein zufrieden stellender Kompromiss entsteht?». *(Zum Fallerzähler)* Möchtest du, dass jemand mitschreibt? *(Dieser nickt)* Wer übernimmt die Rolle des Sekretärs?

Berater F: Ich schreibe mit.

In der fünften Phase, der Beratungsphase, sammeln die Berater zur Schlüsselfrage des Fallerzählers und in der Formulierung passend zur gewählten Beratungsmethode ihre Ideen.

Moderator: Dann könnt ihr mit den guten Ratschlägen beginnen.

Beraterin H: Mein guter Rat: Mach dich mal schlau, was Kollegen auf dem Markt so verdienen, und finde heraus, ob deine Vorstellungen im Rahmen liegen oder nicht.

Berater C: Ich gebe dir den guten Ratschlag, die Verhandlung und den Unmut in zwei verschiedenen Gesprächen rüberzubringen.

Berater D: Mein Rat an dich: Lass mit dem Engagement für deine Sache nicht nach.

Berater G: Ich gebe dir die gute Empfehlung: Schlüpf mal in die Rolle des Abteilungsleiters und schau dir das Gespräch rückblickend nochmal aus seiner Perspektive an.

Beraterin E: Ich gebe dir den Rat, dich mit anderen zusammenzutun und für die Wiederaufnahme in die Zeiterfassung zu kämpfen.

Berater F: Mein Ratschlag: Mach eine Liste mit allen Aufgaben, die du in diesem Jahr vorhast. Streich dann jede vierte weg, egal was da steht. Dort trittst du dann kürzer.

Moderator: Halt, halt. Ein bisschen langsamer vielleicht. *(Zum Fallerzähler)* Geht das auch methodisch in die Richtung, die du dir wünschst? Kannst du folgen? Ja? *(Zum Sekretär)* Kommst du mit? Okay, dann weiter.

Berater D: Ich gebe dir den guten Rat, eine solche Liste mit deinem Abteilungsleiter zusammen durchzugehen und Prioritäten zu verhandeln.

Berater C: Mein schlauer Rat an dich: Überleg, wo du Arbeiten delegieren kannst.

Beraterin E: Ich gebe dir den guten Rat, dem Abteilungsleiter die Freiheit zurückzugeben, etwas für *dich* tun zu wollen.

Beraterin H: Meine Empfehlung an dich: Lass es erst mal auf sich beruhen, bis sich deine Wogen etwas geglättet haben.

Berater G: Ich empfehle dir, zuerst den Kontakt zum Abteilungsleiter zu verbessern, schließlich möchtest du ja, dass er für dich etwas tut.

Beraterin E: Mein guter Rat an dich: Warte ab, bis ihr das nächste Mal ohnehin aufeinander trefft, denn du hast dein Engagement gezeigt und deine Wünsche auf den Tisch gelegt. Das wird vermutlich nicht ohne Folgen bleiben.

Berater C: Ich empfehle dir, deinen ersten Erfolg nicht zu gering zu schätzen. Du hast zwar nicht alles erreicht, was du dir gewünscht hast, aber immerhin hast du offenbar etwas rübergebracht und damit erreicht, dass die Information angekommen ist. Das könnte die erste Etappe sein.

Moderator: So, das waren jetzt etwa zehn Minuten. Waren das alle Beiträge, oder hat noch jemand was? Ja?

Berater F: Ich gebe dir den Ratschlag, dir zu überlegen, wie es dem Abteilungsleiter mit seiner eigenen Reaktion gehen mag.

Berater D: Ich gebe dir den guten Ratschlag, die Bemerkung mit dem Zeitmanagement als missglückte Ironie zu interpretieren und die Verhandlung als lediglich unterbrochen oder vertagt anzusehen.

Moderator: Noch jemand? Nein, das waren auch eine Menge Ideen. Gut, dann beenden wir diese Beratungsphase.

In der sechsten Phase, dem Abschluss, erhält der Fallerzähler noch Gelegenheit, zu den Beiträgen der Berater Stellung zu nehmen und ein Resümee zu ziehen.

Moderator: Fallerzähler, du hast die Ideen der Berater gehört. War für dich was dabei?

Fallerzähler: Ich frage mich jetzt mehr, ob meine Gesprächsstrategie so klug umgesetzt war wie gedacht. Welche Möglichkeiten habe ich dem Abteilungsleiter gelassen? An seiner Stelle wäre es mir vielleicht ähnlich gegangen, die Bemerkung mit dem Zeitmanagement fand ich aber richtig daneben. Gut gefallen hat mir die Idee, Unmut und Verhandlung zukünftig zu trennen. Das werde ich weiterverfolgen. Und der Unmut gehört für mich zum Kontakt zwischen uns dazu, und den Kontakt werde ich wohl zuerst verbessern. Vielleicht ist es auch nicht so fürchterlich eilig, mit den Verhandlungen weiterzukommen. Da kann ich mich erst mal umhören und die Situation einschätzen.

Moderator: Ist das dein Resümee? Weißt du jetzt, wie du in nächster Zeit vorgehen willst?

Fallerzähler: Ich denke schon. Mir gefällt die Idee, ihm mitzuteilen, dass ich das Gespräch fortsetzen möchte, wenn ich ihn das nächste Mal sehe. Aber ich schau mir nochmal die Ideen genauer an und denke weiter drüber nach.

Moderator: Noch Anmerkungen oder Reaktionen von den Beratern zum Fall? *(Kopfschütteln in der Runde)* Nein?

Berater F *(Sekretär)*: Hier noch meine Notizen.

Fallerzähler: Danke. *(Zu allen)* Tja, vielen Dank für die Beratung. Ich bin ein gutes Stück weitergekommen.

Moderator: So, dann beenden wir diese Beratung. Geht aus den Rollen raus, wir haben uns alle eine Pause von einer Viertelstunde verdient. Und ich übergebe die Moderation an D.

Der Beratungsdurchgang endet mit der Auflösung der Rollenkonstellation. C, hier noch ein Berater, wird als Fallerzähler im nächsten Durchgang mit einer Spontanerzählung beginnen. D, der hier Berater war, moderiert die nächste Fallbearbeitung von C. Fallerzähler und Moderator dieses Durchgangs werden nach der Pause Rollen als Berater einnehmen.

Die Rollen in der Kollegialen Beratung

Der Ablauf der Kollegialen Beratung besteht aus sechs Phasen, die von der Gruppe durchlaufen werden. In diesem Abschnitt werden zunächst die unterschiedlichen Rollen* skizziert, die durch die Teilnehmer besetzt werden. Nach einem Überblick über die Phasen folgen Hinweise auf die Vorbereitungen vor einer Beratungssitzung. Anschließend wird jede Phase ausführlich beschrieben, wobei Hintergrund, Ablauf und die Aufgaben der Beteiligten dargestellt werden.

Hauptrollen: Fallerzähler, Moderator, Berater

Dem Prinzip der Gleichrangigkeit und Gleichberechtigung der Beteiligten entsprechend, sollten sich keine festen Rollen in der Beratungsgruppe herausbilden. Damit grundsätzlich jedes Mitglied die Möglichkeit erhält, seine Praxisfragen in die Gruppe einzubringen, wechseln die Rollen von Beratung zu Beratung. Bei jedem Durchlauf sind folgende Rollen zu besetzen:

Der Fallerzähler. Er ist der Protagonist der Kollegialen Beratung. Sein Fall und seine Schlüsselfrage stehen im Mittelpunkt der Beratung. Er bringt sein Praxisproblem zur Sprache, und es wird gemeinsam nach Lösungen dafür gesucht. Er gibt zu seinem Fall nicht nur inhaltliche Informationen, sondern er bestimmt auch maßgeblich mit, welchen Verlauf der Beratungsprozess nehmen

---

* Mit dem Begriff der Rolle ist natürlich nicht gemeint, dass die Teilnehmer der Kollegialen Beratung Rollenspiele aufführen. Mit «Rolle» wird hier ein Bündel an Verhaltensregeln für die verschiedenen Teilnehmer bezeichnet, das wie ein Einsatzplan benennt, wer sich in welcher Phase der Beratung mit welchen Beiträgen beteiligen oder verhalten soll.

soll. Er setzt auf die Kompetenzen und die unterschiedlichen Perspektiven der Berater, um bei seiner Schlüsselfrage weiterzukommen.

- Der Fallerzähler schildert die Ausgangssituation und sein Erleben in einer spontan formulierten Erzählung, auf die er sich nicht aufwendig vorbereiten muss. Er präsentiert seine aktuelle Sichtweise des Spannungsfelds, er schildert die Situation und die Entstehung seiner Schwierigkeiten. Schließlich beantwortet und er einige Verständnis- und Vertiefungsfragen von anderen Teilnehmern.

- Der Fallerzähler benennt und konkretisiert im Anschluss an die Phase der Spontanerzählung seinen Klärungswunsch in Form einer Schlüsselfrage, deren Beantwortung er sich in der Kollegialen Beratung erhofft.

- Der Fallerzähler beteiligt sich an der Methodenwahl, um sicherzustellen, dass die Gruppe in Bezug auf die Beratungsmethode eine gute Wahl trifft, die sowohl für ihn akzeptabel ist als auch aus seiner Sicht zu Problem und Fragestellung passt. Der Fallerzähler hat ein Vorschlags- und das Vetorecht bei der Auswahl der Methode.

- Der Fallerzähler hört den Beratern in der Beratungsphase zu und lässt ihre Äußerungen auf sich wirken.

- Der Fallerzähler nimmt (erst) am Ende Stellung zu einigen Gedanken und Vorschlägen der Berater, ohne sich dabei zu rechtfertigen, und zieht ein vorläufiges Resümee. Er gibt den Beratern damit einen Einblick, inwieweit die Beratung hilfreich für ihn war, welche ihrer Anregungen ihn weitergebracht haben und schließlich, was er nun in Bezug auf seinen Fall zu tun gedenkt.

Der Moderator. Die Kollegiale Beratung wird immer moderiert. Der Moderator wird von der Gruppe für die Dauer eines Durchgangs mit der Leitung der Beratungsrunde beauftragt und moderiert in dieser Rolle die Wortbeiträge der Teilnehmer. Er leitet den Gruppenprozess durch die einzelnen Phasen der Beratung, aktiviert die Gruppe, knüpft und verbindet die Gesprächsfäden. Eine wichtige Aufgabe des Moderators ist der enge Kontakt zum Fallerzähler. Damit sorgt er dafür, dass die Beratung im Interesse des Fallerzählers verläuft und nicht an ihm vorbeigeht. Da die Prozessleitung eine anspruchsvolle Aufgabe ist, wird der Moderator zum Ausgleich dafür in einigen Phasen entlastet, indem er sich inhaltlich nicht einbringen muss und sich somit ganz auf den Prozess konzentrieren kann.

Die *allgemeinen* Aufgaben des Moderators sind:

- Der Moderator eröffnet und schließt den Beratungsdurchgang.
- Der Moderator verkündet den Beginn jeder Phase und erläutert kurz, was darin geschieht. Am Ende einer Phase leitet er zur nächsten Phase über.
- Der Moderator behält ein Auge darauf, dass die Teilnehmer ihre Rollenvorgaben einhalten, und macht sie gegebenenfalls auf Abweichungen aufmerksam.
- Der Moderator vergewissert sich, dass alle Beteiligten – Fallerzähler und Berater – im Beratungsprozess mitkommen.
- Der Moderator achtet im Auftrag der Gruppe auf die Einhaltung der Zeit und die Wahrung der Beratungsstruktur.

In den einzelnen Phasen zählen zu den *besonderen* Aufgaben des Moderators:

- Der Moderator unterstützt den Fallerzähler während der Spontanerzählung durch aktives Zuhören und einfühlendes Verstehen.
- Der Moderator hilft dem Fallerzähler bei der Bestimmung und Formulierung einer konkreten Schlüsselfrage für seinen Fall.
- Unter Anleitung des Moderators erfolgt die Auswahl und Verein-

barung einer Beratungsmethode, mit der die Schlüsselfrage bearbeitet wird.

- Der Moderator moderiert die Beratung nach Vorgabe der gewählten Methode. Er kann sich auch inhaltlich beteiligen, sollte dies aber nur dann tun, wenn dabei die Rolle des Moderators nicht beeinträchtigt wird.

- Der Moderator sorgt durch entsprechende Fragen und durch seine Moderation für einen Abschluss der Kollegialen Beratung.

Die Berater. Die anderen Teilnehmer der Kollegialen Beratung werden als Mitglieder des Beraterteams stets aktiv in die Beratung einbezogen. Sie nehmen die Rolle kollegialer Berater ein, die Ideen, Gedanken und Fragen entwickeln, um dem Fallerzähler bei der Beantwortung seiner Schlüsselfrage zu helfen. Auch sie haben im Ablauf der Beratung einen festen Einsatzplan, der vorgibt, an welcher Stelle sie sich in welcher Form beteiligen werden. Ihre Aufmerksamkeit richtet sich vor allem auf die Schilderungen des Fallerzählers.

- Die Berater hören der Spontanerzählung des Fallerzählers einfach zu und versuchen dabei, dessen Situation zu erfassen und seine Problemsicht nachzuvollziehen.

- Die Berater können in begrenztem Umfang Verständnisfragen stellen, um die Geschichte besser zu verstehen. Für sie geht es darum, einen Gesamtüberblick zu gewinnen, und nicht so sehr darum, filigrane Details wie Namen und Daten in Erfahrung zu bringen.

- Die Berater können an passender Stelle eigene Vorschläge zur Wahl der Beratungsmethode machen.

- In der Beratungsphase sind vor allem ihre Ideen, Gedanken und Erfahrungen gefragt, allerdings formuliert nach den Vorgaben der speziellen Methode, auf die sich die Gruppe geeinigt hat.

Die Haltung der Berater

Die Art und Weise, wie die Berater den Fallerzähler während der Kollegialen Beratung behandeln, fördert oder bremst dessen Bereitschaft, neue Möglichkeiten entdecken und entwickeln zu wollen. Ihre Haltungen sind deshalb entscheidend für die Atmosphäre und den Erfolg der gesamten Beratung. Die folgenden Einstellungen begünstigen eine kooperative Beratungsbeziehung zwischen dem Beratungsteam und dem Fallerzähler.

Der Fallerzähler ist Kunde. Dieses Verständnis orientiert sich eng an der Wortbedeutung: Der Fallerzähler ist kundig in seinem Anliegen, seinen Interessen und seinen Kompetenzen. Er bestimmt das Beratungsziel und gestaltet den Beratungsverlauf mit, weshalb er auch eine Mitverantwortung für den Beratungserfolg trägt. Er ist selbst Experte für seine berufliche Praxis und kann am besten einschätzen, welche der entwickelten Lösungen dort passen könnten. Er trägt auch die Verantwortung für die Umsetzung einer Lösung und die sich daraus ergebenden Folgen.

Dialog auf gleicher Augenhöhe. Die Beratungsbeziehung braucht für eine konstruktive Zusammenarbeit die wechselseitige Wertschätzung der Beteiligten als ebenbürtige Dialogpartner. Berater und Fallerzähler nehmen zwar unterschiedliche Rollen ein, ihre Beziehung sollte auf der gemeinsamen Suche nach Lösungsmöglichkeiten jedoch freigehalten werden von leichtfertigen Bewertungen, Belehrungen oder Vorhaltungen.

Respekt vor der Perspektive des Fallerzählers. Die Berater respektieren die Problemsicht des Fallerzählers als (s)ein mögliches Realitätsmodell, auch wenn es ihnen nicht leicht fallen mag. Sie bieten dem Fallerzähler emotionale Unterstützung und nehmen seine Sorgen ernst. Sie müssen sie jedoch nicht teilen. Darüber hinaus wertschätzen die Berater auch dessen bisherige Lösungsversuche als seine bislang besten Möglichkeiten, mit dem Problem umzugehen. Erst wenn der Fallerzähler sich darin respektiert fühlt, ist er bereit dazu, mit anderen Perspektiven konfrontiert zu werden.

Die Vielfalt der Lösungsoptionen erhöhen. Im Vordergrund steht die Absicht, die Vielfalt von Perspektiven und damit die Spielräume des Fallerzählers zu erhöhen. Die Anwendung der Beratungsmethoden sollte zu einer Bandbreite an alternativen Ideen führen, aus denen der Fallerzähler die für ihn und seine Problemsituation geeignete(n) auswählen kann.

Orientierung am Anliegen des Fallerzählers. Maßgeblich für die Richtung, die eine Beratung einschlägt, sind das Problem aus Sicht des Fallerzählers und sein darauf bezogener Klärungswunsch. Die Berater ihrerseits laden ihn ein, seinen bisherigen Standpunkt zu überprüfen und sein Möglichkeitsspektrum zu erweitern. Sie können Alternativen bezüglich des Klärungszieles zur Diskussion stellen; leitend für die Beratung ist jedoch das Ziel, das der Fallerzähler schließlich für sich wählt.

Die Berater verfügen nicht über bessere Zugänge zur Wirklichkeit. Ihre Perspektiven und Lösungsvorschläge beruhen auf ihren eigenen Bildern der Problemsituation, die sie auf indirektem Weg aus den Schilderungen des Fallerzählers rekonstruieren. Daraus entstehen alternative Realitätsmodelle für den Fallerzähler, deren Unterschiedlichkeit und Vielfalt als wertvolle Quelle für Lösungsideen dienen. Sie sind jedoch keineswegs «wahrer», «objektiver» oder «richtiger» als seine Konstruktionen.

Weitere hilfreiche Rollen: Sekretär und Prozessbeobachter

Zwei weitere Rollen können nach Bedarf und bei entsprechender Gruppengröße eingerichtet werden: die eines Sekretärs, der die

Beiträge der Berater dokumentiert, und die eines Prozessbeobachters, der den Beratungsablauf beobachtet und anschließend der Gruppe und einzelnen Mitgliedern ein Feedback gibt.

Der Sekretär. Ein Berater übernimmt die Rolle des Sekretärs. Der Sekretär stellt in der Beratungsphase (5. Phase der Kollegialen Beratung) sicher, dass die Gedanken, Ideen und Erfahrungen, die von allen Beratern genannt werden, für den Fallerzähler aufgeschrieben werden. Der Sekretär beteiligt sich selber aber auch an der Ideensammlung.

Der Sekretär notiert die von den Beratern eingebrachten Beiträge auf dem Flipchart oder einem Blatt Papier wörtlich mit. Er sollte sich nicht die Mühe machen, Sätze zusammenzufassen oder umzuformulieren. Das wäre für ihn zu aufwendig und ist auch gar nicht sinnvoll, weil dabei die Gefahr der unbeabsichtigten Verfälschung besteht.

Das Mitnotieren der Wortbeiträge ist notwendig, um den Fallerzähler zu entlasten. Der Fallerzähler soll sich voll und ganz aufs Zuhören konzentrieren können und nicht durch Schreibarbeiten davon abgelenkt werden. In der Regel ist der Fallerzähler während der Ideenproduktion der Berater innerlich so stark mit der Verarbeitung des Gehörten beschäftigt, dass er sich nicht alle Beiträge und Anregungen der Berater merken kann. Mit der Aufzeichnung erhält der Fallerzähler Gelegenheit, die gesammelten Ideen auch nach Abschluss der Kollegialen Beratung genauer auf sich wirken zu lassen und sie zu reflektieren.

Die Wahl des Sekretärs kann vom ausdrücklichen Wunsch des Fallerzählers zu Beginn der Beratungsphase abhängig gemacht werden, sie kann aber auch regelmäßig gleich im Casting geschehen. Auch die Größe des Teams kann eine Rolle spielen. Es wird empfohlen, dass immer mindestens drei kollegiale Berater übrig bleiben, die sich mit voller Aufmerksamkeit auf die Ideenproduktion konzentrieren können.

Der Prozessbeobachter. Der Prozessbeobachter nimmt selbst nicht an der Beratung teil. Er sitzt deshalb am besten etwas abseits der Gruppe, dort, wo er einen guten Blick auf die Beteiligten hat. Er beobachtet das Geschehen der Kollegialen Beratung von außen und gibt nach Abschluss des Beratungsprozesses dem Beratungsteam aus dieser Position eine Rückmeldung über seine Wahrnehmungen. Dabei sollte er der gesamten Gruppe Feedback darüber geben, was ihm im Prozess gut gelungen erschien und welches Verhalten sich aus seiner Sicht nachteilig auf den Verlauf und das Ergebnis der Beratung ausgewirkt haben könnte. Er kann dem Moderator und jedem einzelnen Berater Feedback über das geben, was ihm erwähnenswert erscheint.

Die Prozessbeobachtung dient der Qualitätssicherung und Qualitätsentwicklung der Kollegialen Beratung. Dabei geht es vor allem um die beiden zentralen Fragen: Wie und durch welches Verhalten können wir erreichen, dass die Beratung für den Fallerzähler hilfreich ist? Wie können wir die Beratung für alle Beteiligten befriedigend gestalten? Steht die Gruppe am Anfang ihrer gemeinsamen Zeit der Kollegialen Beratung, dann ist ihr die Benennung eines Prozessbeobachters sehr empfohlen.

Die sechs Phasen der Kollegialen Beratung

Der Ablauf der Kollegialen Beratung gliedert sich in sechs Phasen, deren Abfolge festgelegt ist.

Phase	Name	Dauer etwa
1	Casting (Rollen besetzen)	5 Minuten
2	Spontanbericht des Fallerzählers	5 bis 10 Minuten
3	Schlüsselfrage	5 Minuten
4	Methodenwahl	5 Minuten
5	Beratung	10 Minuten
6	Abschluss	5 Minuten
	Gesamt:	35 bis 45 Minuten

Im **Casting** werden die Rollen der Kollegialen Beratung durch die anwesenden Teilnehmer besetzt. Es wird festgelegt, wer die Rolle des Moderators übernimmt, und es wird ein Fallerzähler mit seinem Anliegen gesucht. Alle übrigen Mitglieder der Gruppe nehmen die Rollen der kollegialen Berater ein. Sie werden durch den Moderator für die Dauer der Sitzung angeleitet. Weitere mögliche Rollen sind ein Sekretär, der mitschreibt, sowie ein Prozessbeobachter, der dem Beratungsteam nach Abschluss der Beratung eine Rückmeldung gibt.

In der **Spontanerzählung** gibt der Fallerzähler eine knappe Darstellung seines Problems sowie die wichtigsten dazugehörenden Informationen zur Ausgangslage. Er berichtet die aus seiner Sicht bedeutsamen Einzelheiten, damit sich die übrigen Teilnehmer ein Bild machen können. Der Fallerzähler erhält für seine Schilderungen etwa fünf bis sieben Minuten Zeit. Der Moderator unterstützt ihn dabei aktiv durch Fragen, um bei allen Anwesenden ein besseres Verständnis zu erreichen. Erst am Ende der Spontanerzählung stellen die Berater eigene Fragen zum vertieften Verstehen.

Nach dem Spontanbericht wird im Dialog zwischen Fallerzähler, Moderator und Beratern eine konkrete **Schlüsselfrage** formuliert, welche den Klärungswunsch und die Klärungsrichtung der nachfolgenden Beratung ausdrückt. Diese Frage enthält das Schlüsselthema, zu dem der Fallerzähler den Rat der Berater einholen möchte.

Darauf folgt die **Methodenwahl**. Schlüsselfrage, Thema und die Kontextinformationen leiten die Gruppe bei der Auswahl einer passenden Beratungsmethode, die im anschließenden Schritt eingesetzt wird. Der Moderator übernimmt bei der Methodenwahl eine führende Rolle. Zur Verfügung steht der Gruppe eine Reihe von Methodenbausteinen, die in Kapitel 4 (ab S. 90) vorgestellt werden.

Die **Beratung** erfolgt im Stil der vereinbarten Methode. Die Beteiligten beraten im Sinne des gewählten Methodenbausteins. Der Fallerzähler hört in dieser Phase nur zu und lässt die Ideen auf sich wirken. Die Beratung dauert etwa 10 Minuten.

Zum **Abschluss** gibt der Fallerzähler den Beratern eine Rückmeldung darüber, welche ihrer Anregungen ihm hilfreich erscheinen. Die verschiedenen Rollen werden verlassen, und damit findet die Kollegiale Beratung ihr Ende. Wenn es einen Prozessbeobachter gibt, ist jetzt Zeit und Gelegenheit für seine Rückmeldungen an die Beteiligten. Danach kann die Sitzung entweder beendet werden, oder es kann sich – nach einer verdienten Pause – eine weitere neue Kollegiale Beratung anschließen.

In jeder Phase steht eine bestimmte Frage im Vordergrund, die den Prozess leitet. Diese Leitfragen vereinfachen den an der Beratung Beteiligten die Orientierung darüber, worin das Ziel der jeweiligen Phase besteht.

Phase	Leitfrage
1 Casting	Welche Fälle sind da? Wer übernimmt welche Rolle?
2 Spontanerzählung	Worum geht es? Wie stellt sich die Situation für den Fallerzähler dar?
3 Schlüsselfrage	Welchen Klärungswunsch hat der Fallerzähler in Bezug auf seine Situation?
4 Methodenwahl	Welche Beratungsmethode wählen wir aus?
5 Beratung	Was geben wir dem Fallerzähler in Bezug auf seine Schlüsselfrage mit?
6 Abschluss	Was nimmt der Fallerzähler aus der Kollegialen Beratung mit?

Die Vorteile eines strukturierten Ablaufs

Ein nach Phasen geordneter Ablauf, an dem sich der Beratungsprozess orientiert, hilft der Gruppe, das komplexe Beratungsgeschehen in übersichtliche Abschnitte zu gliedern. Sie erhält damit eine Orientierung beim Umgang mit unterschiedlichen Problemfeldern, bei denen man sich sonst leicht verirrt. Die Beteiligten sollten ihre Rollen einhalten und den Vorgaben für ihre Beteiligung in den einzelnen Phasen folgen. Dies ist notwendig für eine wirksame Beratung. Der hier vorgestellte Ablauf entspricht einer erprobten Beratungslogik, die eine Phase der Information, eine Phase der Fokussierung auf eine konkrete Fragestellung und eine Beratungsphase in ein schlüssiges Konzept einbindet. Er folgt mit der Trennung von Analyse und Ideenproduktion den Prinzipien erfolgreicher Problemlösung.

Professionelle Beratung ist die Kunst, ein Gespräch so zu gestalten, dass der Erkenntnisgewinn für denjenigen, den eine Frage beschäftigt, möglichst hoch ist. Dabei sollte es selbstverständlich sein, dass sich alle Beteiligten darum bemühen, dem Fallerzähler höchste Wertschätzung und größten Respekt entgegenzubringen. Eine feste Struktur trägt dazu bei, dass das Beratungsgespräch innerhalb einer bestimmten Zeit zu einem Ergebnis führt. Das Verlassen der vorgegebenen Struktur kann dazu führen, dass die Beratung am Fallerzähler, an seinem Fokus und seinen Wünschen vorbeigeht. Manche Themen fesseln die Gruppe so sehr, dass sich eine ganz eigene Dynamik einstellt, die mit Kollegialer Beratung nichts mehr zu tun hat. Die Folgen: Weder Fallerzähler noch Moderator oder Berater können mit der Beratung zufrieden sein. In schwerwiegenderen Fällen kann die Beratung unerwünschte und sogar schädliche Folgen haben. Deshalb ist es ratsam, immer wieder auf die Einhaltung der Struktur zu achten, damit der Charakter einer Beratung gewahrt bleibt.

Die Besonderheit und die Stärke der vorgestellten Struktur der Kollegialen Beratung liegen darin, dass sie in der Beratungsphase modular aufgebaut ist. Die Gruppe entscheidet sich erst dann für eine bestimmte Beratungsmethode, wenn sich das Beratungsziel abzeichnet. Die Verbindung von fester Struktur und einer Wahlmöglichkeit hat mehrere Vorteile:

- Die feste Struktur bietet eine stabile Orientierung für alle Beteiligten. Die festgelegte Phasenfolge führt dazu, dass der Rahmen einer Beratung entsteht.

- Die Beratung kann durch die Auswahlmöglichkeit methodisch gezielt auf die Wünsche des Fallerzählers sowie die Besonderheiten der Situation und der Schlüsselfrage eingehen.

- Die Beratung gewinnt durch die Methodenvariation erheblich an Lebendigkeit und Vielfalt.

- Die Gruppe kann am Anfang mit leicht zu lernenden Methodenbausteinen beginnen und später mit wachsender Erfahrung in der Kollegialen Beratung komplexere Methodenbausteine anwenden.

- Wenn der Prozess es erfordert und die Zeit es erlaubt, kann die Gruppe zwei oder mehr Methodenbausteine miteinander kombinieren und dem Fallerzähler so mehrschichtige Beratungsangebote machen.

Die Kollegiale Beratung kann sich somit innerhalb eines Rahmens entwickeln, der Sicherheit und eine gewisse Gleichmäßigkeit bietet und der dennoch genügend Freiheiten für die Gruppe bereithält, um auf die individuelle Besonderheit des jeweiligen Falles einzugehen.

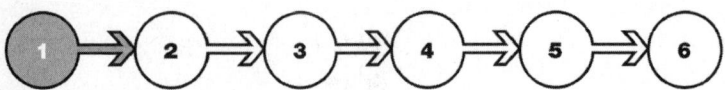

Phase 1: Das Casting

Mit dem Begriff «Casting» wird in der Filmbranche der Prozess beschrieben, in dem Schauspieler für die Rollen gesucht werden. Im Theater entspricht ihm der deutsche Begriff «Vorsprechen», bei dem sich Schauspieler um bestimmte Rollen eines Stücks bewerben. Analog dazu werden im Casting der Kollegialen Beratung die drei Hauptrollen der Kollegialen Beratung besetzt: die des Fallerzählers, die des Moderators und die der Berater. Die jeweiligen Rollen geben vor, wem in welcher Phase welche Aufgabe zukommt. Für jeden Durchgang werden die Rollen an andere Protagonisten vergeben, damit der spezifische Charakter der Kollegialen Beratung zum Tragen kommt: eine Beratung *von* Kollegen *für* Kollegen.

Wenn ein Gruppentreffen mehrere kollegiale Beratungsrunden umfasst, dann unterscheidet sich das erste Casting des Tages von den folgenden. Das Casting zu Beginn des Treffens besteht zusätzlich aus einer ausführlicheren Anfangsrunde, in der die Gruppe sich auf die folgende gemeinsame Zeit einstimmt, sich über die aktuellen Themen und Befindlichkeiten ihrer Mitglieder orientiert und die Struktur des Treffens festlegt.

Schritte des Casting

1. Der Moderator wird gemäß der Gruppenregelung eingesetzt.
2. Anfangsrunde vor Beginn der ersten Beratung: Fallerzähler vergangener Beratungssitzungen berichten über den weiteren Verlauf ihres Anliegens.
3. Teilnehmer melden ihre Beratungswünsche an. Ein Fallerzähler wird ausgewählt und die Reihenfolge der Beratungen festgelegt.
4. Ein Sekretär für die folgende Kollegiale Beratung wird gewählt.
5. Ein Prozessbeobachter wird bestimmt.

Dauer ohne Anfangsrunde ca. 5 Minuten, mit Anfangsrunde ca. 45 Minuten

Vorbereitungen zur Kollegialen Beratung

Bevor die Kollegiale Beratung beginnen kann, sorgt die Gruppe für die Gestaltung der äußeren Rahmenbedingungen. Der Raum sollte ruhig sein, Störungen sollten ausgeschlossen werden. Um eine bessere Beratungsatmosphäre zu schaffen, empfiehlt es sich, die Stühle in einem Kreis anzuordnen und die Tische aus der Mitte zu entfernen: Jeder sollte jeden ohne Hindernis ansehen können. Tische beeinträchtigen erfahrungsgemäß die Atmosphäre, und Kaffee oder Tee können schnell eine zu lockere Kaffeeklatschstimmung entstehen lassen. Benötigte Materialien (Flipchart, Papier, Stifte) sollten griffbereit sein. Ein Flipchart oder ein großes Plakat mit den sechs Phasen und ihren Leitfragen wird für alle sichtbar als «Spickzettel» aufgehängt.

Die Gruppenmitglieder sollten gleich zu Beginn Pausenzeiten und Pausendauer vereinbaren. Pausen sind in der Beratung wichtig, damit die Teilnehmer zwischendurch abschalten und den notwendigen Abstand zum eben Gehörten und Erlebten gewinnen können. Zu empfehlen ist eine Pause nach jedem Beratungsdurchgang und eine ausgiebigere Pause am Mittag, wenn die Gruppe einen ganzen Tag lang arbeitet.

Regelvorschläge für den Wechsel der Moderatorenrolle

Der Rollenwechsel ermöglicht, dass alle Teilnehmer sich mal als Ratsuchende erfahren, mal als Berater beteiligen und ein anderes Mal als Moderatoren erproben können. Um das zu gewährleisten, sollte das Team eine Vereinbarung darüber treffen, in welchem Modus die Rollen von Durchgang zu Durchgang wechseln. Die wichtigsten Möglichkeiten sind:

Rotationsprinzip: Jeder im Team übernimmt die Rolle des Moderators in einer vereinbarten Reihenfolge. Weil bei dieser Variante der Moderator einer Beratung schon vor Beginn eines Durchgangs feststeht, kann dieser sich innerlich auf seine Rolle vorbereiten. Auch die übrigen Teilnehmer können sich darauf einstellen, wer die jeweilige Moderation übernimmt. Mit einer festgelegten Reihenfolge wird auch gesichert, dass alle Teilnehmer sich kontinuierlich in allen Rollen üben. Für die Besetzung der Rolle des Fallerzählers kann ebenfalls vorab ein Turnus festgelegt werden. Das gewährleistet, dass alle Teilnehmer die gleichen Beratungsanteile erhalten. Ein Nachteil dieser Regelung kann darin bestehen, dass man als Fallerzähler nicht immer ein dringendes Beratungsanliegen mitbringt, wenn man an der Reihe ist.

Wahl durch den Fallerzähler: Der Fallerzähler wählt sich unter den Anwesenden einen Moderator für die Dauer seiner Beratung.

Dadurch wird sichergestellt, dass die Chemie zwischen dem Fallerzähler und dem Moderator stimmt. Natürlich muss sich der vom Fallerzähler gewählte Moderator mit der Wahl einverstanden erklären. Die Gruppe sollte jedoch ein Auge darauf behalten, dass die Aufgaben mittelfristig gleich verteilt werden und sich keine festen «Paare» bilden.

Wahl anhand anderer Kriterien: Beispielsweise kann die Besetzung der Moderatorenrolle vom Thema des Anliegens abhängig gemacht werden. So kann dasjenige Gruppenmitglied die Moderatorenrolle übernehmen, das die größte emotionale Distanz zum Inhalt hat. Dadurch verringert sich die Gefahr, dass der Moderator den Fallerzähler oder den gesamten Beratungsprozess in eine bestimmte Richtung lenkt.

Wichtig bei der Besetzung der Moderatorenrolle ist natürlich, dass der jeweils vorgesehene Moderator bereit dazu ist und sich auch wohl dabei fühlt, die Aufgabe zu übernehmen. Er sollte konzentriert sein, dem Anliegen Interesse entgegenbringen und die Sitzung für die Dauer der Fallberatung mit Übersicht strukturieren können.

Aufgaben des Moderators beim Casting

Wenn der Moderator der Kollegialen Beratung feststeht, dann übernimmt er von diesem Moment an die weitere Leitung des Castings. Er leitet beim ersten Casting die Anfangsrunde ein, in der potenzielle Fallerzähler ihre Anliegen anmelden können und in der vom weiteren Verlauf früherer Beratungen berichtet werden kann. Hiernach moderiert er die Festlegung der Reihenfolge, in der die Fallerzähler an die Reihe kommen. Wenn alle Rollen besetzt sind, leitet der Moderator zur nächsten Phase über.

Anfangsrunde und der Stand früherer Beratungen

Zu Beginn eines Gruppentreffens ist es notwendig, die Beschäftigung mit aktuellen Geschehnissen (dem «Tagesgeschäft») hinter sich zu lassen und sich gemeinsam auf die Kollegiale Beratung einzustimmen. Üblich ist eine Anfangsrunde, in der jeder Teilnehmer kurz von seiner aktuellen Befindlichkeit, seiner derzeitigen Situation und vergangenen beruflichen Erlebnissen berichtet. Dabei kann auch der Beratungsbedarf für die folgende(n) Kollegiale(n) Beratung(en) des Tages angemeldet werden. Im Verlauf dieser Runde haben die Beteiligten Zeit und Gelegenheit, auch innerlich bei der Kollegialen Beratung anzukommen.

Die Fallerzähler früherer Beratungsrunden geben zu Beginn der Kollegialen Beratung einen kurzen (!) Bericht über den weiteren Verlauf und den aktuellen Stand ihres vormals geschilderten Problems sowie über ihre Praxiserfahrungen mit den entwickelten Lösungen. In der Regel sind die übrigen Teilnehmer sehr daran interessiert, über die Folgen vergangener Kollegialer Beratungen informiert zu werden.

Reihenfolge und Prioritäten der Anliegen

Am Ende der Anfangsrunde ist in der Regel deutlich geworden, wie viele Teilnehmer ein Beratungsanliegen mitgebracht haben. Der Moderator bittet alle potenziellen Fallerzähler, ihrem Anliegen einen griffigen Titel zu geben und es in ein, maximal zwei Sätzen zu skizzieren. Dadurch können die übrigen Teilnehmer eine erste, grobe Vorstellung davon entwickeln, welche Richtung die Beratungsreise nehmen wird. Wenn die Zeit ausreicht, um alle Anliegen zu bearbeiten, geht es lediglich darum, eine Reihenfolge festzulegen, in der die Kollegialen Beratungen stattfinden.

Wenn die Zeit jedoch nicht ausreicht (pro Beratung 45 bis 50 Minuten plus Pausen) und eine feste Reihenfolge der Fallerzähler nicht zum Reglement der Gruppe gehört, dann müssen gerechte Prioritäten gefunden werden. Hierbei kann die Einschätzung der Dringlichkeit und Wichtigkeit des Anliegens durch die Fallerzähler als Anhaltspunkt dienen. Als hilfreich hat sich erwiesen, wenn der Moderator alle potenziellen Fallerzähler nacheinander befragt, wie wichtig eine Bearbeitung ihres Anliegens zum jetzigen Zeitpunkt für sie ist. Er kann jeden Fallerzähler bitten, die subjektive Dringlichkeit einer Beratung auf einer Skala von 10 (sehr dringend) bis 1 (kaum dringlich) einzuschätzen (die 0 scheidet aus, weil man davon ausgehen muss, dass ein Fallerzähler seinen Beratungsbedarf sonst erst gar nicht angemeldet hätte). Wenn die Zeit zur Bearbeitung aller Anliegen in einer Sitzung nicht ausreicht, dann sollte das Team den Fallerzählern, die in dieser Sitzung nicht mehr an die Reihe kommen können, zusagen, ihre Anliegen in der nächsten Sitzung zu berücksichtigen.

Der Fall des Fallerzählers

Der Fall oder das Anliegen kann eine erlebte vergangene, noch aktuelle oder bevorstehende berufliche Situation sein, die ihn derzeit innerlich beschäftigt und

- in der der Fallerzähler einen Schritt weiterkommen möchte,
- für die er eine Lösung entwickeln will,
- für die er Ideen erhalten möchte,
- aus der er etwas für die Zukunft lernen möchte,
- die er verarbeiten möchte oder
- zu der er Stellungnahmen oder Meinungen der Gruppe hören möchte.

Die eingebrachten Fragen und Probleme können durchaus persönlicher Art sein. Die Bearbeitung privater Probleme ist jedoch nicht vorgesehen.* Es stellt sich in Zweifelsfällen meistens erst im weiteren Verlauf des Beratungsprozesses heraus, ob Kollegiale Beratung die geeignete Form für die Bearbeitung des spezifischen Problems ist, von dem der Fallerzähler berichtet. Als grobe Richtschnur können folgende Regeln gelten (siehe auch den Abschnitt über «Fälle» ab S. 42).

Eine Situation ist dann als Fall gut geeignet, wenn sie einen der folgenden Aspekte beinhaltet:

- Der Fallerzähler erlebt Störungen in der Kommunikation oder in der Zusammenarbeit mit einem Interaktionspartner oder mehreren Interaktionspartnern in seinem Arbeitsumfeld.
- Der Fallerzähler will das eigene berufliche Verhalten und dessen mögliche Auswirkungen auf die Umwelt reflektieren.
- Der Fallerzähler will eigene Haltungen und Einstellungen in Bezug auf seine berufliche Tätigkeit überprüfen.

Gelegentlich zweifeln Teilnehmer daran, ob ihr Thema für die Kollegiale Beratung geeignet ist, weil es ihnen zu klein (unbedeutend, nebensächlich), zu groß (komplex, verworren) oder anderswie unpassend erscheint. Aus diesem Grunde halten potenzielle Fallerzähler ihren Beratungswunsch manchmal zurück. Im Zweifel, ob das Anliegen angemessen ist oder nicht, soll-

---

* Zum besseren Verständnis hilft die Erklärung von Thomann (1998). Er unterscheidet «Privates» und «Persönliches»: «Privates geht tatsächlich die Arbeitswelt nichts an. Privat ist zum Beispiel, wie ich meine Freizeit verbringe, welche Lebensideale ich habe, wie meine Beziehung läuft, welche Religion und weltanschaulichen Prinzipien ich habe. Die Einstellungen und Gefühle zur Arbeit und Zusammenarbeit sind hingegen nicht privat, sondern persönlich. Dies gilt auch für alles, was sich direkt auf die Zusammenarbeit auswirkt.» (S. 110)

ten Fallerzähler die Gruppe um ihre Einschätzung bitten, anstatt eine einsame Entscheidung zu treffen. Solange eine Situation für den Fallerzähler bedeutsam ist, wird sich im Lauf des Beratungsprozesses ein passendes Anliegen aus dem zuerst präsentierten Problem schälen lassen.

Probleme, die vom Fallerzähler zunächst für «kleine» Probleme gehalten werden, haben manchmal den Vorteil, dass sie schneller bearbeitet werden können. Meistens benötigen jedoch auch kleine Probleme die ganze Aufmerksamkeit, Zeit und Energie der Gruppe. Der Beratungsprozess wird daher in der Regel nicht kürzer werden.

Aus großen Anliegen, die die Problemlösungskapazität der Kollegialen Beratung übersteigen könnten, wenn sie in Gänze und Ausführlichkeit bearbeitet würden (z. B. weil sie sehr komplex sind), lässt sich in der Regel ein kleinerer Aspekt herausgreifen, der dann im Zentrum der Beratung steht. Zunächst beginnt der Fallerzähler aber mit seinem Bericht wie vorgesehen. Die Stelle, an der das Problem schließlich «verkleinert» werden kann, ist die Formulierung der Schlüsselfrage (Phase 3). Dort wird der Fallerzähler bestimmen müssen, welchen Fokus er sich für den weiteren Beratungsprozess wünscht. Zu diesem gewählten Teilaspekt kann er dann beraten werden.

Wenn die Gruppe nach der Diskussion und Meinungsbildung über die Schlüsselfrage zum Urteil kommt, dass der Fall die Möglichkeiten der Kollegialen Beratung übersteigt, sollte sie die Fortführung der Beratung ablehnen und den Prozess abbrechen. Sie kann dem Fallerzähler raten, sich an andere Beratungsstellen zu wenden, beispielsweise an einen externen Coach, mit dem er die Situation unter vier Augen besprechen kann.

Problematisch wird es, wenn das Beratungsteam sich in seiner Problembearbeitungskompetenz überschätzt. Hier sollten die Mitglieder stets sensibel, ehrlich und verantwortungsvoll mit ihren eigenen Möglichkeiten umgehen, auch wenn sich die gemeinsame Überzeugung einstellt, man könne schon einiges. Der Nachteil, ein in der Kollegialen Beratung unbearbeitbares Problem nicht sachgemäß anzugehen, kann schwerer wiegen, als wenn die Gruppe die Beratung aus Gründen der Vorsicht ablehnt und auf andere Angebote verweist.

Die Erfahrung der Gruppe, Anliegen einschätzen zu können, wächst im Laufe der gemeinsamen Beratungszeit: Die Mitglieder des Teams werden mit zunehmender Übung ihr eigenes und sicheres Gefühl dafür entwickeln, welche Anliegen sich mit Hilfe der Kollegialen Beratung angemessen bearbeiten lassen und welche nicht.

Wenn es weiteren Beratungsbedarf für bereits früher beratene Fälle gibt

Nachdem in der Anfangsrunde über den weiteren Verlauf früherer Fälle berichtet wurde, zeichnet sich gelegentlich ab, dass ein Fallerzähler eines vergangenen Treffens weiteren Klärungsbedarf hat, weil der vormals berichtete Fall sich in der Praxis nicht befriedigend lösen ließ. Wenn der Fallerzähler eine erneute Beratung wünscht, kann die Gruppe ihm eine weitere Bearbeitung anbieten. Dann wird dieses «Folge-Anliegen» jedoch vom Beratungsvorgehen her prinzipiell wie ein neues Anliegen behandelt, selbst wenn es sich oberflächlich um das gleiche Thema zu handeln scheint. Zusammen mit dem zwischenzeitlichen Geschehen ist für ihn eine neue Situation entstanden, bei der man davon ausgehen muss, dass sich Fokus und Beratungsschwerpunkt des Anliegens verändert haben.

Für solche Folge-Anliegen wird deshalb ein eigenständiger neuer Durchgang der Kollegialen Beratung mit allen sechs Phasen anberaumt und der Fall wie ein unbekannter behandelt: Der Moderator erkundigt sich nach der Dringlichkeit der Bearbeitung auf der Skala von 10 bis 1, der Fallerzähler gibt einen erneuten Spontanbericht (bei dem nicht alle Informationen aus dem früheren Spontanbericht wiederholt werden müssen, aber erfolglose Lösungsversuche thematisiert werden) usw.

Wenn es kein Anliegen gibt

Wenn es bei einem Gruppentreffen zunächst so scheint, als habe kein Teilnehmer aktuellen Beratungsbedarf, dann gibt es mehrere Optionen, um vielleicht doch noch eine Beratung durchzuführen.

- Der Moderator leitet eine «Fallsuche» an, indem er langsam mehrere Satzanfänge vorgibt: «Letzte Woche stand ich vor folgender Situation ...», «In näherer Zukunft habe ich Folgendes vor ...», «Ich wollte schon immer mal klären ...» In der Regel findet sich nach einer kurzen Besinnungsphase ein Teilnehmer mit einem Thema.
- Die Gruppe teilt sich in mehrere Zweiergruppen auf, die sich im Raum verteilen, um ungestört miteinander sprechen zu können. Aufgabe dieser «Tandems» ist es, einander im Wechsel etwas ausführlicher über die berufliche Situation und die jüngsten Erlebnisse in ihr zu berichten. Während ein Mitglied des Tandems berichtet, betätigt sich das andere Mitglied als «Hebamme», die aktiv zuhört und gemeinsam mit dem Berichtenden versucht, ein Anliegen zu entwickeln. Anschließend wechseln die Rollen in den Tandems. Nach dieser Tandem-Arbeit setzt sich die Gruppe wieder zusammen.
- Zur Abwechslung berichten die Teilnehmer von Erfolgen. Der Moderator leitet eine längere Runde ein mit dem Satzanfang: «Was mir in letzter Zeit besonders gut gelungen ist ...». An-

schließend kann sich die Gruppe als Feedback für jedes Mitglied Gedanken darüber machen, welche Fähigkeiten und Verhaltensweisen des Berichtenden vermutlich zu diesen Ergebnissen geführt haben könnten. Es geht hier nicht um Lobhudelei; das Meistern schwieriger Situationen enthält großes Lernpotenzial: «Was kann jeder für sich, was können wir alle daraus lernen?»

Es kommt aber auch vor, dass in einer Beratungsgruppe die Bereitschaft abgenommen hat, eigene Beratungsanliegen vorzutragen. Dies kann ein Zeichen für mangelndes Vertrauen der Gruppenmitglieder untereinander und eine Störung der Gruppenatmosphäre sein. Die Gruppe sollte dann entscheiden, ob sie in der Lage ist, diese Störung selber aufzuklären, oder ob hierfür die Begleitung des Starthelfers hilfreich ist (siehe S. 226).

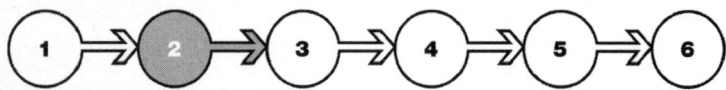

Phase 2: Die Spontanerzählung

In der Phase der Spontanerzählung schildert der Fallerzähler sein Erleben und stellt dabei alle Einzelheiten dar, die er für das Verständnis seines Falles für relevant hält. Er tut dies in Form eines knappen spontanen Berichts, für den es keinerlei Vorbereitung bedarf, auch wenn sich der Fallerzähler vorher schon Gedanken über den Fokus seiner Erzählung machen kann. Die Zeitbegrenzung auf 5 bis 7 Minuten in dieser Phase ist bewusst gewählt, denn «um auf neue Gedanken zu kommen, ist es wichtig, sich nicht allzu sehr von der bisherigen Problemsicht fesseln zu lassen» (Herwig-Lempp 1993). Die Zeitvorgabe bewegt den Fallerzähler in der Regel dazu, den Beratern einen strukturierteren Überblick zu geben und sich in seiner Erzählung auf wesentliche Aspekte zu beschränken. Er wird somit zu einer Fokussierung angeregt.

Mit seiner Spontanerzählung skizziert der Fallerzähler dem Beratungsteam sein Realitätsmodell der Situation. Es stellt eine Art «Landkarte» des Falles dar, so wie er ihn erlebt. Mit Hilfe seiner inneren Abbildung navigiert sich der Fallerzähler durch das Geschehen. Diese Landkarte ist natürlich immer weniger komplex als die Landschaft, die sie darstellen soll. Sie enthält subjektiv ausgewählte Markierungspunkte, die ihm eine Orientierung ermöglichen, diese manchmal aber auch erschweren. Bei den Beratern und dem Moderator entstehen durch die Schilderungen eigene innere Landkarten mit neuen Interpretationen und Verbindungslinien. Das Beratungsteam ergänzt im Laufe der späteren Beratungsschritte die Karte des Fallerzählers um neue Orientierungspunkte und hilft ihm so, neue Wege zu entdecken.

Schritte der Spontanerzählung

1. Der Fallerzähler berichtet von seiner Situation im Gespräch mit dem Moderator. (5–7 Minuten)
2. Die übrigen Teilnehmer stellen Fragen, der Fallerzähler antwortet. (2–3 Minuten)

Dauer gesamt etwa 7–10 Minuten

Aufgaben des Moderators bei der Spontanerzählung

Der Moderator unterstützt den Fallerzähler bei dessen Schilderung durch aktives Zuhören und stellt im Auftrag des Teams sparsam erkundende Fragen. Seine Rolle erweitert sich für die Dauer des Spontanberichts um die eines Klärungshelfers, der den Fallerzähler bei der Entwicklung seiner Erzählung einfühlsam zu verstehen und zu fördern versucht. Die Klärungsarbeit kann den

Fallerzähler bereits einige wichtige Schritte weiterbringen, sodass die Beratung mitunter sogar nach der Spontanerzählung enden kann (was gelegentlich, aber selten vorkommt).

Der Spontanbericht ist angelegt als Gespräch zwischen Fallerzähler und Moderator. Unterstützendes, aktives Zuhören und klärendes Nachfragen sind zunächst nur durch den Moderator vorgesehen, andernfalls kann der Fallerzähler leicht durch zu viele Fragen verwirrt werden. Der Moderator bewahrt den Fallerzähler vor vorschnellen Fragen und verwirrenden Hypothesen seitens der Berater, fragt zugleich aber auch behutsam im Verständnisinteresse des Teams nach. Hinzu kommt als Aufgabe des Moderators die des Zeitwächters, der auf die Einhaltung der Zeitvorgabe achtet.

Die Berater halten sich während dieses Zwiegesprächs zurück und hören einfach aufmerksam zu. Diese Rollenaufteilung ist von allen Beteiligten zu respektieren und sollte notfalls vom Moderator streng durchgesetzt werden. Für den Fall, dass ein beratender Kollege Zwischenfragen stellen möchte, wird er vom Moderator gebeten, seine Frage bis ans Ende des Spontanberichts zurückzustellen.

Ein erster Schritt zur Klärung, den der Moderator bewirken kann, besteht darin, den Fallerzähler darin zu unterstützen, den äußeren Kontext des Falles zu beschreiben, seine innere (Erlebens-)Welt zu schildern und die Verbindungen zwischen beidem zu verdeutlichen. Manche Fallerzähler berichten eher großzügig von den äußeren Gegebenheiten, den Sachaspekten und «objektiven» Vorfällen und halten sich bei den Mitteilungen über die eigenen inneren Reaktionen sehr zurück. Für die Berater bleiben dann die subjektive Welt des Fallerzählers und seine innere Befindlichkeit sehr unscharf. Dann kann der Moderator die Aufmerksamkeit des Fallerzählers zusätzlich auf dessen inneres Erleben lenken und nach Gedanken, Bewertungen und Gefühlen fragen. Andere Fallerzähler wiederum betonen ihr inneres Erleben so sehr, dass die an der Kollegialen Beratung Beteiligten diese Informationen kaum in einen äußeren Kontext einordnen können. Der Moderator kann durch gezielte Fragen helfen, diese Seite zu erkunden, und so für ein besseres Verständnis der Berater sorgen.

Nach Beendigung des Spontanberichts gibt der Moderator den Beratern die Gelegenheit, eine begrenzte Anzahl von erkundenden Fragen an den Fallerzähler zu richten. Die Fragen sollten zum erweiterten oder vertieften Verständnis des Teams beitragen, aber noch keine Lösungsrichtungen enthalten. Wichtig ist, dass der Moderator in der Nachfragephase die Leitung behält. Die Fragen werden deshalb erst bei ihm angemeldet. Die Zeit für das Nachfragen inklusive Antworten sollte in der Regel drei Minuten nicht übersteigen. Wenn die Spontanerzählung eine größere Menge an Nachfragen durch die Berater erzeugt, sollte der Moderator dieses Bedürfnis sowohl zulassen als auch begrenzen. Auf der einen Seite kann es den weiteren Beratungsprozess beeinträchtigen, wenn die Informationswünsche der Berater zu früh abgewürgt werden. Auf der anderen Seite besteht leicht die Gefahr, dass dem Fallerzähler unnötig Löcher in den Bauch gefragt werden.

Aufgaben des Fallerzählers bei der Spontanerzählung

Der Fallerzähler hat die Aufgabe, die Berater über die von ihm erlebte Situation zu informieren. Die Schwerpunkte seiner Erzählung bestimmt er dabei selbst; er kann aber mit gelegentlichen Verständnis- und Vertiefungsfragen durch den Moderator rechnen. Wenn es seine Konzentration unterstützt, spricht er den Moderator an. Er kann sich mit seinem Bericht aber auch an alle Berater wenden.

Um das Verstehen aller Beteiligten zu erleichtern, sollte die

Erzählung des Fallerzählers Informationen über seine äußere Situation mit den beteiligten Personen, ihre Beziehungen zueinander und zu ihm, den Ereignissen und den Strukturen des Umfelds enthalten. Wichtig für das Verständnis ist darüber hinaus seine innere Situation, also sein Erleben, seine Gedanken, seine Bewertungen, seine Gefühle und seine Vermutungen.

In seinem Bericht schildert der Fallerzähler die Außenwelt und seine Innenwelt.

Es kommt nicht darauf an, dass der Fallerzähler alles vollständig und mit allen Details ausgeschmückt erzählt, sondern dass er den Beratern in groben Zügen vermittelt, was ihm wichtig erscheint, damit sich bei ihnen ein Bild einstellt. Als Anhaltspunkte für den Fallerzähler können folgende Fragen gelten: «Was ist vor sich gegangen? Was ist im Einzelnen passiert? Was habe ich gemacht, wie habe ich mich verhalten? Was ist in mir (emotional) vorgegangen? Wie beurteile ich die Situation heute? Was ist aus meiner Sicht gut gelaufen, was nicht?» (Lauterburg 2001).

Auch wenn in der Gruppe die Vereinbarung zur Schweigepflicht nach außen besteht, so sollte sich der Fallerzähler doch überlegen, ob er Namen, Zahlen, Einzelheiten und genaue Bezeichnungen benennt. Für die Kollegiale Beratung sind einzelne Namen und Daten nicht wichtig. Manchmal lösen sie sogar unerwünschte Reaktionen bei den Zuhörern aus: «Ist das nicht der Herr Meier, der früher ...?» Es reicht völlig aus, wenn Alias-Namen («Herr X», «Frau Mustermann») genannt werden, wenn relative, im Detail verschleierte oder ungefähre Angaben gemacht werden («Wir haben bedeutend höhere Kosten gehabt als im Jahr zuvor» statt «Die Kosten sind um 10 000 Euro gestiegen»).

Aufgaben der Berater bei der Spontanerzählung

Die Berater hören den Schilderungen des Fallerzählers zunächst aufmerksam und ohne Kommentar zu. Sie registrieren, was ihnen darin bedeutsam erscheint. Sie sammeln innerlich verschiedene Anknüpfungen, die beispielsweise in Worten oder analogen Ausdrücken genannt werden. Sie achten auf die Art, die Reihenfolge und die Auswahl der angebotenen Informationen, auf die nonverbalen Signale, auf den Tonfall, auf die Stimmung, die durch die Spontanerzählung bei ihnen entsteht, sowie auf den Blickwinkel, aus dem der Fallerzähler seine Situation betrachtet. Die Berater sollen sich am Ende einen Überblick über die beschriebene Situation verschafft und den Problemzusammenhang erfasst haben. Im Vordergrund steht für sie, die Situation, ihre Hintergründe und mögliche Zusammenhänge zu begreifen.

Die Fallschilderung des Fallerzählers ist kein objektiver Bericht eines Unbeteiligten, sondern ein Ausschnitt aus der Wahrnehmung durch einen betroffenen Beteiligten. Es ist *seine* persönliche Perspektive, und ein Teil der erlebten Schwierigkeiten kann daraus resultieren, dass es dem Fallerzähler nicht leicht fällt, seine Perspektive zu verlassen und über den Tellerrand zu schauen. Die Spontanerzählung bietet nicht nur inhaltliche Informationen, sondern auch Hinweise auf den Standpunkt, den der Erzähler einnimmt. Die Berater achten daher auf verschiedene Aspekte: Was wird berichtet? Was wird ausgespart? Wo liegt der Fokus der

Erzählung? Wo nicht? Wird die Perspektive des anderen geschildert? Werden Gefühle thematisiert? Usw.

Am Ende der etwa 5 bis 7 Minuten dauernden Schilderungen des Fallerzählers haben die Berater Gelegenheit, einige Fragen an ihn zu richten, die der Vertiefung, der Erweiterung und der Klärung dienen. Diese Fragen werden vom Fallerzähler kurz beantwortet. Die Fragen sollten nicht nur nach rationalen Gesichtspunkten gestellt werden. Die Berater können Vorgänge im Arbeitsumfeld durch Fragen vertiefen, sich nach persönlichen Einstellungen und Verhaltensweisen erkundigen, eine unterschwellige emotionale Dynamik beachten und die Stimmungslage und Gefühle der Beteiligten erforschen (Lauterburg 2001). Die Berater diskutieren aber noch nicht und bieten auch noch keine in Fragen verpackten Lösungen und Vorschläge an (z. B. «Hast du eigentlich schon mal daran gedacht, Klartext zu reden?»).

Wenn die Berater nach den abschließenden Fragen zum Fall der Ansicht sind, sie hätten noch nicht alles erfahren, sollten sie sich vergegenwärtigen, dass die Erzählung des Fallerzählers in gewissem Sinne immer unvollständig bleiben wird. Das Bild, das bei den Zuhörern durch die Darstellung entsteht, ist oft nicht das, das der Fallerzähler vermitteln wollte, es ist aber ein fruchtbarer Ansatz, den die Gruppe weiterverfolgen kann (Mutzeck 1999). Ein starker Eindruck der Unvollständigkeit kann aber auch ein erster «diagnostischer» Hinweis darauf sein, dass bestimmte Aspekte vom Fallerzähler bislang nicht genügend beachtet wurden. In der Folge können sie den Blick auf die fehlenden Details richten. Dies kann für den Fallerzähler schon eine wertvolle Anregung und ein zentrales Beratungsergebnis sein.

Wenn sich die Mitglieder der Gruppe bereits länger kennen, kann das während der Fallschilderung Vor- und Nachteile mit sich bringen. Ein Vorteil ist, dass den Beratern einige Gedanken und Informationen des Fallerzählers bekannt sind. Sie haben bereits Bilder von dessen Arbeits- und Denkweisen entwickelt, von vergangenen Erfolgen und Schwierigkeiten, von Stärken und Schwächen. Das macht für sie das Verstehen und Einordnen der Schilderungen leichter. Sie können diese Kenntnisse sogar in die weitere Beratung einfließen lassen. Auf der anderen Seite fördert dieses Vorwissen die Gefahr, dass die Berater die geschilderte Situation des Fallerzählers «zu schnell verstehen» und ihrer Besonderheit nicht mehr gerecht werden. Sie übersehen gewisse nahe liegende Fragen oder ordnen die Schilderungen zu schnell in ein vorgefertigtes Bild ein («Da spielt doch wieder seine bekannte Nachgiebigkeit mit»). Die Berater sollten daher zwischendurch reflektieren, ob sie vermeintlich Selbstverständliches überhört oder gewisse Dinge zu schnell eingeordnet haben könnten.

Die Zeitbegrenzung der Spontanerzählung

Besonders wenn die Gruppe am Anfang ihrer gemeinsamen Zeit der Kollegialen Beratung steht, nehmen einige Mitglieder an, dass man umso besser helfen und beraten könne, je mehr Informationen man hat. Später erleben die Beteiligten in der Regel die Zeitbegrenzung der Kollegialen Beratung als förderlich, erleichternd und angenehm. Die Kollegiale Beratung benötigt keine umfangreichen Falldarstellungen. Weitere Gründe sprechen für eine Zeitbegrenzung der Fallerzählung in der Kollegialen Beratung:

- **Konzentration auf Wesentliches.** Zeitknappheit fördert die Beschränkung der vom Fallerzähler gegebenen Informationen auf ein Mindestmaß. Nicht selten verstellt ihm gerade das Geflecht aus Eindrücken und Informationen den Weg zu Klarheit und Orientierung. Je mehr Details der Fallerzähler beschreibt, umso eher können auch die Berater im Dickicht des Geschehens verloren gehen.
- **Der Fallerzähler sortiert sich.** Problemfälle nehmen die Fall-

erzähler kognitiv und emotional sehr ein. Der Fallerzähler wird durch die Kürze der Zeit gedrängt, sich in den Minuten seiner Erzählung innerlich zu sortieren und die Dinge auf den Punkt zu bringen. Während der Darlegungen erhalten die Informationen so eine erste Ordnung. Durch die Darstellung selbst wird also die erste Klärung des Fallerzählers bewirkt. Das allein kann ein wichtiger Beratungseffekt sein.

- **Wichtiges zuerst.** Erfahrungsgemäß werden die wichtigsten Informationen schon in den ersten Minuten einer Erzählung geschildert. Das sind zum einen inhaltliche Aspekte, aber auch atmosphärische Eindrücke, wie die Stimmung des Erzählers, eine gewisse Einseitigkeit oder auch eine Klarheit der Schilderung. Spätere Ergänzungen stellen manchmal eher verwirrende Details dar.

- **Abstand des Fallerzählers.** Je länger ein Fallerzähler berichtet, desto eher steigert er sich in seine Klage hinein. Er wird durch die Wiederholung des Problems emotional stark eingenommen. In der weiteren Beratung wird es dann für die übrigen Beteiligten sehr schwer, ihm aus dieser so genannten Problemtrance herauszuhelfen. Diese Schwierigkeit wird mit einer kurzen Spontanerzählung vermieden.

- **Abstand der Berater.** Mit der Menge der Informationen, die die Berater erhalten, besteht die Gefahr, dass sie sich mit bestimmten Problembeteiligten identifizieren, entweder mit dem Fallerzähler oder seinen Interaktionspartnern. Diese Parteinahme ist nicht hilfreich, weil der Blick eingeschränkt und die nötige Kreativität behindert wird. Die Berater sollen jedoch Abstand bewahren und ihre Freiheit für alternative Perspektiven behalten, die im späteren Verlauf der Kollegialen Beratung gebraucht werden.

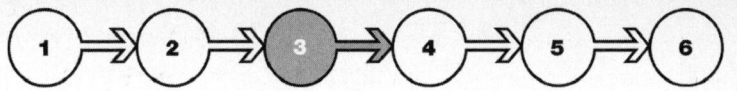

Phase 3: Die Schlüsselfrage

Das Finden einer passenden Schlüsselfrage, die das Schlüsselthema des Fallerzählers zuspitzt, ist zentral für die Kollegiale Beratung und wesentlich für die weitere Klärungsrichtung. Dieser Prozess erfordert von allen Beteiligten spezielle Aufmerksamkeit und große Sorgfalt. Deshalb bildet er eine eigenständige und abgegrenzte Phase. Ihr Gelingen verhilft dem weiteren Verlauf der Kollegialen Beratung zu einer eindeutigen Richtung, da an ihrem Ende das Schlüsselthema des Fallerzählers in Form einer klaren Schlüsselfrage steht, auf die die weitere Beratung aufbaut. Die Erarbeitung der Schlüsselfrage bildet auch deshalb eine entscheidende Weichenstellung für den Beratungsprozess, weil sich die Berater in den folgenden Phasen mit ihren Beiträgen auf den mit ihr formulierten Beratungsbedarf beziehen werden. Zumeist gibt die benannte Schlüsselfrage auch schon erste Hinweise für die Auswahl einer Methode in Phase 4.

Nach der Spontanerzählung bleibt häufig unbestimmt, welchen konkreten Klärungsbedarf der Fallerzähler für sein Praxisproblem sieht. Im Bericht kam es zunächst nur darauf an, das Problem und relevante Umfeldinformationen zu schildern. Erst jetzt steht die Frage nach dem weiteren Fokus im Raum. Die Trennung von Problembeschreibung (in der Spontanerzählung) und der ersten Lösungsfokussierung (in der Schlüsselfrage) entlastet den Fallerzähler. Müsste er sich während seiner Erzählung auch noch auf die Frage konzentrieren, wohin das alles führen soll, würde das seine Aufgabe unnötig erschweren. Durch die Aufteilung in zwei separate Phasen kann der Fallerzähler so mit der Spontanerzählung beginnen, ohne selber vorab genau zu wissen, worin sein spezifischer Beratungsbedarf besteht – es reichen das Gefühl und die Einsicht, *dass* etwas anders werden soll, um seinen Problemdruck zu vermindern. Die für die weitere Beratung erforderliche Fokussierung entsteht ohnehin häufig erst in der Nachbetrachtung des Erzählten. Sie bildet deshalb das ausdrückliche Ziel dieser dritten Phase.

Ein Beispiel zur Illustration. Nach dem Hören der Spontanerzählung könnten folgende Gedanken die Berater beschäftigen: «Ich habe jetzt einigermaßen verstanden, dass der Fallerzähler sich durch seine derzeitige Arbeitsbelastung überfordert fühlt, aber zu was will er eigentlich beraten werden? Will er von uns Hinweise, wie er die Menge seiner Aufgaben verringern kann? Sollen wir Tipps geben, wie er die Ansprüche an seine Arbeitsqualität senkt? Möchte er Ideen haben, wie er die anstehenden Arbeiten alle parallel bewältigen kann? Geht es um die Vorbereitung eines Gesprächs mit seinem Vorgesetzten, in dem er darum bittet, die Belastungen zu reduzieren?»

Bliebe der Beratungsfokus an dieser Stelle offen, dann hätte das Beratungsteam erhebliche Mühe, zielgerichtet zu beraten. Nach der Spontanerzählung sind immer mehrere Schlüsselfragen denkbar, die in ganz unterschiedliche Richtungen weisen. Würden die Berater autonom entscheiden und drauflosberaten, bestünde die Gefahr, dass alle Beteiligten mit den Beratungsergebnissen unzufrieden sind. Als Beispiel für zwei verschiedene Schlüsselfragen, mit denen die Beratung fortgeführt werden könnte, dient der eingangs vorgestellte Fall (auf S. 42), der dort einen bestimmten Verlauf nimmt. Hätte der Fallerzähler sich für eine anders lautende Schlüsselfrage entschieden, wäre die Beratung anders verlaufen. Dieser mögliche Fortgang ist auf S. 42 skizziert.

Das Benennen einer Schlüsselfrage ist nicht immer einfach für den Fallerzähler. Die Spontanerzählung war ja eher an der Vergangenheit orientiert: Der Fallerzähler brauchte «nur» zu berichten, was vorgefallen war und was ihn derzeit daran beschäftigt. Im Lauf der Schilderung tauchte der Fallerzähler kurzzeitig in sein Erleben und seine inneren Bilder ein. An deren Ende ist er nun aufgefordert, sich wieder davon zu lösen. Er muss den Blick in die Gegenwart und die nähere Zukunft richten und formulieren, was für ihn das Ziel der Kollegialen Beratung sein soll. Dieser Wechsel der Blickrichtung bildet für manche Fallerzähler eine gewisse Hürde. Sie zu überwinden ist ein wichtiger Schritt, bei dem die übrigen Beteiligten Hilfe leisten. So kann der Fallerzähler Überblick wie auch Distanz zur eigenen Geschichte gewinnen. Moderator und Berater sollten daher mit großer Sorgfalt darauf achten, dem Fallerzähler diesen Richtungs- und Erlebniswechsel zu ermöglichen.

Schritte der Schlüsselfrage

1. **Der Fallerzähler benennt auf die Frage des Moderators seine Schlüsselfrage für die Beratung.**
2. **Die Berater signalisieren, ob sie die Schlüsselfrage verstanden haben und nachvollziehen können.**

Dauer etwa 5 Minuten, bei gemeinsamer Suche nach einer Schlüsselfrage etwa 10–15 Minuten.

Aufgaben des Moderators bei der Schlüsselfrage

Der Moderator unterstützt den Fallerzähler dabei, eine für ihn passende Schlüsselfrage herauszuarbeiten und damit einen klaren Fokus zu finden. Auch in dieser Phase betätigt er sich als Klärungshelfer, denn es geht darum, dass der Fallerzähler Klarheit über seine Schlüsselfrage gewinnt.

Zunächst wendet sich der Moderator an den Fallerzähler und erkundigt sich, ob dieser schon eine Schlüsselfrage weiß. Als Einleitung dieser Phase können für den Moderator folgende Sätze dienen: «Womit wollen Sie heute nach Hause gehen?», «Was möchtest du von uns bekommen?», «Was ist Ihre Schlüsselfrage an uns?» oder: «Welchen Auftrag haben Sie heute an die Berater?»

Der Moderator achtet darauf, dass sich die Frage durch ihre Formulierung an die Berater richtet. Er kann von sich aus Formulierungsvorschläge unterbreiten oder die Berater um Unterstützung bei der Formulierung bitten. Am Ende sollte eine Schlüsselfrage stehen, die von allen Beteiligten angenommen wird, auch wenn dem Fallerzähler die letzte Entscheidung vorbehalten bleibt.

Der Prozess des Entwickelns der Schlüsselfrage kann für den Fallerzähler durch einen Zwischenschritt erleichtert werden, der das grundsätzliche *Anliegen* des Fallerzählers von seinem *Auftrag* an die Beratungsgruppe trennt: Zunächst kann der Fallerzähler danach gefragt werden, was er überhaupt in seiner Problemlage verändern will («Was soll denn eigentlich anders werden?») und welches Ziel er erreichen will («Wie sieht es aus, hört es sich an, fühlt es sich an, wenn das Problem gelöst ist?»). Entwickelt der Fallerzähler hierzu konkretere Vorstellungen, dann kann man zur eigentlichen Schlüsselfrage für die Kollegiale Beratung übergehen: «Und wobei können wir dir/Ihnen hier und heute behilflich sein?»

Hat sich der Fallerzähler für eine Schlüsselfrage entschieden, dann wiederholt der Moderator sie noch einmal im Wortlaut. Damit kann der Fallerzähler sich vergewissern, ob die Frage – aus dem Mund eines anderen gehört – wirklich für ihn passt. Schließlich erkundigt sich der Moderator bei den Beratern danach, ob sie die Schlüsselfrage verstehen und nachvollziehen können. Wenn es dabei Schwierigkeiten gibt, dann kann der Moderator sich zur weiteren Klärung noch einmal an den Fallerzähler wenden: «Und wenn Sie diese Frage beantworten können, was wird dann anders für Sie sein?» Häufig werden die Motive des Fallerzählers für seine Entscheidung im folgenden Dialog transparenter.

Aufgaben des Fallerzählers bei der Schlüsselfrage

Mit der Formulierung einer Schlüsselfrage fokussiert der Fallerzähler sein Anliegen gegenüber dem Beratungsteam. Dabei sollte er sich selber eine der folgenden Fragen stellen: «Was möchte ich heute bekommen?», «Was beschäftigt mich daran jetzt besonders?», «Welche Frage sollen mir die Berater beantworten helfen?», «Wohin soll mich diese Kollegiale Beratung führen?», «In welchem Punkt wünsche ich mir eine Klärung?» oder: «Zu welcher Frage möchte ich die Meinungen der Berater hören?»

Der Fallerzähler benennt in einem Satz eine Schlüsselfrage, die mit der Formulierung beginnen kann: «Wie kann ich erreichen (verhindern, vermeiden), dass ...?» Als Beispiel: «Wie kann ich der Mitarbeiterin zeigen, dass ich ihr konkrete Hilfe anbieten möchte, ohne sie damit unter Druck zu setzen?» Weitere Hinweise für die Formulierung einer «guten» Schlüsselfrage finden sich auf S. 144ff.

Manchmal tut sich der Fallerzähler schwer damit, eine einzige Schlüsselfrage zu formulieren, weil ihm mehrere im Kopf herumgehen. Er sollte dann «laut denken» und alle Fragen und Fragmente aussprechen, die ihm in den Sinn kommen. So kann ihm der Moderator im Dialog helfen, zu einer zentralen Schlüsselfrage zu gelangen. Er darf auch darauf vertrauen, dass sich die Berater bei Bedarf einklinken und ihn auf seinen Wunsch hin beim «Fragestellungen (er-)finden» unterstützen. Gelegentlich kann es notwendig sein, die Entscheidung für eine bestimmte Frage den Beratern gegenüber kurz zu begründen, wenn sich diese zunächst etwas verwundert zeigen.

Aufgaben der Berater bei der Schlüsselfrage

Die Berater verfolgen zunächst den Dialog zwischen Moderator und Fallerzähler, in dem die Schlüsselfrage entwickelt wird. Wenn sie darum gebeten werden, unterstützen sie den Prozess durch eigene Formulierungsvorschläge, die der Fallerzähler akzeptieren oder ablehnen kann.

Manchmal zeigen sich Berater verwundert darüber, worin die Schlüsselfrage für den Fallerzähler besteht. Aus ihrer Sicht scheinen die Problemsituation und die für den Fallerzähler damit verbundene Schlüsselfrage nicht kompatibel zu sein. Vielleicht weil sie ihrer Meinung nach den Kern des Problems nicht trifft oder lediglich einen Randbereich des Geschilderten berührt. Sie sollten jedoch bedenken, dass es allein der Fallerzähler ist, für den die Schlüsselfrage in sinnvoller Beziehung zu seiner Fallerzählung stehen muss. Sie selbst würden sich wahrscheinlich für eine andere Frage entscheiden, wenn sie in seiner Lage wären. In dieser Situation gibt es zwei Möglichkeiten: Die eine ist, die Entscheidung des Fallerzählers für eine Schlüsselfrage zu respektieren. Die andere besteht darin, dass die Berater ihre Verwunderung äußern und vorschlagen, alternative Schlüsselfragen zu benennen.

Wenn der Fallerzähler sich für eine Schlüsselfrage entscheidet, sollten die Berater prüfen, ob sie sich deren Beantwortung vorstellen können. Daher fragt der Moderator zum Ende der 3. Phase ausdrücklich, ob die Frage für alle verständlich und nachvollziehbar sei.

Die «gute» Schlüsselfrage

Eine «gute» Schlüsselfrage richtet sich vom Fallerzähler an die Berater und bezieht sich auf veränderbares Verhalten oder Erleben des Fallerzählers im Sinn der Frage: «Was kann **ich** dafür tun, um etwas zu erreichen, zu verändern oder zu verhindern?»

Durch den darin enthaltenen Bezug zum Fallerzähler wird unterstrichen, wessen Problem gelöst werden soll. So eröffnet sich die Möglichkeit, dass bei schwierigen Interaktionen schon einmal einer der Beteiligten sein Verhalten verändert (und zwar der Fallerzähler als Interaktionspartner), womit ein negatives Zusammenspiel unterbrochen werden kann.

Mit dem Attribut «gute» Schlüsselfrage ist natürlich nicht gemeint, dass es die ideale Schlüsselfrage gäbe. «Gut» bezieht sich hier eher auf die Form und einige Merkmale. Die Schlüsselfrage sollte so präzise wie möglich das Beratungsanliegen des Fallerzählers in der Beratungssituation widerspiegeln, andernfalls werden die später folgenden Beiträge der Berater kaum konkret genug sein. Oft benennen Fallerzähler im ersten Versuch Schlüsselfragen, die etwa lauten: «Wie kann sich mein neuer Mitarbeiter Herr Meier besser in das Team integrieren?» Genau genommen wäre das die Frage von Herrn Meier (der nicht anwesend ist) an die Berater. Erfahrungsgemäß schlagen Berater auf solche Formulierungen auch immer Ideen vor, deren Verwirklichung nicht im direkten Einflussbereich des Fallerzählers liegt, beispielsweise: «Er sollte mit den Kollegen zur Kantine gehen.» Um das von vornherein zu vermeiden, sollte die Formulierung genauer bezeichnen, welches Ziel der Fallerzähler hat. Eine Schlüsselfrage, die das Verhalten des Fallerzählers betrifft, ist dagegen: «Wie kann ich Herrn Meier helfen, sich besser ins Team zu integrieren?» Dies ist eine Anfrage des Fallerzählers an das Beratungsteam. Der Unterschied mag unerheblich erscheinen, er besteht jedoch darin, dass mit der zweiten Formulierung nicht mehr Herr Meier beraten wird, sondern der Fallerzähler. Der Fokus der Schlüsselfrage sollte auf dem Verhalten des Fallerzählers liegen, nicht auf dem zu verändernden Verhalten anderer. Es lohnt sich, auf dieses zunächst unscheinbare Detail zu achten.

Wenn der Fallerzähler keine Schlüsselfrage benennen kann

Wenn es dem Fallerzähler sicht- und hörbar schwer fällt, eine Schlüsselfrage zu formulieren, fragt der Moderator, ob die Berater ihm beim Finden einer Schlüsselfrage helfen sollen. Wünscht sich der Fallerzähler eine solche Unterstützung, wird eine erste kleine Beratungsrunde eingeleitet, die als vorläufiges Ziel hat, eine Schlüsselfrage für den Fallerzähler zu finden, an die sich dann eine weitere Beratung zur Beantwortung dieser Schlüsselfrage anschließt. Die Standardfrage für die Suche lautet: «Was könnte meine Schlüsselfrage sein?» (siehe S. 144ff).

Eine erste – eingeschobene – Beratungsrunde beginnt. Die Berater sammeln im Gespräch untereinander verschiedene Schlüsselfragen für den Fallerzähler. Sie beginnen mit der Einleitung: «Für mich (an seiner Stelle) wäre die Schlüsselfrage: ...» Nach 5 Minuten beendet der Moderator diese Phase und fragt den Fallerzähler, ob eine der geäußerten Schlüsselfragen für ihn den Kern trifft. Wenn der Fallerzähler sich eine der Fragen auswählt, beendet das Beratungsteam diese verlängerte 3. Phase und geht zur nächsten Phase, der Methodenwahl, über.

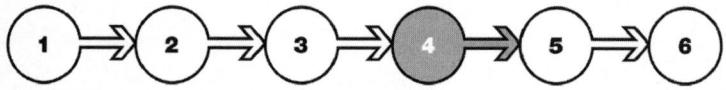

Phase 4: Die Methodenwahl

Mit der Möglichkeit zur Wahl einer Beratungsmethode eröffnet sich für die Gruppe die Möglichkeit, auf das Anliegen und die Schlüsselfrage des Fallerzählers angemessen einzugehen und dadurch die Beratung differenziert zu gestalten. Dem Beratungsteam steht ein Bündel von Beratungsmethoden zur Verfügung, wie zum Beispiel das «Brainstorming» oder das «Umdeuten». Je nach Schlüsselfrage wählt die Gruppe ein dem Anliegen angepasstes Vorgehen aus. Sie entscheidet dies von Beratung zu Beratung neu. Weil diese Entscheidung sich auf den weiteren Beratungsprozess auswirkt, sollte sie mit Bedacht getroffen werden. Daher bildet die Entscheidung für die Methode eine eigene Phase.

Die Wahl der Methode, nach der die Berater den Fallerzähler in der nächsten Phase beraten, verhilft dem Beratungsprozess zu mehr Lebendigkeit, Kreativität und Abwechslung. Beratung, vor allem Kollegiale Beratung, braucht neben der notwendigen Ernsthaftigkeit auch eine kreative Komponente. Nicht immer ist es angemessen, schwierige Situationen ausschließlich in ernster Atmosphäre zu bearbeiten. Schmunzeln und manchmal auch Lachen können beim Problemlösen förderlich sein. Die Auswahl sollte dennoch behutsam und mit Fingerspitzengefühl erfolgen: Die Entscheidung für eine ungeeignete Methode kann nämlich den weiteren Prozess und das Vertrauen des Fallerzählers in das Beratungsteam beeinträchtigen.

Die gemeinsam getragene Entscheidung für eine Beratungsmethode, nach der in der folgenden Phase 5 beraten wird, verteilt die Verantwortung für den Beratungsprozess auf mehrere Schultern. Es entsteht bei allen Beteiligten mehr Engagement, vor allem jedoch steigt das Interesse daran, mit einer guten Wahl dem Fallerzähler eine Beratung zuteil werden zu lassen, die ihn wirklich weiterführt. Die Variation der Methoden fördert zudem die Abwechslung, durch die Kollegiale Beratung auch langfristig attraktiv für die Teilnehmer sein wird.

Aus der Methodensammlung wird nun im Dialog zwischen Fallerzähler, Moderator und Beratern eine Methode bestimmt. Die Sammlung an Methodenbausteinen (ab S. 115) enthält Methoden, die eher lösungsorientiert sind (es werden Ideen, Vorschläge und Anregungen produziert), Methoden, die eher anteilnehmend sind (die Berater sprechen auf bestimmte Weise über ihre eigenen inneren Reaktionen auf das Gehörte), und Methoden, die auf einen Perspektivwechsel zielen (die Berater nehmen neue Standpunkte ein oder setzen andere Akzente). Es erleichtert den Auswahldialog erheblich, wenn eine Liste der Methodentitel für alle sichtbar aufgehängt ist.

Welche der Methoden gewählt wird, hängt von verschiedenen Faktoren ab. Oberstes Prinzip ist natürlich, dass die Wahl immer im Interesse einer guten Beratung für den Fallerzähler geschehen sollte. Kriterien, die die Wahl einer Methode beeinflussen, können beispielsweise sein:

- Wie passen Schlüsselfrage und Methode zusammen? Ist die Methode geeignet, um mit ihr Antworten auf die Schlüsselfrage zu entwickeln?

- Was wünscht sich der Fallerzähler? Was ist sein Interesse hinter der Schlüsselfrage? Mit welchen Methoden ließe sich dieses Interesse (auch noch) erreichen?

- Welche Vorschläge haben Moderator und Berater? Welche Absichten verfolgen sie damit?

Nach der Erörterung dieser Fragen erscheinen bestimmte Methoden für die Bearbeitung einer Schlüsselfrage naheliegender, und die Einigung der Beteiligten kann recht schnell erfolgen. Oft sind gleich mehrere Methoden denkbar, die der Beratungsrichtung jeweils unterschiedliche Akzente geben würden. Dann wird die Methodenwahl zu einer interessanten Diskussion. Wenn alle Teilnehmer einverstanden sind, kann die Gruppe sich auch an eine neue, geeignet erscheinende Methode aus der Sammlung heranwagen und somit das aktive Repertoire an Methoden erweitern.

Die Methodenentscheidung sollte nach Möglichkeit im Einvernehmen zwischen den Beteiligten getroffen werden. Mehrheitsabstimmungen sollten die Ausnahme bilden und nur dann durchgeführt werden, wenn sie passen. In einem Beratungsprozess bringen sie mit sich, dass eine Minderheit unterliegt und deswegen mit einem Gefühl der Unzufriedenheit weitermacht. Weil es um das Beratungsinteresse des Fallerzählers geht, bleibt die letzte Entscheidung über die Methode ohnehin ihm vorbehalten.

Natürlich ist es grundsätzlich möglich, zwei Methodenbausteine auszuwählen, wenn der Bedarf besteht und es für das Team Sinn ergibt. Dann werden zwei kleine, verkürzte Beratungsrunden durchgeführt, beispielsweise erst mit einer anteilnehmenden Methode (um die emotionalen Reaktionen der Berater offen zu legen) und dann mit einer lösungsorientierten Methode (um daraufhin Lösungswege für den Fallerzähler vorzuschlagen). Geklärt werden sollte zuvor, ob hierfür genügend Zeit zur Verfügung steht, ob der Fallerzähler sich mit diesem Vorgehen einverstanden erklärt, und später, ob er nach der ersten Methode noch Kapazität für weitere Ideen besitzt und ob eine zweite Runde nach der ersten überhaupt notwendig ist.

Schritte der Methodenwahl

1. **Der Moderator sammelt Vorschläge zur Methode von Fallerzähler und von den Beratern.**
2. **In Abstimmung mit dem Fallerzähler einigt sich die Gruppe auf eine Methode.**

Dauer etwa 5 Minuten

Aufgaben des Moderators bei der Methodenwahl

Die Prozedur der Methodenwahl liegt in der Verantwortung (man kann auch sagen im «Hoheitsbereich») des Moderators. Er leitet den Auswahlprozess in der Gruppe an. Er soll lediglich gewährleisten, *dass* eine Methode gewählt wird, er braucht die Methode aber nicht selbst auszuwählen oder vorzuschlagen. Er beteiligt die Anwesenden in festgelegter Reihenfolge. Zunächst erhält der

Fallerzähler das Vorschlagsrecht, anschließend können die Berater untereinander diskutieren und gegebenenfalls Alternativen empfehlen. Dabei ist es von Vorteil, wenn das Methodenrepertoire der Gruppe als Gedankenstütze auf einem Flipchart lesbar ist.

Bei diesem Auswahlprozess sind die Moderationsfähigkeiten des Moderators gefragt. Der Moderator wendet sich zuerst an den Fallerzähler: «Welche Beratungsmethode wünschst du dir?», «Was möchtest du von uns zu deiner Schlüsselfrage bekommen?» Nach dessen Antwort bittet er zusätzlich das Team um Vorschläge: «Was, meint ihr, wäre jetzt geeignet?» Anschließend vermittelt der Moderator zwischen Fallerzähler und Beratern, bis sie sich auf eine Beratungsmethode geeinigt haben. Die Anwesenden sollten sich etwas Zeit nehmen, um eine wirklich passende Methode zu finden.

Die Methodenwahl sollte dennoch zeitlich knapp gehalten werden. Ausufernde Methodendiskussionen schaden dem Anliegen des Fallerzählers und strapazieren seine Geduld. Ist eine Einigung erzielt worden, kann der Moderator noch einmal absichern, ob die Methode in eine für den Fallerzähler hilfreiche Richtung weist: «Angenommen, Sie bekämen von uns ..., wäre es das, was Sie haben möchten? Und wenn Sie es von uns bekommen, würde es Ihnen vermutlich weiterhelfen?»

Werden zwei kurze Beratungsrunden nacheinander angesetzt, sollte sich der Moderator selbstverständlich nach der Runde mit der ersten Methode beim Fallerzähler danach erkundigen, ob die erste Beratung nicht vielleicht schon ausreichend war oder ob er noch für eine zweite Runde aufnahmefähig ist. Ein Methodenfeuerwerk kann den Fallerzähler überfordern, an seinen Bedürfnissen vorbeigehen oder die Bearbeitung der ursprünglichen Schlüsselfrage in den Hintergrund treten lassen.

Aufgaben des Fallerzählers bei der Methodenwahl

Der Fallerzähler hat das erste Vorschlagsrecht für eine Beratungsmethode. Er kann sich von den Beratern wünschen, in welcher Form sie seine Schlüsselfrage bearbeiten. Er sollte alternativen Vorschlägen der Berater gegenüber offen sein und für sich prüfen, ob diese nicht auch zu seinem Beratungsziel führen könnten. Der Fallerzähler muss unabdingbar der am Ende getroffenen Wahl zustimmen.

Die Beteiligung des Fallerzählers an der Methodenwahl hat den positiven Effekt, dass er beiläufig lernen kann, seine eigene Lage von außen zu betrachten. Er wird eingeladen, eine Art Co-Beraterperspektive einzunehmen, wodurch er Abstand zu seinem Problem gewinnt.

Aufgaben der Berater bei der Methodenwahl

Die Berater machen sich ebenfalls Gedanken darüber, mit welcher Beratungsmethode sie den Fallerzähler beraten wollen. Sie hören zunächst den Wunsch des Fallerzählers und prüfen für sich, ob sie dem ohne weiteres zustimmen können oder ob sie alternative Gestaltungsvorschläge vorbringen möchten.

Manchmal kann es sinnvoll sein, wenn die Berater dem Fallerzähler gegenüber auf einem alternativen Vorschlag beharren. Das Ziel der Kollegialen Beratung liegt ja in einem Perspektivenwechsel für den Fallerzähler. Dieser Perspektivwechsel kann auch durch eine Beratungsform gefördert werden, die der Fallerzähler bislang noch nicht in Betracht gezogen hat, die aber womöglich neue Wendungen und interessante Perspektiven erzeugt. Die Berater können beim Fallerzähler für ihren Vorschlag werben oder bei ausreichender Zeit anbieten, zwei kurze Beratungsrunden nacheinander durchzuführen: eine nach dem Geschmack des Fallerzählers und eine mit Hilfe der Methode, die die Berater im Kopf haben.

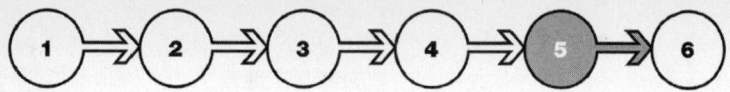

Phase 5: Die Beratung

Die Beratungsphase ist der Teil der Kollegialen Beratung, in dem hauptsächlich die Berater aktiv sind, in dem sie ihre Erfahrungen und Einfälle weitergeben, Ideen produzieren und ihre inneren Reaktionen offen legen. Dabei greifen sie auf die gesamte Bandbreite ihrer Kompetenzen, Wahrnehmungen und Phantasien zurück. Sie beziehen Stellung, melden Zweifel an oder signalisieren Zustimmung; immer mit der Absicht, die Perspektiven des Fallerzählers zu bereichern. Dabei gehen sie sowohl kreativ als auch sorgfältig vor. Sie passen Stil und Inhalt ihrer Beiträge dem Format an, das jeder Beratungsmethode zu eigen ist. Der Moderator strukturiert in dieser Phase nur wenig, und der Fallerzähler braucht in der Regel nur aufmerksam zuzuhören. Der Sekretär notiert die Beiträge der Berater mit.

Schritte der Beratung

1. Der Moderator skizziert das Prinzip der gewählten Methode.
2. Die Berater tragen 10 Minuten lang Ideen und Vorschläge im Stil der Methode zusammen.
3. Der Sekretär schreibt mit.

Dauer etwa 10 Minuten

Gedanken zur Lösungsentwicklung

In der Beratungsphase werden kreative Lösungsideen entwickelt, oder es wird zumindest der Boden für Lösungen bereitet, die später darauf wachsen können. Die Berater tragen zusammen, was dem Fallerzähler ihrer Ansicht nach weiterhelfen könnte, sein Problem zu lösen. Nachfolgend finden sich einige allgemeine Leitlinien, die sich in vielen Beratungssituationen bei der Lösungsentwicklung bewährt haben.

Lösungen sollten sich an den Werten der Interaktionspartner orientieren. Lösungen werden von den Beteiligten umso eher akzeptiert, je mehr sie an ihre Handlungsmöglichkeiten und Wertesysteme anschließen. Wenn zum Beispiel der Ausdruck von Gefühlen im Team des Fallerzählers tabu zu sein scheint, ist es sinnlos, ihm gerade dies als Königsweg zu empfehlen.

Kleine Lösungen können große Wirkung haben. Die Stärke der Wirkung hängt nicht immer mit der Komplexität und dem Umfang der Lösung zusammen. Einfache Ideen können große Folgen haben und umgekehrt. Veränderungen sind in ihrer Richtung und Wirkung nicht exakt vorhersagbar.

Lösungen können unabhängig von Ursachen sein. Die Faktoren, die vorher vermutlich zu einem Problem beigetragen haben, müssen später nicht unbedingt an seiner Lösung beteiligt sein. Die Lösungen können auch auf ganz anderen Ebenen angesiedelt sein.

Es sind fast immer mehrere Lösungen denkbar. Aus einer Problemsituation führen oft mehrere Wege heraus. Es geht darum, die Zahl der möglichen Lösungsansätze zu erhöhen, und nicht, den «einen richtigen» Ansatz zu finden. Eine passende Lösung sagt noch nichts über andere Wege aus, das Ziel zu erreichen.

Lösungen sollten bedeutsame Einbettungen berücksichtigen. Die Ideen der Berater sollten in ihrer Gesamtheit die denkbaren Einflüsse, Bezüge und Nutzen des geschilderten Problems und deren Wechselwirkungen berücksichtigen.

Aufgaben des Moderators bei der Beratung

Der Moderator erläutert am Anfang der Beratungsphase kurz die Regeln derjenigen Methode, auf die man sich geeinigt hat, und ruft den Anwesenden in Erinnerung, welches «Format» die Beiträge der Berater haben sollen. Er sollte diese Erklärungen selbst dann noch geben, wenn das Team bereits mehr Routine mit der Kollegialen Beratung besitzt, damit sich keine Ungenauigkeiten einschleichen.

Dann gibt der Moderator das Startsignal für die Beiträge der Berater. Während die Berater ihre Beiträge vorbringen, sollte der Moderator prüfen, ob die Aussagen einigermaßen methodenkonform formuliert sind. Kleinere Abweichungen sollte er tolerieren, bei starken Verzerrungen sollte er die Berater darauf aufmerksam machen und eventuell auf alternative Formulierungsvorschläge hinweisen.

Der Moderator achtet besonders auf die Befindlichkeit des Fallerzählers während der Beratung. Ein enger Kontakt zwischen Moderator und Fallerzähler ist hier sehr wichtig. Die Beratungen werden häufig sehr intensiv erlebt, und manche Beiträge lösen, kaum wahrnehmbar für Außenstehende, starke Gefühle beim Fallerzähler aus. Hier muss das Team sehr feinfühlig vorgehen, es darf den Fallerzähler nicht «verlieren». Andernfalls kann die Beratung an dieser Stelle kippen und schädlich werden. Nach vier bis fünf Wortbeiträgen der Berater erkundigt sich der Moderator deshalb beim Fallerzähler, ob die Beratungsrichtung, die Beratungsmethode und die Atmosphäre für ihn noch stimmen. Auch die Aufnahmefähigkeit des Fallerzählers kann begrenzt sein oder im Lauf der Beratung sinken. Sollten die Beiträge der Berater zu schnell und zu zahlreich erfolgen, dann kann der Moderator mit Blick auf den Fallerzähler sie dazu auffordern, das Tempo zu drosseln und einen Moment zu warten, bevor der nächste Beitrag folgt. Andernfalls hat der Fallerzähler kaum Zeit, die Menge der Beiträge zu verarbeiten.

Grundsätzlich sollte sich der Moderator während der Beratung ausschließlich auf diese Aufgaben und seine Leitungsrolle konzentrieren. Eine Beteiligung des Moderators an der Beratung mit eigenen Vorschlägen würde die übrigen Berater unnötig irritieren und auch ihm selbst Schwierigkeiten bereiten, weil er dann eine Doppelrolle einnehmen müsste. Daher sollte sein inhaltliches Engagement selbst in fortgeschrittenen Gruppen die Ausnahme bilden.

Der Moderator beendet nach etwa 10 Minuten die Beratungsrunde. Ein oder zwei letzte Beiträge sollten noch möglich sein. Dann wird es Zeit für den Abschluss.

Aufgaben des Fallerzählers bei der Beratung

Der Fallerzähler lehnt sich während der Beratung schweigend zurück und überlässt das Feld den Beratern, denen er aufmerksam zuhört. Er nimmt alle Beiträge ohne Kommentare oder Richtigstellungen auf. Diese äußere Passivität fällt ihm in der Regel gar nicht so leicht. Er sollte die Ideen auf sich wirken lassen. Lediglich einige wenige der Methoden verlangen vom Fallerzähler, dass er sich durch Reaktionen aktiv am Geschehen beteiligt. Da der Sekretär mitschreibt, kann sich der Fallerzähler ganz auf das Gehörte konzentrieren, ohne befürchten zu müssen, dass ein wichtiger Gedanke verloren geht.

Wenn der Fallerzähler beginnt, sich aus irgendeinem Grund unwohl zu fühlen, sollte er nicht zögern, dies sofort mitzuteilen und den Beratungsprozess zu unterbrechen. Es kann passieren, dass trotz aller Sorgfalt in der Vorbereitung die Beratung einen anderen Verlauf nimmt als von ihm erhofft. Er kann sich von bestimmten Beiträgen, von der Menge der Beiträge, von ihrer Art und dem Tonfall der Berater bedrängt fühlen. Vielleicht ist bei ihm bereits der Groschen gefallen, und er kann sich nicht mehr auf weitere Wortbeiträge konzentrieren. Aus welchem Anlass auch immer, er sollte sein Unwohlsein ohne Zögern äußern und damit die Gelegenheit eröffnen, die Gründe dafür zu erkunden und gemeinsam Änderungen im Beratungsprozess vorzunehmen, damit dieser wieder als hilfreich erlebt werden kann.

Eine praktikable Möglichkeit: Wenn der Fallerzähler nach fünf Beiträgen der Berater merkt, dass die Beratung die falsche Richtung einschlägt, sollte er dies sofort dem Moderator mitteilen. Dann kehrt die Gruppe zur Methodenfrage zurück und trifft eine neue Auswahl.

Aufgaben der Berater bei der Beratung

Die Berater haben die Aufgabe, ihre inhaltlichen Beiträge gemäß der gewählten Methode zu formulieren. Dabei können sie entweder neue Gedanken äußern, an einen bereits genannten Beitrag anknüpfen und ihn erweitern oder eine bewusst kontrastreiche Gegenposition zu bereits genannten Vorschlägen einnehmen. Sie beziehen sich mit ihren Ideen hauptsächlich auf das Verhalten des Fallerzählers und dessen Auswirkungen, was immer auch wie ein Feedback an den Fallerzähler wirkt. Die Berater sollten großen Ideenreichtum, aber auch Fingerspitzengefühl beweisen, denn die Beratung wird vom Fallerzähler in aller Regel sehr intensiv erlebt. Das Tempo, die Formulierungen und die Inhalte der Wortbeiträge sollten gegebenenfalls verändert werden, damit die Beratung als positiv und hilfreich erfahren wird.

Die Berater wenden sich während der Beratung nicht an den Fallerzähler, sondern diskutieren untereinander, sehen also einander an. Sie können so besser auf die Beiträge der Kollegen achten und sich darauf beziehen oder davon abgrenzen. Der Fallerzähler erhält dadurch eher die Möglichkeit, dem Gespräch wie ein Außenstehender zu folgen und die Beiträge als Angebote wahrzunehmen. Dennoch behalten sie die Reaktionen des Fallerzählers genau im Auge, besonders bei sensiblen Themen. Nehmen sie wahr, dass die Stimmung des Fallerzählers sich verschlechtert, sollten sie den Beratungsprozess unterbrechen, bevor er die Nase voll hat. Nur dann besteht noch die Möglichkeit zu einer Veränderung des Prozesses im Sinn des Fallerzählers.

Tipps für die Formulierung der Beiträge

Die Kunst der Berater und ihre besondere Verantwortung liegt in der sorgfältigen Formulierung ihrer Beiträge. Sie sollten die Souveränität des Fallerzählers wahren, seine eigenen Schlussfolgerungen ziehen zu dürfen. Sie haben eine kniffelige Aufgabe vor sich: «Das Team muss positiv, zurückhaltend, respektvoll, sensibel, einfallsreich und schöpferisch sein» (Andersen 1990). Es sollte nicht der Verdacht entstehen, dass dem Fallerzähler vorgehalten wird, was er bisher versäumt hat oder wie falsch er alles gesehen, gedacht und gemacht hat – um ihm dann zu stecken, wo es langgeht! Dies würde der beabsichtigten Kooperation die Grundlage entziehen. Zudem dürften die Beiträge, die aus einer solchen Haltung heraus entstehen, beim Fallerzähler auf Ablehnung stoßen.

Die Beachtung der folgenden Regeln hat sich in der Beratungsphase bewährt:

Regel der Wertschätzung. Die Berater zeigen sich wertschätzend gegenüber dem Fallerzähler, dessen Beobachtungen und Beschreibungen der Situation sowie den von ihm geschilderten Verhaltensweisen. Nur wer seinen Selbstwert und seine Integrität nicht bedroht fühlt, kann offen für andere Standpunkte sein. Auf jeden Fall vermeiden die Berater unangebrachte Provokationen, Vorwürfe oder Urteile. Dieser Regel zu folgen kann schwierig werden, wenn Berater auf das, was ein Fallerzähler «verzapft» hat, innerlich entsetzt und empört reagieren. Sie können ihm ihre Reaktion entweder innerhalb einer gewählten Methode mitteilen oder für diese Botschaften eine andere Methode wählen. In jedem Fall sollten sie abwägen, wie viel Klarheit der Fallerzähler verträgt und wie viel Diplomatie hier nötig ist.

Regel der Vielfalt. Es geht darum, dem Fallerzähler möglichst unterschiedliche Perspektiven anzubieten. Einige Ideen sollen an Bekanntes anschließen, andere sollen Neues einführen. Sie sollen in ihrer Gesamtheit an- und bereichernd wirken. Die Berater achten weiter darauf, dass ihre Beiträge Abwechslung enthalten und nicht alle in die gleiche Richtung zielen. Wenn sie immer wieder an bisher Gesagtes anknüpfen, besteht die Gefahr der Einseitigkeit, die der Fallerzähler ablehnen wird. Um das zu vermeiden, ist es als Ausgleich deshalb sinnvoll, wenn ein oder zwei Berater bewusst kontrastreiche Gegenstandpunkte oder ungewöhnliche Vorschläge entwickeln. Um der Vielfalt willen ist es sogar erwünscht, wenn sie kreative Ideen einbringen, von denen sie selber nicht ganz überzeugt sind, die aber dem Fallerzähler Anknüpfungsmöglichkeiten bieten.

Regel der Prägnanz. So kurz wie möglich – so lang wie nötig. Die Berater überfrachten ihre Beiträge nicht mit Ideen, da der Fallerzähler in dieser Beratungssituation nicht auf jedes kleine Detail achten kann. Ein Gedanke pro formulierten Beitrag reicht aus, ein zweiter kann nach einer Weile bei einer zweiten Wortmeldung nachgereicht werden. Die Berater sollten angemessene Pausen zwischen den Beiträgen machen, um dem Fallerzähler Gelegenheit zum Zuhören und Reflektieren zu geben.

Regel der Möglichkeitsform. Die Berater bieten dem Fallerzähler mit ihren Ideen alternative Möglichkeiten an. Ihre Vorschläge sind nicht richtiger oder wahrer als die Vorstellungen des Fallerzählers. Das sollte sich auch in der verwendeten Sprache ausdrücken. Sie sollte hypothetisch, suchend und offen klingen. Die Berater formulieren, wenn immer möglich, ihre Beiträge im Konjunktiv statt im Indikativ. «Du musst sie fragen, wieso sie zu spät kommt!» klingt im Konjunktiv etwas weicher und offener: «Du könntest ihr sagen, dass du verstehen möchtest, warum sie häufiger zu spät kommt.» Der Fallerzähler behält auf diese Weise die Freiheit, sich probehalber anderen Positionen anzunähern. Das wird er umso eher tun, je weniger die Berater für sich reklamieren, endgültige Wahrheiten zu besitzen.

Aufgaben des Sekretärs bei der Beratung

Der Sekretär hat die wichtige Aufgabe, den Fallerzähler durch die schriftliche Aufzeichnung der Ideenbeiträge zu entlasten. Wenn er Mühe hat, schnell geäußerte Beiträge zu notieren, kann er die Berater bitten, etwas langsamer zu reden. Er kann sich genauso an der Beratung beteiligen wie die übrigen Teilnehmer, wenn die Dokumentation darunter nicht leidet. Am Ende der Beratungsphase kann der Sekretär dem Fallerzähler anbieten, das Mitgeschriebene laut vorzulesen.

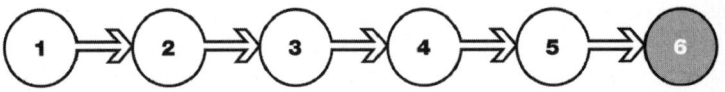

Phase 6: Der Abschluss

Die Abschlussphase der Kollegialen Beratung besteht aus der Bilanz des Fallerzählers und (optional) einem Feedback. In seiner Bilanz nimmt der Fallerzähler Stellung zu den Beiträgen der Berater, gibt seine frisch gewonnenen Eindrücke wieder, resümiert, was ihm weitergeholfen hat, und plant eventuell erste Maßnahmen für sein weiteres Vorgehen. Die übrigen Teilnehmer können ebenfalls die Gelegenheit erhalten, persönliche Bilanzen zu ziehen. Im Feedback, das sich anschließen kann, erhält der Moderator von den übrigen Beteiligten Rückmeldungen zum Stil seiner Gesprächsführung, und der Prozessbeobachter gibt ein Feedback an die gesamte Gruppe. Der Abschluss besteht also minimal aus der Bilanz des Fallerzählers. Zusätzlich sollten abhängig vom Auswertungsbedarf höchstens zwei weitere Bilanz- oder Feedback-Bausteine folgen.

Bausteine zur Bilanz des Fallerzählers

Die Bilanz des Fallerzählers kann in direkter Aussage oder mit Hilfe von Metaphern geschehen. Anstöße für eine Bilanz können folgende Fragen sein:

- Was ist mir klar geworden? Was ist bei mir angekommen? Welche Rückmeldungen oder Anregungen sind für mich besonders wichtig?
- Was werde ich jetzt konkret tun? Was nehme ich mir vor? Wie mache ich weiter?
- «Rosinen und saure Trauben»: Welche «Rosinen» waren unter den Ideen, die mir wohl schmecken werden? Welche «sauren Trauben» waren dabei, die noch Zeit zum Reifen brauchen und mehr Nachdenken erfordern? Welche «faulen Trauben» waren dabei, die ich nicht mitnehme (aus welchen Gründen auch immer)?

Wenn der Fallerzähler es wünscht und noch genügend Zeit zur Verfügung steht, kann sich eine Transferphase zur Handlungsorientierung anschließen. Hier entwirft und konkretisiert er in einer Art Mini-Aktionsplan, welches Verhalten er seinen Interaktionspartnern gegenüber künftig zeigen möchte. Die Berater können ihn dabei unterstützen, indem sie in einem zusätzlichen kurzen Actstorming (siehe S. 16off) verschiedene Vorschläge für wörtliche Formulierungen machen. Der Fallerzähler kann bei dieser gemeinsamen Lösungssuche selber einschätzen, wie die vorgeschlagenen Sätze auf ihn und seinen Gesprächspartner wirken könnten.

Mit dem Ende der Kollegialen Beratung ist der Prozess der Lösungsentwicklung für den Fallerzähler noch nicht abgeschlossen. In der Regel nimmt er das Gehörte in seinen Berufsalltag mit und reflektiert es dort weiter, sodass sich die genaue Ausgestaltung seines Vorhabens noch verändern wird. Daher ergibt es wenig Sinn, den Fallerzähler auf eine Lösung festnageln zu wollen. Erst bei der nächsten Beratungssitzung wird der Fallerzähler berichten können, was er konkret umgesetzt hat.

Bausteine zur Bilanz der Berater

Es kommt vor, dass die Berater ebenfalls eine persönliche Bilanz für sich ziehen möchten, denn manche Themen und Fallbearbeitungen berühren auch stark die übrigen Beteiligten. Ein solches Resümee ist möglich, erfordert aber etwas mehr Zeit. Die Berater beziehen sich in dieser Bilanz auf das Thema des Fallerzählers. Eine Reflexion des Beratungsprozesses, in der eine Rückschau auf den Gesamtprozess der Kollegialen Beratung gehalten wird, sollte darin noch nicht enthalten sein. Sie bildet einen gesonderten Auswertungsaspekt, der, von der inhaltlichen Bilanz getrennt, erst am Ende aufgegriffen wird. Die folgenden Bilanzmöglichkeiten bilden Alternativen, unter denen der Moderator diejenigen auswählt, die ihm passend erscheint.

Blitzlicht. Der Moderator bittet die Teilnehmerrunde, in ein, zwei oder drei knappen Sätzen mitzuteilen, was ihnen im Augenblick durch Kopf und Bauch geht und wie ihnen nach der Beratung zumute ist. Beim Blitzlicht kommt es darauf an, sich wirklich kurz zu fassen. Dadurch wird rasch die Stimmung transparent, mit der die Beteiligten aus dieser Kollegialen Beratung gehen.

Was ich mitnehme. Die Teilnehmer überlegen kurz und erklären der Runde, welche Anregungen ihnen diese Beratung gegeben hat: «Was ich für meine eigene Arbeitspraxis mitnehme ...» So drücken die Berater (und der Moderator) aus, dass nicht nur der Fallerzähler Lernschritte gemacht hat, sondern die Beratung auch ihnen Erkenntnisse vermittelt hat.

Sharing. Nach emotional sehr bewegten Beratungen, in denen der Fallerzähler viel von sich preisgegeben hat, ist es wichtig, den Fallerzähler wieder «in die Runde» zu holen. Dazu wird ein kurzes «Sharing» durchgeführt. Beim Sharing teilen die übrigen Teilnehmer kurz mit, welche Aspekte aus der schwierigen Situation des Fallerzählers sie aus ihrer eigenen Berufspraxis kennen und welche vergleichbaren Situationen sie selber schon einmal erlebt haben (siehe S. 139ff): «Ich kenne dieses Gefühl von ...» Damit stellen sie eine emotionale Verbindung mit dem Fallerzähler her, die es ihm erleichtert, seine exponierte Position zu verlassen und sich wieder in die Gruppe zu integrieren.

Wenn ein Thema die Gruppe sehr gepackt hat, können sich natürlich – bei ausreichendem Zeitpuffer – eine spannende, weitergehende Diskussion oder ein loser Austausch anschließen. Die Teilnehmer sollten jedoch darauf achten, dass der Fall des Fallerzählers nicht wieder «geöffnet» wird.

Bausteine zur Feedback-Phase

Feedback für den Moderator. Feedback ist eine gute Lernmöglichkeit: Wie wirkte sich mein Verhalten auf den Prozess der Kollegialen Beratung aus? Welche Verhaltensweisen könnten den Beratungsprozess in Zukunft verbessern? In der Anfangsphase der Gruppe, zur Qualitätsverbesserung der Beratung oder auf ausdrücklichen Wunsch des Moderators hin melden ihm die Beteiligten zurück, wie sie seine Art der Gruppenleitung und Moderation wahrgenommen haben. Dabei sollten sie die Regeln für ein gutes Feedback beachten, wie sie auch für Mitarbeitergespräche, Vorgesetzten-Feedback und andere Gelegenheiten gelten.

- Feedback wird so vorgetragen, dass es für den Feedback-Nehmer annehmbar ist.
- Im Feedback werden möglichst konkrete Verhaltensweisen beschrieben, nicht vermeintliche Eigenschaften.
- Der Feedback-Geber beschreibt, was das erlebte Verhalten *in ihm* bewirkt oder ausgelöst hat.

- Feedback wird sowohl für störendes als auch für hilfreiches Verhalten gegeben.
- Der Feedback-Geber benennt am besten gleich wünschenswerte Alternativen für störendes Verhalten.
- Der Feedback-Nehmer kann Verständnisfragen stellen, rechtfertigt sich aber nicht.
- Der Feedback-Nehmer denkt über das Gehörte nach, er hat die Freiheit, Feedback zu akzeptieren oder auch innerlich abzulehnen.

Die Teammitglieder werden sehr schnell feststellen, wie unterschiedlich sich die Rolle des Moderators ausfüllen lässt. Es gibt nicht *den einen* Moderationsstil. Die einen bevorzugen eine eher straffere Moderation, die anderen werden ein bisschen gemütlicher leiten, wieder andere gehen sehr genau mit der Zeit um usw. Verschiedene Menschen zeigen unterschiedliche Talente, und das braucht kein Anlass für einen Wettbewerb darum zu sein, wer der «bessere» Moderator ist. Es gilt, voneinander zu lernen und die Qualität der Kollegialen Beratung zu sichern, ohne einen gleichförmigen, geklonten Moderationsstil zu entwickeln.

In geübten Gruppen, in denen ein gewisses Maß an Vertrauen herrscht, kann der Moderator mit einer Selbsteinschätzung und -reflexion beginnen und von sich aus benennen, was ihm selber gelungen erscheint und wo seine Entwicklungsfelder liegen.

Prozess-Feedback durch den Prozessbeobachter

Ganz am Ende eines Beratungsdurchganges teilt der Prozessbeobachter seine Rückmeldungen mit, die er über das Verhalten von Moderator und Beratern in den sechs Phasen der Kollegialen Beratung zusammengetragen hat. Diese Rückmeldung kann der gesamten Gruppe helfen, ihre Prozesskompetenzen weiterzuentwickeln. Ist das Team fortgeschrittener, können die Teilnehmer sich gegenseitig Rückmeldungen geben und den Prozess reflektieren. Allerdings sollte immer ein Teilnehmer die Leitung dieser Reflexion übernehmen.

Schritte des Abschlusses

1. Der Fallerzähler gibt wieder, welche Ideen ihm auf den ersten Blick hilfreich erscheinen und was er aus der Kollegialen Beratung für sich mitnimmt.
2. Die Kollegiale Beratung wird beendet, der Fallerzähler bedankt sich.
3. Der Moderator erhält Feedback von Fallerzähler und Beratern.
4. Der Prozessbeobachter gibt den Beteiligten Rückmeldungen.

Dauer etwa 5 Minuten, mit Feedback und Prozess-Feedback etwa 15 Minuten und mehr

Aufgaben des Moderators beim Abschluss

Der Moderator fragt den Fallerzähler, ob für ihn hilfreiche Anregungen unter den gehörten Beiträgen der Berater waren und welche Gedanken besonders anregend auf ihn wirkten. Im Stil der Traubenmetapher könnte er fragen: «Welche Rosinen waren dabei, die du sofort aufpicken würdest? Welche sauren Trauben waren dabei, die noch etwas reifen sollten, bevor sie dir als nützlich erscheinen können?»

Nach der Bilanz des Fallerzählers bedankt sich der Moderator bei den Beratern für ihre Mitarbeit und beendet damit diesen Durchlauf der Kollegialen Beratung. Was anschließend folgt, ist nicht mehr Bestandteil der Kollegialen Beratung im engeren Sinne.

Der Moderator kann sich nach Beendigung der Kollegialen Beratung ein Feedback zu seiner Moderation und Gruppenleitung einholen, wenn er das wünscht. Als Feedback-Nehmer sollte er im Hinterkopf behalten, dass kein Feedback objektiv ist, sondern subjektive Ansichten der Feedback-Geber darstellt. Er kann – wie zuvor der Fallerzähler – hilfreiche Hinweise annehmen, braucht sich bei Kritik aber nicht zu rechtfertigen.

Aufgaben des Fallerzählers beim Abschluss

Der Fallerzähler teilt den Beratern mit, wie es ihm geht und wie weit er nach den Beiträgen der Berater einer Lösung näher gekommen ist. Er kommentiert einige der gehörten Beiträge und resümiert, welche Gedanken ihn zum Nachdenken geführt haben und welche Beiträge er für sich später noch näher bedenken möchte – kurz: was die Kollegiale Beratung ihm gebracht hat. Abschließend bedankt sich der Fallerzähler bei seinen Beratern für ihre geleistete Unterstützung.

Wenn der Fallerzähler am Ende seiner Beratung noch aufnahmefähig ist, kann er sich an der weiteren Prozessauswertung beteiligen. Seine Perspektive ist oft sehr aufschlussreich, wenn er darüber berichtet, wie er den Prozess erlebt hat und was auf ihn förderlich oder hemmend wirkte. Er sollte sich jedoch nicht damit überfordern, sondern auf seine Energie und Befindlichkeit achten.

Aufgaben der Berater beim Abschluss

Wenn der Fallerzähler seine Bilanz zieht, haben die Berater keine besondere Aufgabe zu erfüllen. Für sie löst sich beim Zuhören auf, welche ihrer Ideen bei ihm auf fruchtbaren Boden gefallen sind. Wenn das Team es vereinbart hat, folgt nach der Kollegialen Beratung noch eine Runde, in der die Berater Bilanz für sich ziehen, ihre Verbindungen zum Thema des Fallerzählers charakterisieren und Erkenntnisse in Bezug auf ihre eigene berufliche Tätigkeit mitteilen.

Nach Beendigung der Kollegialen Beratung geben die Berater dem Moderator eine Rückmeldung über die Art seiner Moderation, um ihm eine Weiterentwicklung seines Moderationsverhaltens zu ermöglichen. Die Berater teilen ihm dazu mit, wie und wodurch es ihm aus ihrer subjektiven Sicht gelungen ist, diese Rolle auszufüllen. Sie sollten die positiven Aspekte hervorheben, um dann konstruktiv auf mögliche Verbesserungen einzugehen. Insbesondere in den ersten Monaten des Erlernens der Kollegialen Beratung sollte ein solches Feedback selbstverständlich sein.

In der Prozessreflexion besprechen die Berater, wie sie die vergangene Kollegiale Beratung einschätzen. Der Prozessbeobachter gibt zunächst seine Wahrnehmungen wieder, worauf die Berater untereinander weitere Fragen erörtern können: «Wie haben wir unsere Aufgaben erfüllt?», «Wie verlief unser Gruppenprozess?», «Wo spiegelte sich bei der Fallbearbeitung ein Aspekt des Falles wider?» Wichtig ist stets, es nicht bei der Erörterung zu belassen, sondern anschließend auch Schlussfolgerungen für die Zukunft daraus zu ziehen: «Was können wir daraus lernen?», «Was sollten wir beibehalten?», «Was sollten wir weniger tun, was mehr?» So kann die Gruppe gemeinsam an der Entwicklung ihrer Beratungskompetenzen arbeiten.

Eine Kurzübersicht über die Phasen der Kollegialen Beratung findet sich auf Seite 114.

Was tun bei Schwierigkeiten im Beratungsverlauf?

Reibungsloser Ablauf und Erfolg der gemeinsamen Problembearbeitung sind nicht selbstverständlich. Alle Beteiligten sollten durch Achtsamkeit und gemeinsames Bemühen dazu beitragen, dass jede Kollegiale Beratung verantwortungsvoll durchgeführt wird. Dennoch kann es an verschiedenen Stellen haken: Fallerzähler oder einzelne Berater können sich missverstanden fühlen, die Fallerzählung ungläubige Bestürzung, Traurigkeit oder Ärger auslösen und die unterschwellige Dynamik der Gruppe die Zusammenarbeit beeinträchtigen. Alle Phänomene «normaler» Zusammenarbeit zwischen Menschen können eben auch bei der Kollegialen Beratung in Erscheinung treten und zu Problemen führen. Im Prozess der Kollegialen Beratung können bei aller Sorgsamkeit beim Vorgehen zusätzliche, spezifische Schwierigkeiten auftreten, die in der Regel nicht vorhersehbar sind. Sensible Themen, die mit großen Hoffnungen verknüpft sind, unterschiedlich empfindliche Charaktere und ein pragmatisches Vorgehen in einer formal leiter- und expertenlosen Gruppe können unerwartete Dynamiken auslösen. Es besteht dann die Gefahr, dass die Beratung schädlich wird.

Bei auftretenden Schwierigkeiten haben sich folgende Möglichkeiten als Auswege bewährt:

Den Beratungsprozess unterbrechen. Die Gruppe sollte als erste Maßnahme ein so genanntes Blitzlicht durchführen und jedem der Beteiligten die Gelegenheit geben, sich knapp zur eigenen Befindlichkeit zu äußern. Dadurch kann offensichtlich werden, wo wem was quer liegt. Nach dieser kurzen Klärung kann besser entschieden werden, ob eine Veränderung des Prozesses ratsam erscheint. Mitunter kann der Beratungsfaden nach einem Blitzlicht wieder aufgenommen werden.

Einen Schritt zurückgehen. Wenn der Beratungsprozess aus der Sicht einzelner Beteiligter unbefriedigend, verwirrend oder schwierig verläuft, kann die Gruppe die Beratung anhalten und die der problematischen Phase vorausgehende Phase wiederholen. So können die Teilnehmer einen neuen Methodenbaustein auswählen, wenn die Beiträge in der Beratungsphase nicht in die vom Fallerzähler erwartete Richtung weisen. Man kann auch noch weiter zurückgehen, je nachdem, was hilfreich erscheint. Vielleicht konzentriert sich die Gruppe erneut auf die Formulierung einer (passenderen) Schlüsselfrage oder holt weitere Informationen ein, um die Spontanerzählung zu ergänzen. Der Prozess wird dann in dieser früheren Phase fortgesetzt, und die Beratung wird einen veränderten Verlauf nehmen.

Aussteigen. Wenn es der Gruppe nicht gelingt, die aufgetretenen Störungen im Beratungsverlauf aufzuklären und befriedigend zu lösen, sollte sie erwägen, den laufenden Prozess abzubrechen und aus der Beratung auszusteigen. Dies ist im Zweifel die verantwortungsvollere Entscheidung, als durch eine unpassende Fortführung der Beratung die Beteiligten zu überfordern und größeren Schaden anzurichten. Eine spätere Aufklärung dieses Prozessgeschehens mit einem Begleiter ist empfehlenswert.

Einen außen stehenden Begleiter hinzuziehen. Gruppeninterne Konflikte, problematische Beratungsverläufe und methodische Schwierigkeiten können es erforderlich machen, dass die Beratungsgruppe einen Begleiter hinzuzieht, der ihr bei der Aufarbeitung des Geschehens und bei der Neugestaltung des Gruppenlebens behilflich sein kann.

Es ist immer notwendig, für den Ablauf der Kollegialen Beratung und für die Gestaltung der Prozessphasen eine gruppenindividuelle Balance zu finden zwischen Methodenvorgaben, überlegten Abweichungen von den Vorgaben, den Bedürfnissen der Beteiligten, den Besonderheiten des jeweiligen Falles, den Wünschen und Erwartungen des Fallerzählers sowie der Kompetenz und dem Entwicklungsstand der Gruppe. Die Teilnehmer der Kollegialen Beratung müssen sich aber auch der Grenzen von Beratung bewusst sein. Nur wer einschätzen kann, wo die eigene Beratungskompetenz endet, kann bis zu diesem Punkt auch hilfreich sein. Es erfordert Mut und Verantwortungsgefühl, diese Grenze im Zweifel auch deutlich zu machen.

Kurzübersicht über die sechs Phasen der Kollegialen Beratung

Phase	Was passiert?	Was ist das Ergebnis?	Wer trägt was dazu bei?
Casting	Die Rollen werden besetzt: Moderator, Fallerzähler, Berater.	Fallerzähler, Moderator und Berater nehmen ihre Rollen ein.	Teilnehmer benennen ihre Anliegen, Moderator und Fallerzähler werden ausgewählt.
Spontanerzählung	Der Fallerzähler schildert die Situation, die ihn beschäftigt.	Alle Teilnehmer haben den Fall weitgehend verstanden.	Der Fallerzähler berichtet und wird dabei vom Moderator begleitet.
Schlüsselfrage	Der Fallerzähler benennt seine Schlüsselfrage.	Alle Teilnehmer haben die Schlüsselfrage des Fallerzählers verstanden.	Der Fallerzähler formuliert eine Schlüsselfrage und wird dabei vom Moderator unterstützt.
Methodenwahl	Eine Methode aus dem Methodenpool wird gewählt.	Die Methode zur Bearbeitung der Schlüsselfrage steht fest.	Der Moderator leitet die Auswahl an, Fallerzähler und Berater machen Vorschläge.
Beratung	Die Methode findet ihre Anwendung, die Berater äußern ihre Ideen.	Der Fallerzähler hat Ideen und Anregungen gemäß der Methode erhalten.	Die Berater beraten im Stil der gewählten Methode, ein Sekretär schreibt mit.
Abschluss	Der Fallerzähler resümiert das Gehörte und nimmt abschließend Stellung.	Die Kollegiale Beratung ist abgeschlossen.	Der Fallerzähler zieht Bilanz und bedankt sich.

Methodenbausteine für die Beratung

Die im Folgenden dargestellten Beratungsanleitungen bilden eine Sammlung, aus der die Beratungsgruppe in der vierten Phase einen Methodenbaustein auswählt, um damit die Schlüsselfrage des Fallerzählers zu bearbeiten. Die Methoden stammen aus professionellen Beratungskontexten; sie werden auch von Beratern, Supervisoren und Coaches in ihrer Beratungspraxis angewandt. Diese Methoden eignen sich vor allem für einen Einsatz in Gruppen. Für ihren Erfolg ist die Aktivität aller Teilnehmer erforderlich. Für die Anwendung im Rahmen der Kollegialen Beratung wurden die Methoden leicht verändert, um dem Beratungsteam die Durchführung zu erleichtern.

Die Anleitungen sind aufgeteilt in Methoden für Einsteiger und solche für fortgeschrittene Gruppen. Diese Zuordnung basiert weniger auf tief greifenden theoretischen Überlegungen. Hintergrund der Aufteilung ist vielmehr die praktische Erfahrung, dass Beratungsgruppen am Anfang von einer zu großen Methodenauswahl überfordert sein können. Zudem finden sich unter den Bausteinen für erfahrene Gruppen auch speziellere und komplexere Methoden, die einiges an Übung sowie ein eingespieltes Team erfordern.

Die Anleitungen zu den einzelnen Methoden sind aus Gründen der Übersichtlichkeit, der besseren Vergleichbarkeit und Handhabbarkeit gegliedert: Die *Indikation* beschreibt, bei welchen Fragestellungen eine Methode passen könnte. Die *Leitfrage* ist die abstrakte Formulierung der Fragestellung und gibt den Fokus der Beratungsmethode an. Unter der Überschrift *Beschreibung* werden Hintergründe zur Methode, die Prinzipien des Ablaufs und die Aufgaben für die einzelnen Rollen dargestellt. Der *Ablauf* stellt das Vorgehen in Kurzform dar. Ein fiktives *Beispiel* in Kurzform dient der Veranschaulichung. Die Spontanerzählungen der jeweiligen Fallerzähler sind dabei auf das Wesentliche konzentriert. Sie enthalten jedoch am Anfang mehr Angaben über den Hintergrund der Fallerzähler als in einer Gruppe, deren Mitglieder sich schon länger kennen, üblicherweise gesagt würde. Dies geschieht, um den Leser besser ins Bild zu setzen. Am Ende einiger Anleitungen werden besondere *Hinweise* für die Anwendung des jeweiligen Bausteins gegeben. Darin werden auch mögliche Gefahren genannt, die bei der Arbeit mit speziell diesem Baustein auftreten und die sich nachteilig auf den Beratungsprozess oder das Ergebnis der Kollegialen Beratung auswirken können.

Bei einigen Methoden wird auffallen, dass sie miteinander verwandt erscheinen. Ihre Indikationen sind nicht immer scharf voneinander zu trennen, sie dienen aber in der Regel einem anderen Beratungsschwerpunkt. Einige Methoden sind präziser konzipiert und machen den Beratern engere Vorgaben als andere, die den Beratern größere Freiheiten bei der Formulierung von Antworten erlauben. So ergeben sich manchmal Überschneidungen. Jede Gruppe wird zudem die Erfahrung machen, dass zur Bearbeitung mancher Schlüsselfragen gleich zwei oder drei Beratungsmethoden passen. Daher ist es eine Frage der Vorlieben der Beteiligten, auf welche Methode man sich schließlich einigt.

Basis-Methodenbausteine

Es hat sich bewährt, die Kollegiale Beratung mit einer kleineren Auswahl an Methodenbausteinen zu beginnen. Die im Folgenden beschriebenen Methoden sind vielleicht aus anderen Zusammenhängen bekannt. Sie sind leicht zu verstehen, sodass kaum Schwierigkeiten bei ihrer Anwendung zu erwarten sind.

Basis-Methoden, Ziele und Leitfragen

Methode	Seite	Ziel	Beratungsfokus	Leitfrage
Brain-storming	118	Lösungsideen für den Fallerzähler sammeln	lösungsorientiert	Was könnte man in einer solchen Situation alles tun?
Kopfstand-Brainstor-ming	122	Ideen in die Gegen-richtung der Schlüsselfrage pro-duzieren	lösungsorientiert	Wie könnte der Fallerzähler die Situation verschlimmern?
Ein erster kleiner Schritt	126	Den Anfang für einen Lösungsweg finden	lösungsorientiert und strukturierend	Was könnte der nächste kleine Schritt für den Fall-erzähler sein?
Gute Rat-schläge	130	Empfehlungen für den weiteren Lösungsweg zusammentragen	lösungsorientiert	Welche Ratschläge habe ich für den Fallerzähler?
Resonanz-runde	134	Feedback in Bezug auf die Spontan-erzählung	Anteil nehmend	Was löst die Fallerzählung bei mir an inneren Reaktio-nen aus?
Sharing	139	Bezug zu eigenen ähnlichen Erlebnis-sen herstellen	Anteil nehmend	An welche eigene Erfah-rung erinnert mich die Falldarstellung?
Schlüssel-frage (er-)finden	144	Schlüsselfrage für den Fallerzähler finden	strukturierend und die Perspektive verän-dernd	Was könnte die Schlüssel-frage des Fallerzählers (noch) sein?
Zwei wich-tige Infor-mationen	149	Die Informationen der Fallschilderung neu gewichten	strukturierend	Was sind für mich die bei-den wichtigsten Informatio-nen?
Kurze Kommen-tare	153	Stellungnahmen zum Geschehen abgeben	Anteil nehmend und lösungsorientiert	Was ist mir an dem Inhalt oder der Art der Fallerzäh-lung aufgefallen?
Erfolgs-meldung	156	Faktoren beschrei-ben, die zum Erfolg geführt haben	lösungsorientiert	Wie hat der Fallerzähler seinen Erfolg wohl erreicht?

Brainstorming

Indikation für Brainstorming

▪ Der Fallerzähler möchte erste Ideen und konkrete Handlungs-vorschläge haben, die ihm helfen können, sein Problem zu lösen.

▪ Der Fallerzähler möchte den Einfallsreichtum, die Kompeten-zen, Kenntnisse und Erfahrungen der Berater zur Beantwor-tung seiner Schlüsselfrage nutzen.

Leitfrage für Brainstorming

▪ Was könnte man (nicht nur der Fallerzähler) alles in solchen Fällen oder Problemsituationen tun?

Beschreibung von Brainstorming

Das hier beschriebene Brainstorming entspricht dem klassischen Brainstorming, das in Gruppen zur kreativen Ideenfindung für alle möglichen Fragestellungen eingesetzt werden kann. Im Rah-men der Kollegialen Beratung ergibt sich jedoch ein wichtiger Unterschied: Im Anschluss an die Ideensammlung bewertet nur der Fallerzähler für sich die Handlungsideen im Hinblick auf ihre Brauchbarkeit («In meiner Lage nützlich», «Klingt für mich sinn-voll», «Erscheint mir effektiv», «Führt mich wahrscheinlich wei-ter», «Ist moralisch-ethisch akzeptabel» etc.).

Auch hier gelten die vier Regeln des Brainstormings, deren Ein-haltung entscheidend für das Gelingen eines Brainstormings ist.

▪ **Möglichst viele Ideen.** Es kommt auf die Quantität der Ideen an, nicht auf deren Qualität. Brainstorming lebt von der Annahme, dass Quantität Qualität hervorbringt.

▪ **Jegliche Idee.** Alle Ideen sind erwünscht, gleich wie verrückt sie erscheinen mögen. Unfertige Gedanken, ungewöhnliche Vor-schläge und extreme Varianten können zum Ideenpool gehören.

▪ **Ideen weiterentwickeln.** Die Ideen anderer sind aufzugreifen und kreativ weiterzuentwickeln. Es gibt kein geistiges Eigentum; Ideen können verknüpft und abgewandelt werden.

- **Kritik ist verboten.** Killerphrasen («Geht nicht», «Kostet zu viel», «Was für ein Blödsinn») und nonverbale Zeichen – abfällige Handbewegungen, entsetzte Mimik oder deutliches Kopfschütteln – werden als unerwünschte Kritik gewertet.

Diese vier Regeln werden vor Beginn jedes Brainstormings vom Moderator kurz vorgestellt, beispielsweise so: «Wir haben das Brainstorming als Methode ausgewählt. Zur Erinnerung die Regeln: Es kommt auf die Menge der Ideen an, jede Idee ist erlaubt, Aufgreifen und Weiterspinnen sind erwünscht, und Kritik ist strengstens verboten. Es kann losgehen!» Der Moderator behält ein Auge auf die Einhaltung dieser Regeln während der kreativen Phase. Wenn ein Brainstorming nur wenige Ideen zutage fördert, dann liegt es fast immer daran, dass gegen eine oder mehrere Regeln verstoßen wurde. Der Moderator gibt das Startsignal für den Beginn der Ideenproduktion. Dann sollte er abwarten. Die Menge der genannten Ideen folgt über die Zeit meist einer Kurve mit zwei Gipfeln. Nach anfänglichem Zögern sprudeln die Ideen, dann flaut der Strom ab, um wieder anzuschwellen. Der Moderator sollte diese zweite Welle abwarten, ehe er das Brainstorming beendet.

Da beim Brainstorming häufig sehr viele Ideen produziert werden, sollte gleich zu Beginn der Sekretär benannt werden, der die Ideen mitschreibt. Wenn ein Flipchart zur Verfügung steht, dann schreibt der Sekretär die Beiträge offen an, weil beim Brainstorming lesbare Ideen deren Weiterentwicklung fördern.

Die Berater beginnen mit der Ideenproduktion. Es müssen keine fertigen Rezepte für den Fallerzähler sein, es reichen auch Fragmente, grobe Skizzen und vage Ansätze. Um der Quantitätsregel zu folgen, kann die Gruppe sich eine herausfordernde Zahl von

Ideen als Ziel setzen, beispielsweise «30 Ideen in 10 Minuten». Diese Menge muss nicht erreicht werden, ihre Ankündigung spornt aber meistens an.

Der Fallerzähler hört hier einfach nur zu. Die Zeit seiner Aktivität ist gekommen, wenn die Ideenproduktion beendet ist. Zuerst sollte er sich die Begriffe, die er nicht versteht, von den Ideenbringern erklären lassen («Was hast du mit ‹Konsequenzen› genau gemeint?»). Dann sollte er die Ideensammlung betrachten und die Begriffe benennen, die ihm spontan gefallen und die er zur Beantwortung seiner Schlüsselfrage verwenden kann. Dabei kann er sich bemühen, aus vermeintlich schlechten Ideen einen positiven Kern herauszufiltern.

Ablauf bei Brainstorming

1. **Der Moderator skizziert die Regeln des Brainstormings.**
2. **Die Berater tragen 10 Minuten lang ihre Ideen zusammen. Der Fallerzähler kann Verständnisfragen stellen.**

Beispiel für Brainstorming: «Motivation für SAP»

Spontanerzählung des Fallerzählers: «Ich bin interner Projektleiter bei der Einführung von SAP in unserem Unternehmen. Die Einführung beziehungsweise die Umstellung soll in drei Monaten stattfinden, und bis dahin finden Schulungsmaßnahmen für die betroffenen Mitarbeiter statt, die zukünftig damit arbeiten werden. Die Stimmung SAP gegenüber ist aber eher verhalten, um nicht zu sagen schlecht. Es gibt einige negative Erfahrungen bei der Einführung von Neuerungen. Vor einigen Jahren ist ein anderes System neu eingeführt worden, und das ist ziemlich in die Hose gegangen. Es gab größere Komplikationen, worauf die Einführung damals rückgängig gemacht wurde. Und jetzt sehen die Mitarbeiter nicht mehr das Gute an SAP, dass es auch die Prozesse verbessert und man deshalb am Anfang etwas mehr Arbeit reinstecken muss. Das geht nur mit einer gewissen Akzeptanz. Ich will jetzt eine Veranstaltung machen, wo die Leute SAP noch einmal besser erklärt bekommen und die Vorteile, die sich damit ergeben, also, was die Mitarbeiter konkret davon haben.»

Vereinbarte Schlüsselfrage: «Welche Gestaltungsideen könnten dazu beitragen, damit die Mitarbeiter durch die Veranstaltung ein besseres Verhältnis zu SAP bekommen?»

Brainstorming: «Die Stimmung ernst nehmen.» / «Alle verschiedenen Stimmungen aufnehmen und offen würdigen.» / «Erfolge in Form von Plakaten deutlich machen.» / «Die Planungen offen legen und den Fahrplan bekannt geben.» / «Die Bedenken in Diskussionsrunden mit Experten ernst nehmen und diskutieren.» / «Sich lernbereit zeigen und die Wünsche und Erfahrungen der Mitarbeiter berücksichtigen.» / «Auf die Mitarbeiter zugehen.» / «Konsequenzen bei Misslingen deutlich aufzeigen und die Verantwortung der Mitarbeiter betonen.» / «Erst mal nach dem Infostand der Mitarbeiter fragen.» / «Die Akzeptanz am Anfang und am Ende durch Klebepunkte abfragen.» / «Eine Meckerecke einrichten.» / «Mit der Einführung noch einen Monat mehr warten.» / «Die Mitarbeiter Empfehlungen erarbeiten lassen.» / «Die Mitarbeiter Delegierte wählen lassen für eine gemeinsame Arbeitsgruppe.» / «Kritische Mitarbeiter in die Vorbereitung mit einbeziehen.» / «Bedenken zusammentragen und später bekannt geben, was damit passiert ist.» / «Infobrett zur Einführung machen.» / «Keine reine Verkaufspräsentation, wo nur die Schokoladenseite gezeigt wird.» / «Verbesserungsvorschläge einsammeln.» Usw.

Hinweise für Brainstorming

Wenn während der Phasen der Methodenwahl oder der Schlüsselfrage der Begriff «Idee» fällt, erliegt die Gruppe leicht der Versuchung, das Brainstorming auszuwählen. «Idee» ist in der Regel jedoch ein Sammelbegriff für ganz unterschiedliche Dinge: Ratschläge, Tipps, Vorstellungen. Es ist deshalb vorab genauer zu klären, was sich für den Fallerzähler dahinter verbirgt und ob es wirklich Ideen im Sinn der angeführten Leitfrage sind, die er sich wünscht. Andernfalls kann es auf Dauer eintönig werden, und die Gruppe nutzt das Potenzial anderer Methoden nicht aus.

Ein weiteres Risiko besteht immer darin, dass die Berater sich nicht an die Regeln halten. Sie kommen ins Diskutieren oder bewerten die vorgebrachten Ideen. Alle Teilnehmer sollten sich aber wechselseitig inspirieren und deswegen bewertende Bemerkungen oder nonverbale Signale unterlassen.

Kopfstand-Brainstorming

Indikation für Kopfstand-Brainstorming

- Der Fallerzähler hat schon viele erfolglose Versuche unternommen, um eine schwierige Situation zu verbessern.
- Der Fallerzähler ist sich im Unklaren über seinen Beitrag zum Entstehen und zur Fortdauer eines Problems oder zur Verhinderung einer Lösung.
- Der Fallerzähler sieht sich vorwiegend als passives Opfer der ihn umgebenden Umstände, Bedingungen oder Personen und ohne Einfluss auf eine Verbesserung der Problemsituation.
- Die vom Fallerzähler bisher unternommenen Lösungsversuche sind womöglich Teil des Problems geworden.

Leitfrage für Kopfstand-Brainstorming

- Was kann der Fallerzähler alles tun, um das Gegenteil dessen zu erreichen, was er laut seiner Schlüsselfrage eigentlich möchte? Wie kann der Fallerzähler die problematische Situation verschlimmern?

Beschreibung von Kopfstand-Brainstorming

Der Kopfstand ist eine für viele Gruppen reizvolle Variante des Brainstormings. Kennzeichen dieser Methode ist die Verfremdung des Problems, indem die ursprüngliche Schlüsselfrage des Fallerzählers «auf den Kopf» gestellt und somit in ihr Gegenteil verkehrt wird. Dieses scheinbar paradoxe Vorgehen hat den Effekt, dass der Fallerzähler sich sehr schnell von seiner Perspektive distanzieren kann – und diese Distanz macht den Weg frei für eine neue Betrachtung der Lage. In der Regel bereitet den Beteiligten schon allein die Formulierung einer überspitzten Schlüsselfrage viel Vergnügen.

Der Kopfstand bietet die Möglichkeit, den Horizont des Fallerzählers erheblich zu erweitern, indem er Denkblockaden aufbricht und neue Problemlösungsperspektiven eröffnet: «Der radikale Rollentausch führt recht schnell zu der Erkenntnis bestehender Barrieren und Fehler, die einer Problemlösung bisher im Wege gestanden haben» (Wack, Detlinger, Grothoff 1993). Die Kopfstandmethode wirkt meistens auch deshalb sehr anregend, weil die Berater unbeabsichtigt (oder beabsichtigt) Ideen vorschlagen, die das in der Spontanerzählung geschilderte Verhalten oder die vermuteten Anteile des Fallerzählers am Zustandekommen der Situation ziemlich gut widerspiegeln (Watzlawick 1988). Wenn die Berater überlegte Formulierungen wählen, können sie den Fallerzähler diplomatisch auf Verhaltensweisen oder Einstellungen hinweisen, die ihrer Meinung nach zum Weiterbestehen einer unerwünschten Situation beitragen. Damit erhält der Fallerzähler auf spielerische Weise eine Rückmeldung darüber, welche seiner Handlungen aus Sicht der Berater Teil des Problems sein könnten.

Statt Antworten auf die Frage zu suchen «Wie kann ich das Verhältnis zu meinem Vorgesetzten verbessern?», tragen die Berater ihre Ideen zum Gegenteil zusammen: «Wie kann ich das schlechte

Verhältnis zu meinem Vorgesetzten zementieren, weiter verschlechtern oder noch unerträglicher gestalten?» Statt «Wie kann ich erreichen, dass das anstehende Kritikgespräch mit einem Mitarbeiter einen günstigen Verlauf nimmt?», wird gefragt «Welche Möglichkeiten habe ich, um dem Kritikgespräch (garantiert) einen ungünstigen Verlauf zu geben?». Diese paradoxen Empfehlungen verweisen auf das, was der Fallerzähler in Zukunft besser vermeiden sollte, um einer Lösung näher zu kommen, bzw. im Umkehrschluss auf positive Möglichkeiten. Oft ist es sogar ziemlich sinnvoll, einmal in die andere Richtung zu denken, denn häufig verstecken sich hier unerwartet gute und bedenkenswerte Vorschläge.

Die Schlüsselfrage wird also zu Beginn der Beratungsphase in ihr Gegenteil verkehrt. Am schwierigsten erweist sich dabei in der Praxis die Formulierung. Zwei Richtungen sind möglich: Entweder wird die Schlüsselfrage etwa durch das Einfügen des Wortes «nicht» umgekehrt, oder die Frage so umformuliert, dass dabei eine Verschlimmerung in der Sache herauskommt. Die Berater sammeln anschließend 10 Minuten lang Ideen zu dieser «verkehrten» Schlüsselfrage.

Hier gelten dieselben Regeln wie beim Brainstorming (siehe S. 118). Es bietet sich an, dass ein Sekretär auf einem Flipchart oder auf einem Blatt Papier mitnotiert. Nach Abschluss der Sammlung geht der Fallerzähler alle Vorschläge einmal durch und untersucht sie auf mögliche – reale – Lösungsperspektiven hin. Dabei kann ihn die Beratungsgruppe unterstützen und sich eventuell die Mühe machen, die «verkehrten» Ideen wieder «auf die Füße» zu stellen.

Ablauf bei Kopfstand-Brainstorming

1. Der Moderator skizziert die Regeln für den Kopfstand.
2. Die Schlüsselfrage wird in ihr inhaltliches Gegenteil verkehrt.

3. Die Berater sammeln Vorschläge zu dieser Kopfstand-Schlüssel-frage.

4. Option: Die gesammelten Vorschläge werden wieder auf die Füße gestellt.

Beispiel für Kopfstand-Brainstorming: «Pausenerholung»

Spontanerzählung der Fallerzählerin: «Ich arbeite als Lehrerin in einem Ausbildungszentrum. Zu uns kommen die Azubis aus dem Konzern für ihre Blockveranstaltungen, es finden aber auch andere Weiterbildungsveranstaltungen statt. Wir haben einen recht geregelten Tagesablauf, jeweils morgens und nachmittags gibt es Ausbildungsblöcke, dazwischen liegt eine Mittagspause. Die Pause ist ja eigentlich zur Erholung gedacht, aber davon kann keine Rede sein. Meine Kollegen und ich müssen dann verschiedene Telefonate führen, wir besprechen uns noch schnell oder unterhalten uns über einzelne Azubis. Währenddessen werden wir immer wieder durch einige Azubis unterbrochen, die Fragen klären oder Absprachen machen möchten. Nach dieser so genannten Pause ist es nichts mehr mit Erholung, eigentlich bin ich und sind wir alle gestresster als vorher.»

Vereinbarte Schlüsselfrage: «Wie kann ich es erreichen, dass die Mittagspausen **erholsamer** für mich, aber auch für meine Kollegen verlaufen?»

Kopfstand-Brainstorming mit umgekehrter Schlüsselfrage: «Wie kann ich es erreichen, dass die Mittagspausen **noch weniger erholsam** für mich und meine Kollegen werden?» Ideen der Berater hierzu: «Die Sprechstunden auch offiziell in die Mittagspause legen.» / «Azubis, die nur eine kleine Frage haben, gezielt fragen: ‹Und wie geht es sonst so? Alles klar?›» / «Morgens eine To-do-Liste für die Mittagspause anlegen.» / «Telefon nicht auf den Empfang umstellen.» / «Essen als vermeidbare Kalorienaufnahme betrachten und ganz darauf verzichten.» / «Die Tür offen lassen.» / «Schwierige Azubis zu kleinen Mittagsspaziergängen einladen.» Usw.

Epilog: Nachdem die Berater einige Minuten lang Vorschläge vorgebracht hatten, hellte sich das Gesicht der Fallerzählerin auf, und sie meinte, sie merke jetzt, dass es wohl weniger an einzelnen Verbesserungsmaßnahmen liege – die seien ihr durchaus bekannt –, sondern dass sie etwas an ihrer Haltung ändern müsse, die jetzt dazu führe, dass sie in der Mittagspause für etwas anderes als für ihre Erholung sorge. Sie nahm den Flipchartbogen mit den «verkehrten» Ideen mit und hängte den Bogen an ihrem Arbeitsplatz auf. In der folgenden Veranstaltung berichtete sie, dass das Team jetzt gemeinsam stärker auf Erholung achte.

Hinweise für Kopfstand-Brainstorming

Die Beiträge der Berater klingen häufig witzig und herausfordernd, und das ist auch die Absicht bei dieser Methode. Da das Kopfstand-Brainstorming eine lockere Atmosphäre fördert, kann es passieren, dass sich zu viel Albernheit ausbreitet und die Gruppe dem Ernst der Schlüsselfrage nicht mehr gerecht wird. Es geht beim Kopfstand-Brainstorming jedoch darum, dem Fallerzähler auch durchaus ernsthafte Vorschläge in die Gegenrichtung seiner Schlüsselfrage zu unterbreiten.

Ein erster kleiner Schritt

Indikation für Ein erster kleiner Schritt

- Die Situation des Fallerzählers erscheint sehr komplex und unübersichtlich.
- Der Fallerzähler wirkt stark von seinem Erleben und der Vergangenheit eingenommen. Ihm fällt ein Blick in die Zukunft schwer.

- Der Fallerzähler kennt das grobe Ziel, er weiß aber nicht, womit er anfangen soll.
- Der Fallerzähler zeigt sich belastet von Menge und Vielfalt der anstehenden Aktivitäten.

Leitfrage für Ein erster kleiner Schritt
- Was könnte der nächste – kleine! – Schritt für den Fallerzähler sein, um weiterzukommen?

Beschreibung von Ein erster kleiner Schritt
Manchmal kommen einem bestimmte Vorhaben so überwältigend groß vor, dass man den Anfang nicht erkennen kann. Im Gewirr verschiedener Möglichkeiten sieht man die einzelnen Fäden nicht. Der Kerngedanke dieses Bausteins liegt darin, dieses Knäuel zu entwirren und Lösungen für einen ersten Schritt vorzuschlagen. Es entlastet den Fallerzähler ungemein, wenn es nicht mehr um unangreifbare Komplettlösungen oder umfassende Hilfestellungen geht. Jetzt sind es vor allem die kleinen Schritte, die Anregungen und Hinweise, mit denen er beginnen kann seine Situation zu verbessern. Manchmal ist die Wahl des passenden Anfangs der entscheidende Hebel, um Bewegung in eine Sache zu bringen. Und das Sprichwort sagt: «Auch ein langer Weg beginnt mit einem ersten Schritt.»

Die Berater überlegen sich, welcher konkrete kleine Schritt für den Fallerzähler der nächste sein könnte. Sie formulieren: «Ein erster kleiner Schritt könnte sein ...» oder «Das nächste Ziel / die nächste Aktion für den Fallerzähler könnte darin liegen ...». Der Fokus der Methode liegt auf dem *ersten* und auf dem *kleinen* Schritt. Es geht um das Zusammentragen möglicher Ansätze für eine Veränderung der augenblicklichen Lage, nicht um eine komplette Lösung.

Manchmal diskutiert das Beratungsteam zwischendurch über

die Größe der Schritte, die es dem Fallerzähler vorschlägt. Das kann durchaus fruchtbar wirken, da hierbei auch die Größe der bisher gemachten Schritte zur Sprache kommt. Viele Menschen verlangen sehr viel von sich und andere – und das in einer atemberaubenden Geschwindigkeit. Etwas Tempo aus den Aktivitäten zu nehmen kann sehr wirkungsvoll sein.

Ablauf bei Ein erster kleiner Schritt

1. Der Moderator betont noch einmal, dass ein erster kleiner Schritt gesucht wird.
2. Die Berater schlagen verschiedene erste Schritte eines Lösungsweges vor.

Beispiel für Ein erster kleiner Schritt: «Der neue Führungsjob»

Spontanerzählung des Fallerzählers: «Ich bin seit vielen Jahren als Sachbearbeiter in unserer Abteilung tätig. Vor einem halben Jahr wurde eine neue Gruppe innerhalb der Abteilung installiert, die einfachste Vorgänge abarbeiten soll, damit die anderen Sachbearbeiter davon entlastet werden und dann die schwierigen Fälle forcieren können, um so die immensen Rückstände zu verringern. Damals wurde intern der Posten des Gruppenleiters ausgeschrieben, nur hat sich niemand darauf beworben.

Meine Abteilungsleiterin hat mich dann persönlich angesprochen und mich gefragt, ob ich den Posten übernehmen will. Ich hatte gar nicht damit gerechnet, bin aber dann doch blindlings reingesprungen ohne eine Idee davon, was mich da erwartet. Jetzt habe ich neun Leute in der Gruppe, darunter sind einige alte Hasen aus einer anderen Abteilung, aber auch einige neue Leute, die angelernt wurden.

Um die Stimmung zu beschreiben: Die ist derzeit ziemlich mies. Wenn ich den Raum betrete, beugen sich alle über ihre Arbeit und schweigen. Keiner übernimmt Extra-Aufgaben, und diese Einstellung stört mich auch an den Leuten. Wenn ich mal frage: ‹Wer bringt den und den Stapel ins Archiv?›, dann erklärt sich keiner dazu bereit, es zu tun. Dann teile ich die Leute ein, aber das funktioniert auch nicht. Einige setzen sich aber ein, sind engagiert, nur andere überhaupt nicht.

Im Grunde genommen macht mir der neue Job Spaß. Ich will das weitermachen, aber ich fühle mich dem noch nicht gewachsen. Vielleicht habe ich zu wenig Erfahrung beim Führen. Meine Abteilungsleiterin war wegen einer Vertretung länger abwesend, gerade in der Zeit, als es losging mit der Gruppe. Deshalb blieb ihr wenig Zeit zu meiner Einarbeitung. Ich hatte in den ersten Wochen einen länger geplanten Urlaub angetreten, da war ich am Anfang auch nicht ganz dabei.

Mich beschäftigt die Situation ziemlich, das geht mir nahe (Schweigen). Ich komme am Wochenanfang motiviert an, dann melden sich bis 11 Uhr schon drei Leute krank. Dann ist mein Frust sofort wieder da. (Schweigen) Sicher habe ich die Mitarbeiter auch nicht toll eingearbeitet, das rächt sich vielleicht jetzt, da gibt es einige Defizite. Aber sie kommen auch nicht mit Fragen und so. Mittlerweile kommt auch Druck von oben, weil die Zahlen noch nicht stimmen.»

Vereinbarte Schlüsselfrage: «Was soll ich tun, um aus dem Schlamassel herauszukommen und dabei mehr Sicherheit im Umgang mit den Mitarbeitern zu entwickeln?»

Ein erster kleiner Schritt: Die Situation des Fallerzählers erscheint den Beratern in der Gruppe reichlich komplex. Deshalb entwickeln sie den Vorschlag, ihm erste kleine Schritte anzubieten: «Ein erster kleiner Schritt könnte sein, mit der Abteilungsleiterin über die Lage zu sprechen.» / «Der erste Schritt könnte sein, Kollegen an anderen Standorten anzurufen, um sie nach ihren Erfahrungen zu fragen.» / «Ein erster kleiner Schritt könnte ein Gespräch mit der Personalabteilung über Weiterbildungsmöglichkeiten für Sie und die Mitarbeiter sein.»/«Ein kleiner Schritt könnte sein, sich die Stärken jedes der neun Mitarbeiter zu notieren.»/«Ein erster Schritt wäre vielleicht, die Mitarbeiter genau zu beobachten und ihnen positive Rückmeldungen zu geben.»/«Ein erster kleiner Schritt könnte sein, den Start mit der Gruppe jetzt nachzuholen.»/«Der erste Schritt könnte für Sie sein, sich jeden Abend zu überlegen, was Ihnen am Tag gut gelungen ist.»/ «Zuerst könnte man den Qualifikationsbedarf in der Gruppe erheben.»/«Als Erstes könnten Sie ein Training zum freien Sprechen belegen.»/«Erster kleiner Schritt könnte sein, in den nächsten vier Wochen jeweils zwei klare und überlegte Arbeitsanweisungen zu geben.»/«Ein erster kleiner Schritt könnte ein Jour fixe am Montag um 11 Uhr sein und mit einem Wochenrückblick der vergangenen Woche beginnen.» Usw.

Hinweise für Ein erster kleiner Schritt

Es besteht leicht die Gefahr, dass die Berater viel zu große Schritte vorschlagen oder gleich Komplettlösungen anbieten. Hier das Gespür für das richtige Maß zu haben ist eine Anforderung an die Berater. Der Moderator sollte deshalb öfter an kleinere Schritte erinnern.

Gute Ratschläge

Indikation für Gute Ratschläge

- Der Fallerzähler steht vor einem konkreten und gut umschriebenen Problem.
- Der Fallerzähler möchte konkrete Tipps, praktische Ratschläge und hilfreiche Empfehlungen, um seine Problemsituation zu lösen.

Leitfrage für Gute Ratschläge

- Welche Tipps, Ratschläge und Empfehlungen haben wir für den Fallerzähler?

Beschreibung von Gute Ratschläge

Bei dieser Methode fordert der Fallerzähler von den Beratern gute Ratschläge zu seiner Schlüsselfrage an. Unangeforderte, explizite Ratschläge sind im Zwischenmenschlichen eigentlich verpönt, wie eine Redensart besagt: «Ratschläge sind auch Schläge.» Wir kennen sie alle, die gut gemeinten Ratschläge von anderen, um die wir nicht gebeten haben und die in uns unangenehme Gefühle wecken. Bei Ratschlägen besteht nämlich zuweilen der begründete Verdacht, dass der Ratgeber den Ratsuchenden dahin bringen will, wo er selbst steht bzw. gerne stehen würde. Ratschläge und ungebetene Empfehlungen schränken die Handlungsfreiheit ein; sie verraten in der Regel mehr über den Ratgeber, als dass sie der Situation des Ratsuchenden gerecht werden. Anders verhält es sich selbstverständlich, wenn wir auf Menschen zugehen und sie um ihren Rat bitten. Dann ersuchen wir um eine Empfehlung aus Sicht des Gefragten. Wir nehmen dann in Kauf, dass diese Ratschläge nicht genau passen, aber immerhin eine gute Anregung enthalten können. Wir möchten einen möglichen Weg vorgezeigt bekommen, jedoch nicht durch Rat «erschlagen» werden.

Der Fallerzähler gibt deshalb bei diesem Baustein dem Beratungsteam die «Lizenz», ihm offene Ratschläge zu erteilen. Allerdings müssen die Ratschläge durch eine standardisierte Form als solche gekennzeichnet werden. Die Berater beginnen ihre Empfehlungen an den Fallerzähler mit einer formalen Einleitung wie: «Ich gebe dir den Ratschlag ...» oder «Ich hätte die Empfehlung für Sie ...». Wie die Reaktionen von Fallerzählern zeigen, macht es das Sprachritual dem Fallerzähler leichter, die Ratschläge anzunehmen, abzulehnen oder für sich weiterzuentwickeln. Er kann sich immer wieder vergegenwärtigen, dass die Ratschläge eben nur Ratschläge sind, die nicht alle zu seiner Situation passen.

Die Berater stellen Verbindungen zwischen Beziehungen, persönlichen und fachlichen Faktoren aus der Spontanerzählung her und entwickeln daraus, was sie anstelle des Fallerzählers und in dessen Situation tun würden (Fallner & Gräßlin 1990). Wie bei allen Methoden geht es um die Vielfalt der Ratschläge: «Hier sind Phantasie und Kreativität gefragt, gegebenenfalls konstruiert man aus bereits ausgesprochenen Ratschlägen möglichst extreme Gegenentwürfe» (Herwig-Lempp 1997).

Ablauf bei Gute Ratschläge

1. **Der Moderator weist auf die verbindliche Einleitung für jeden geäußerten Ratschlag hin.**
2. **Die Berater tragen ihre Ratschläge und Empfehlungen zusammen.**

Beispiel für Gute Ratschläge: «Fehler im Programm»

Spontanerzählung des Fallerzählers: «Ich bin in unserer Softwarefirma für CD-ROM-Produktionen verantwortlich, die wir in Lizenz herausgeben. Ich habe zwei Assistentinnen, die sich um die Abwicklung kümmern. Vor zwei Tagen erhielt ich eine Mail vom Lizenzgeber, dass dort ein Fehler im Programm entdeckt wurde, der im ungünstigsten Fall auch beim User, also bei unseren Kunden, in Erscheinung treten könne. Ich rief sofort im Presswerk an und erfahre da, dass mittlerweile alle CDs gepresst wurden. Die sind also fertig, nur eben alle mit einem Fehler. Da mein Vorgesetzter erst übermorgen aus dem Urlaub zurückkehrt, stelle ich mir nun die Frage: Was soll ich jetzt tun? Soll ich die CDs angesichts der Kosten mitsamt dem Fehler ausliefern lassen? Soll ich die CDs aus Qualitätsgründen einstampfen lassen, und wenn ja, wie sieht es mit den Kosten aus? Mit dem Ansprechpartner bei diesem Lizenzgeber verstehe ich mich persönlich sehr gut und möchte ihm die Kosten eigentlich nicht aufhalsen, aber unsere Firma kann sich das Einstampfen auch nicht leisten. Was meine Arbeitssituation betrifft, habe ich noch keinen sicheren Stand, weil ich die Abteilung erst seit kurzem leite. Da will ich keinen Fehler machen. Ich verstehe mich mit meinem Vorgesetzten ziemlich gut und möchte nicht, dass unser gutes Arbeitsverhältnis leidet.»

Vereinbarte Schlüsselfrage: «Was kann ich tun, um eine Lösung zu finden, die den Interessen der beteiligten Parteien am besten gerecht wird?»

Gute Ratschläge: «Ich gebe dir den guten Rat, herauszufinden, wie schlimm der Fehler wirklich ist, um dann zu entscheiden, was du tust.» / «Ich empfehle dir, die Frage der Kosten mit dem Lizenzgeber zu besprechen und ihn um Vorschläge zu bitten.» / «Ich möchte dir raten, dich angesichts des Geldvolumens mit deinem Chef zu besprechen, ihm aber eine klare Empfehlung vorzuschlagen.» / «Ich gebe dir den guten Rat, angesichts deiner Position die Beziehung zum Lizenzgeber nachrangig zu bewerten.» / «Ich gebe dir den Rat, die Kosten auf die Kappe deiner Firma zu nehmen und damit das Verhältnis zum Lizenzgeber nicht zu belasten.» / «Ich empfehle dir, die gepressten CDS in einer Marketingaktion zu verschenken.» / «Ich empfehle dir, deinen Chef im Urlaub anzurufen und ihm die Lage zu schildern.» / «Ich gebe dir den Rat, herauszufinden, welchen Stellenwert Qualität in deiner Firma hat.» / «Ich gebe dir den guten Rat, eine Konferenz mit dir, dem Lizenzgeber und dem Chef abzuhalten, um das Problem gemeinsam anzugehen.» / «Ich empfehle, ein Update im Internet anzubieten und dem Programm einen Zettel mit einem Hinweis beizulegen.» Usw.

Hinweise für Gute Ratschläge

Im ungünstigen Fall können sich Besserwisserei und Belehrung einschleichen. Aus «Du könntest versuchen ...» wird durch den entsprechenden Tonfall «Du solltest eigentlich ...». Die Berater sollten sich darum bemühen, eine *Angebots*haltung zu bewahren und diese auch im Ausdruck erkennen zu lassen.

Für Fallerzähler kann es sehr bequem sein, bedenkenlos nach Guten Ratschlägen fragen zu dürfen. Auch für Berater kann es angenehm sein, einfach Ratschläge zu erteilen. Die Kehrseite: Ratschläge machen auf Dauer unselbständig, weil man verlernt, eigene Lösungen zu entwickeln. Eine Kollegiale Beratung soll jedoch dem Fallerzähler zu mehr Selbständigkeit verhelfen.

Trotz der relativierenden Einleitung «Ich gebe dir den Guten Ratschlag ...» kann die Menge an Ratschlägen ziemlich einschüchternd oder irritierend auf den Fallerzähler wirken. Hier sollten die Berater besonders auf einfühlsame Formulierungen achten, um dem Fallerzähler deutlich zu machen, dass er die Wahl behält.

Geht es bei Entscheidungen in Zweifelsfällen vorrangig um die fachliche Korrektheit von Entscheidungen, dann ersetzen die Ratschläge leicht (vermeintlich) fehlendes Fachwissen. Kollegiale Beratung ist jedoch kein Ersatz für fachliche Stellungnahmen, die aus Absicherungsgründen nötig sind – um zum Beispiel Gesetzes- oder Verwaltungsvorschriften korrekt auszulegen.

Resonanzrunde

Indikation für Resonanzrunde

- Der Fallerzähler zeigt sich während seiner Erzählung emotional sehr ergriffen.
- Der Fallerzähler zeigt sich verunsichert darüber, was andere von seinen Beschreibungen halten.

- Die Erzählung des Fallerzählers löst starke Gefühle bei den Beratern aus.
- Aufseiten der Berater besteht der starke Wunsch nach Anteilnahme.
- Die Schilderungen des Fallerzählers erzeugen bei ihm und den Zuhörern inneres Durcheinander.

Leitfrage für Resonanzrunde

- Was löst die Fallerzählung bei mir an Gedanken, Gefühlen und inneren Reaktionen aus? Wie habe ich innerlich reagiert, als ich der Falldarstellung zuhörte? Was habe ich beim Fallerzähler wahrgenommen?

Beschreibung von Resonanzrunde

Die Berater spiegeln in der Resonanzrunde, welche Gefühle und Gedanken die Schilderung des Fallerzählers bei ihnen ausgelöst hat und welche Bilder und Stimmungen sich bei ihnen eingestellt haben. Es handelt sich hier um ein recht persönliches Feedback der Berater an den Fallerzähler. Eine Resonanzrunde kann auf Wunsch des Fallerzählers erfolgen, aber auch auf Wunsch der Berater.

Im Vordergrund der Resonanzrunde steht die Anteilnahme der Berater. Sie stellen keine Fragen und geben auch keine Lösungsvorschläge oder Interpretationen, sondern Mitteilungen über ihre Betroffenheit und über ihre Eindrücke während der Fallerzählung. Dadurch kann der Fallerzähler erfahren, «dass verschiedene Menschen völlig unterschiedlich, vielleicht zum Teil emotional gegensätzlich auf eine Situation reagieren» (Herwig-Lempp 1997).

Diese Rückmeldungen können dem Fallerzähler zu mehr Klarheit über seine Empfindungen in der Problemsituation verhelfen oder deren nachträgliche Betrachtung erleichtern. Die größte

Schwierigkeit für den Fallerzähler besteht oft darin, sich seiner Gefühle bewusst zu werden, um dann mit ihnen angemessen umzugehen. Nach einer Klärung ist der Fallerzähler besser in der Lage, den unterschiedlichen Gefühlen nachzugehen oder sie zu verarbeiten und dadurch seine Handlungsfähigkeit wiederzuerlangen.

Die Berater berichten, was sie selbst bei sich oder dem Fallerzähler wahrgenommen haben. Dabei können sie sich auf ihre eigenen Gefühle beziehen, aber auch auf Wahrnehmungen über die Art der Fallerzählung. Dem Fallerzähler werden in der Resonanzrunde eine Fülle an Befindlichkeitshinweisen und Reflexionsaspekten angeboten. Er braucht Zeit, sie aufzunehmen, auf sich wirken zu lassen, anzunehmen oder abzulehnen. Er wird korrespondierende Gefühle wahrnehmen oder Widerspruch spüren. Moderator und Berater sollten ihre Resonanzen deshalb behutsam formulieren und dem Fallerzähler zudem ausreichend Zeit geben, das Gehörte zu verarbeiten.

Zur Auswertung der Resonanzrunde fragt der Moderator den Fallerzähler, auf welche Resonanzen er eigene, stärkere Reaktionen verspürt hat: «Was hat Sie angesprochen? Was hat Sie berührt oder herausgefordert oder besonders interessiert? Was hat Sie erschreckt oder geängstigt? Wo sind Sie klarer geworden? Wo sind Sie verwirrt worden?»

Ablauf bei Resonanzrunde
1. **Der Moderator erläutert die Leitfrage der Resonanzrunde.**
2. **Die Berater beschreiben, was die Fallerzählung bei ihnen innerlich an Gedanken, Gefühlen und Bildern ausgelöst hat.**

Beispiel für Resonanzrunde: «Führungswechsel»
Spontanerzählung des Fallerzählers: «Ich bin vor drei Wochen Führungskraft geworden. Vorher war ich einfacher Sachbearbei-

ter in der Abteilung, der ich jetzt vorstehe. Wir vertreiben Pharmazeutika. Der Bereichsleiter hat mir zwei Wochen vor dem Führungswechsel in einem Gespräch unter vier Augen die Umstrukturierung der Abteilung mitgeteilt. Einige Kollegen und auch mein direkter Vorgesetzter würden das Haus verlassen und ich zur Führungskraft der verkleinerten Abteilung. Ich bin aus allen Wolken gefallen, und meine anfängliche Freude war natürlich sofort weg. Bis zur offiziellen Verkündung dieses Plans sollte ich dieses Wissen für mich behalten. Die Bekanntgabe der Veränderungen einige Tage später war für alle eine fürchterliche Veranstaltung. Es gab große Fassungslosigkeit, Bedrückung und auch Tränen. Ich habe mich geschämt, dass ich das schon vorher wusste, aber den Kollegen nichts sagen durfte. Und jetzt habe ich einen Führungsjob in einer Abteilung mit Schock und Misstrauen. Ich weiß immer noch nicht, wie ich da rangehen soll.»

Vereinbarte Schlüsselfrage: «Was würden in dieser Situation andere an meiner Stelle jetzt tun?»

Resonanzrunde: Es war im Raum ganz still geworden. Man empfand es als unpassend, angesichts solch intensiver Erlebnisse gleich zu Lösungen überzugehen, ohne die persönlichen Eindrücke formulieren zu können. In einer Resonanzrunde löste sich die Sprachlosigkeit langsam auf, und die Berater verschafften den entstandenen Gefühlen, die das Gehörte bei ihnen erweckt hatte, Luft: «Ich rege mich über den Bereichsleiter auf.» / «Mir ist nur noch beklommen zumute.» / «Du hast das alles sehr gefasst berichtet, ich spüre aber deine Wut und deine Enttäuschung.» / «Ich würde mich an deiner Stelle veräppelt fühlen.» / «Deine Stimme wurde immer leiser.» / «Ich bewundere, dass du nicht sofort hingeschmissen hast.» / «Ich bin entsetzt, dass es immer noch Firmen gibt, in denen so was passiert.» / «Ich bin traurig: unter solchen Umständen eine eigentlich schöne Aufgabe zu bekommen.» / «Am Anfang hörte ich bei dir Stolz auf den

Führungsjob heraus, am Ende vor allem Ärger.»/«Ich würde meinen alten Kollegen und neuen Mitarbeitern gegenüber auch ein Scheißgefühl haben.»/«Ich finde es mutig, dass du das vorgetragen hast und dir hier Beratung abholst.» Usw.

Epilog: Nach der Resonanzrunde zeigte sich der Fallerzähler sichtlich bewegt und erleichtert zugleich. Er berichtete, dass es ihm im Augenblick gut tue, die Reaktionen der Berater zu hören. Vieles davon würde seinen Gefühlen entsprechen. Als er in einer der nächsten Sitzungen wieder Fallerzähler war, ging es darum, wie er aus diesem misslungenen Auftakt das unter diesen Umständen Beste als Führungskraft machen könne.

Beispiel für Resonanzrunde: «Einsatz und Gegenleistung»
Im ausführlichen Fallbeispiel, das ab Seite 42 zu finden ist, hätte die Beratung einen anderen Verlauf genommen, wenn der Fallerzähler sich für eine andere Schlüsselfrage entschieden hätte. Als Resonanzrunde wäre die Beratung wie folgt weitergegangen.

Vereinbarte Schlüsselfrage: «Wie habt ihr auf die Erzählung reagiert?»

Resonanzrunde: «Ich fand es bemerkenswert und schön, wie du dich vorbereitet hast. Mir ist deshalb die Reaktion deines Abteilungsleiters unverständlich.»/«Ich kann deine Enttäuschung genau nachvollziehen: Du gehst mit viel Engagement und Vorbereitung in die Verhandlung, wo es auch um den persönlichen Einsatz geht. Und dann kommt diese Abfuhr!»/«Ich bin wirklich beeindruckt gewesen, dass du dein Engagement und deine Wünsche so klar und selbstbewusst vertrittst.»/«Mir ist die Reaktion deines Abteilungsleiters nicht ganz fremd. Ich empfand dich ein wenig fordernd im Ton, wenn du das so ähnlich gesagt haben solltest.»/«Ich bin richtig wütend geworden über den Satz mit dem Zeitmanagement.»/«Mich erschreckte das Umkippen in deiner Stimmung: Erst erschienst du stolz wie Oskar über deine Leistung, und dann wirst du herabgewürdigt.» / «Die Lösung ganz auf dich abzuwälzen hat mich stinkig gemacht.» / «Ich habe gedacht: Du willst doch Anerkennung und Wertschätzung. Und dann bekommst du ein Defizit unterstellt.» / «Mir erscheint das frustrierend: Für die Firma soll man betriebswirtschaftlich denken, und wenn man das für sich persönlich tut und Bilanz zieht, dann ist das nicht in Ordnung.» / «An der Stelle des Abteilungsleiters hätte ich gerne selber Ideen entwickelt, um dich zu belohnen.» / «Als ich vorhin die Aufzählung deiner Vorschläge hörte, dachte ich, na, da kommt doch gleich Zoff.» Usw.

Hinweise für Resonanzrunde

Es kann vorkommen, dass die Berater nicht ihre inneren Gefühle und Bilder im Hier und Jetzt beschreiben, sondern lediglich gehörte Sachinformationen hervorheben. Damit verpassen sie die Chance, dem Fallerzähler persönliche Anteilnahme zu zeigen.

Was in einer Resonanzrunde keinen Platz finden sollte: Tipps und Ratschläge werden verpackt gegeben, Fragen werden gestellt oder Lösungen präsentiert («An deiner Stelle würde ich ...»). In der Resonanzrunde ist jedoch weniger Sachverstand als Einfühlungsvermögen bei sachter Konfrontation gefragt.

Sharing: Als es mir einmal ähnlich erging ...

Indikation für Sharing

- Der Fallerzähler wünscht sich Anteilnahme der Berater.
- Der Fallerzähler schildert sein Verhalten als persönliches Missgeschick, er zeigt sich verunsichert, ihm ist die Sache unangenehm oder peinlich («Dass mir so was passieren konnte ...»).
- Der Fallerzähler berichtet von einer Situation, in der er sich in einer sehr unangenehmen Rolle wiedergefunden hat.

- Das Sharing empfiehlt sich auch gegen Ende einer Kollegialen Beratung immer dann, wenn das Thema emotional sehr aufgeladen ist und der Fallerzähler sich sehr vor den Beratern geöffnet hat.

Leitfrage für Sharing

- An welche eigene Erfahrung erinnert mich die Falldarstellung oder ein Teil davon? Welche Gefühle und Gedanken daraus kenne ich selber von mir?

Beschreibung von Sharing

Das Prinzip des Sharing kann man plakativ umschreiben mit «Geteiltes Leid ist halbes Leid». Es wirkt auf Menschen oft entlastend, wenn sie Solidarität erfahren, weil ihnen andere Menschen signalisieren, dass sie schon ähnlich empfunden oder gehandelt haben. Anders als in der Resonanzrunde, bei der es um die Gefühle und Eindrücke der Berater im «Hier und Jetzt» der Beratung geht, liegt der Fokus beim Sharing im «Dort und Damals» eigener Erlebnisse der Berater, die sie mit der Falldarstellung in Verbindung bringen. Die Berater stellen Beziehungen her zu eigenen Erfahrungen, die auf irgendeine Weise der derzeitigen Situation des Fallerzählers ähnlich waren.

Das englische Wort «to share» meint sinngemäß «teilen» («Ich kann deine Erfahrung mit dir teilen, ich habe eine ähnliche Situation erlebt») und «Anteil nehmen» («Ich kann deine Situation nachempfinden und kann nachvollziehen, wie es dir geht, weil es mir auch schon so ging»). Beim Sharing zeigen die Berater Verbundenheit mit dem Fallerzähler: «Ich teile mit dir dein Erleben, weil es mir schon ähnlich ergangen ist und manchmal noch ähnlich ergeht. Ich habe Folgendes erlebt und habe dieses gedacht und jenes versucht ...» Sie berichten über ihre eigene (innere) Beteiligung am Fall und teilen Assoziationen zu eigenen Geschichten mit. Damit ist immer eine Botschaft an den Fallerzähler verbunden. Der Fallerzähler erfährt emotionale Entlastung für seine Situation, indem er von anderen hört, dass es ihnen früher schon ähnlich erging oder heute noch ergeht. Er weiß dadurch, dass er mit seinem Problem nicht alleine steht und er sich kein persönliches Versagen vorzuwerfen hat. Dies dient auch der Erweiterung seiner Perspektiven.

Die Berater sind aufgefordert, zu überlegen und in ihrer eigenen Erfahrung zu suchen, ob sie sich an eine ähnliche Begebenheit erinnern können. Sie beschreiben diese kurz und in den wesentlichen Zügen – aber am besten in nur ein bis zwei Sätzen. Im Vordergrund stehen die Anteilnahme an der Belastung und die Schilderung einer Möglichkeit, damit umzugehen. Schwerpunkt und Betonung der Berater sollten jedoch nicht sein: «Wie habe ich es gelöst?», sondern eher: «Wie ging es mir damals?» «Was von deiner Situation erinnert mich an meine?» «Welche Erlebnisanteile werden bei mir wieder wachgerufen?» Wenn sie ihre Beiträge vorbereiten, sollten sie überlegen, welche Art von Botschaft sie dem Fallerzähler durch den Bericht dieses Erlebnisses mit auf den Weg geben möchten.

Wenn das Sharing erst in der Abschlussphase – nach der Kommentierung der Beraterideen durch den Fallerzähler – gewählt wird, dann haben die Beteiligten die Möglichkeit, den Transfer zu ähnlichen eigenen Erlebnissen herzustellen und die angesprochenen Probleme ausführlicher zu diskutieren.

Ablauf bei Sharing

1. **Der Moderator gibt die Regeln und den Fokus des Sharing bekannt.**
2. **Die Berater berichten von eigenen Erlebnissen, die sie in Verbindung mit der Fallerzählung oder mit Teilen davon bringen.**

Beispiel für Sharing: «Zwischen den Stühlen»

Spontanerzählung des Fallerzählers: «Als Personalentwickler einer Versicherung betreue ich seit einem halben Jahr eine Region, wo ich für etwa 300 Leute Ansprechpartner bin. Mein Vorgänger hat sich besonders gut mit den Leuten vom Betriebsrat verstanden, dafür aber entsprechend weniger mit der Führungsebene im Haus. Ich habe hoch motiviert angefangen mit dem Vorsatz, mich neutral oder allparteilich zu verhalten, um allen gerecht werden zu können. Ich verstehe das so: Die Personalentwicklung ist Dienstleister für Mitarbeiter, Betriebsrat und die Führungsmannschaft. Bisher bin ich recht unerfahren im Umgang mit dem Betriebsrat gewesen, hatte wenig Schnittstellen zu denen. Der regionale Vorstand hat mich mit offenen Armen empfangen, richtig freundlich. Der Betriebsrat, besonders der Vorsitzende, hat versucht, mich in Gesprächen in sein Boot zu ziehen und mich gegen den Vorstand aufzustacheln. Ich habe aber meine Neutralitätsfahne hochgehalten. Irgendwann gab es einen Moment, da war ein Schnitt zwischen mir und dem Betriebsrat. Er hat gemerkt, dass ich nicht sein spezieller Freund werde. Die Zusammenarbeit gestaltet sich seitdem schwierig. Sicher habe ich auch Fehler gemacht, obwohl ich das vermeiden wollte. Mein Themenfeld ist mitbestimmungspflichtig, und ich habe den Betriebsrat nicht bei allem eingebunden. Im Grunde genommen habe ich gedacht, das muss ich auch nicht bei allem und jedem, weil die Konzepte ja durch den Gesamtbetriebsrat gehen und da abgestimmt werden. Ich müsste mich jetzt eigentlich mehr um den Betriebsrat kümmern, habe aber die Befürchtung, dass er meint, ich wolle jetzt doch ein besonderes Verhältnis zu ihm aufbauen. Dabei will ich nur allen gerecht werden können. Ich fühle mich in der Zwickmühle. Gehe ich auf den BR zu, nimmt mir das der Vorstand krumm. Tue ich das nicht, hab ich zwar den Vorstand auf meiner Seite, aber den BR wahrscheinlich gegen mich.»

Vereinbarte Schlüsselfrage: «War es falsch, sich neutral verhalten zu wollen?»

Sharing: Die Gruppe überlegt, mit welcher Methode sie dem Fallerzähler Stellungnahmen zur Schlüsselfrage zukommen lassen kann. Sie einigt sich schließlich auf ein Sharing: «Mich erinnert Ihr Anspruch, unter schwierigen Bedingungen neutral bleiben zu wollen, an eine Konfliktsituation in meiner Abteilung, wo ich zu vermitteln hatte. Da habe ich auch versucht, neutral zu bleiben gegenüber den beteiligten Parteien, obwohl ich im innersten Herzen natürlich auch eine ganz persönliche Meinung hatte. Ich fand das enorm schwierig, zu allen einen guten Draht herzustellen.» / «Ich kenne das Gefühl, den Start in einem neuen Arbeitsfeld nicht so befriedigend erwischt zu haben, sehr gut aus meiner Anfangszeit als Führungskraft, als ich mich im Netz der Interessen verheddert habe.» / «Mir ist etwas von der Situation bekannt von einem Projekt, wo mir auch unerwartet eine Beziehungsvorstellung von einem Kollegen aufgedrückt wurde. Er wollte stellvertretender Projektleiter werden und suchte meine Unterstützung, die ich nicht geben wollte. Da hat er mich dann zum Feind erklärt und mir meinen Aufgabenbereich streitig gemacht.» / «Als ich im Außendienst gearbeitet habe, gab es einen Kunden, der mich ziemlich schikaniert hat. Und doch war ich angehalten, ein freundliches Gesicht zu machen und mich neutral zu verhalten, obwohl man unfair behandelt wurde.» / «Ich verstehe Ihre Verunsicherung sehr gut aus eigener Erfahrung, sich einen eigenen Stand erarbeiten zu wollen, eine eigene Position haben zu wollen, sie aber nicht selber gestalten zu können, weil es bereits andere Koalitions- und Machtinteressen gibt.» / «Mir kommt es sehr bekannt vor, ein altes, unbekanntes Erbe von einem Vorgänger anzutreten und erst nach und nach herauszubekommen, wie sehr das Verhalten anderer sich auf dieses Erbe bezieht.» / «Als ich neu in meinem Team war, habe ich auch erfahren, wie es ist, sich

auf unbekanntem Terrain orientieren zu wollen und Lockange-
bote von mehreren Seiten zu bekommen. Da bin ich zwischen die
Interessen zweier Parteien geraten und hatte erst nicht die Kraft
für eine eigenständige, dritte Position, die ich mir gewünscht
habe.» / «Mit meinem Vor-Vorgesetzten erfahre ich regelmäßig,
wie es ist, wenn die Hürden für einen guten Kontakt und Kooperation vom anderen hoch gelegt werden. Das braucht Geschick,
Energie und einige Kompromisse.» Usw.

Hinweise für Sharing

Die Berater sprechen über sich und ihre eigenen Erlebnisse. Sie
vermeiden es, die Inhalte der Fallerzählung zu kommentieren
und zu bewerten.

Die Berater vermeiden es unbedingt, den Fallerzähler mit ihren
eigenen Weisheiten zu belehren: «Mach es am besten so wie ich,
dann geht es dir besser. Und überhaupt, wenn du nur …, dann
könntest du auch …»

Eine weitere Gefahr beim Sharing liegt darin, dass die Berater
sehr intensiv in den Bann der eigenen Erlebnisse geraten und
maßlos ausführlich werden. Der Fokus sollte auch weiterhin beim
Fallerzähler liegen, denn es geht nicht um eine Nabelschau der
Berater, sondern darum, dem Fallerzähler etwas mitzuteilen, was
ihm in seiner Lage tröstlich sein kann.

Schlüsselfrage (er-)finden

Indikation für Schlüsselfrage (er-)finden

- Der Fallerzähler kann sich (noch) keine passende Schlüsselfrage vorstellen.
- Das erlebte Geschehen wirkt auf den Fallerzähler so komplex,
  dass er keinen Ausweg sieht.

- Das Verfolgen einer Schlüsselfrage erweist sich im Prozess als schwierig, die Schlüsselfrage «entgleitet» dem Beratungsteam.
- Die Schlüsselfrage des Fallerzählers erscheint den Beratern unpassend.

Leitfrage für Schlüsselfrage (er-)finden
- Was könnte die Schlüsselfrage des Fallerzählers (noch) sein?

Beschreibung von Schlüsselfrage (er-)finden
Es gibt drei denkbare Anlässe für eine gemeinsame Suche der Berater nach Schlüsselfragen für den Fallerzähler:
Erste Möglichkeit: Die Schlüsselfrage ist für den Fallerzähler derzeit nicht greifbar oder gänzlich unklar. Diese Situation kann eintreten, wenn das Geschehen für den Fallerzähler überwältigend ist. Der Fallerzähler möchte, dass etwas anders werden soll, weiß aber nicht, in welcher Richtung dieses «anders» liegen könnte. Manchmal wird er dann ausdrücken, er wisse nicht, was seine Schlüsselfrage sein könne, die Situation sei für ihn ein einziges Fragezeichen: «Wüsste ich, was meine Schlüsselfrage wäre, könnte ich mich auf den Weg machen, sie zu beantworten, und wäre um einiges weiter.»
Zweite Möglichkeit: Die Schlüsselfrage ist klar und nachvollziehbar, erscheint den Beteiligten jedoch auf irgendeine Weise unangemessen. Es mag der Eindruck herrschen, dass es zum Weiterbestehen des Problems beitragen kann, wenn genau diese Schlüsselfrage verfolgt wird. Oder das Team meint, dass schon die Veränderung der Schlüsselfrage einen lösungsförderlichen Perspektivenwechsel erzeugen kann. In diesem Fall bietet die Beratungsgruppe dem Fallerzähler an, alternative Schlüsselfragen zu sammeln, damit er diese prüfen kann. Die Berater sollten dabei vermeiden, die Ausgangsschlüsselfrage des Fallerzählers als unkorrekt hinzustellen.

Dritte Möglichkeit: Das Verfolgen einer Schlüsselfrage bereitet unerklärliche Schwierigkeiten im Prozess. Ein Team hat längst mit der Beratung begonnen, bevor deutlich wird, dass man eine Frage beantwortet, die der Fallerzähler gar nicht stellt. Solche Phänomene können von einer unklaren Schlüsselfrage ausgelöst werden und sich in körperlichem Unwohlsein (z. B. Müdigkeit) oder einer atmosphärischen Spannung (z. B. Gereiztheit) niederschlagen. Dann kann es sinnvoll sein, nach neuen oder alternativen Schlüsselfragen Ausschau zu halten oder sogar die Spontanerzählung wieder aufzunehmen.

Das Beraterteam findet oder erfindet aus einem dieser Anlässe neue Schlüsselfragen für den Fallerzähler. Sie versetzen sich in seine Lage und überlegen, was ihre Schlüsselfrage wäre. Sie beziehen sich dabei auf die Gesamtsituation oder auf Teilaspekte der Erzählung. Sie können sich im Verlauf der Sammlung auch aufeinander beziehen und dabei bereits genannte Fragestellungen erweitern, präzisieren, pointieren oder modifizieren. Wichtig ist nicht, dass jeder Berater in seinem Entwurf alle Aspekte berücksichtigt, sondern dass alle Schlüsselfragen-Angebote zusammen die Facetten der Spontanerzählung abdecken.

Die Berater vervollständigen die Einleitung: «Für mich wäre die Schlüsselfrage …» oder: «Vielleicht ist deine Schlüsselfrage …» Sie sollten sich auch «unmögliche» Fragen erlauben und bewusst Gegen-Schlüsselfragen vorschlagen, um die Perspektiven anzureichern. Die genannten Schlüsselfragen bleiben im Raum stehen und werden von den übrigen Beratern nicht korrigiert.

Der Fallerzähler überlegt während der Sammlung, welche der angebotenen Entwürfe seinem Beratungsinteresse wohl am besten entsprechen. Methodisch hat er die Wahl, die Angebote kommentarlos stehen zu lassen oder durch «warm», «neutral» oder «kalt» spontan zu signalisieren, in welchem Maß die Schlüsselfragen für ihn und seinen Fall zutreffen. Am Ende kann er sich aus den Entwürfen die für ihn interessanteste Frage herausgreifen oder auch eine ganz neue entwickeln.

Das Zusammentragen von neuen Schlüsselfragen kann nicht nur nebenbei für den Fallerzähler ein interessantes Feedback darüber sein, wie die übrigen Teilnehmer seine Situation einschätzen – wo sie mit seiner Problemsicht übereinstimmen und wo sie abweichen. Er erhält dadurch Impulse zur Bestätigung oder zur Neubewertung seiner Perspektive.*

Ablauf bei Schlüsselfrage (er-)finden
1. Der Moderator leitet die Methode ein.
2. Die Berater sammeln Schlüsselfragen, die sich für den Fallerzähler auftun könnten.
3. Der Fallerzähler kommentiert die Schlüsselfragen mit «warm», «neutral» oder «kalt».

Beispiel für Schlüsselfrage (er-)finden: «Ärger mit dem Betriebsleiter»
Spontanerzählung der Fallerzählerin: «Ich arbeite in einem Unternehmen, das Maschinenteile produziert. Wir haben in den vergangenen Jahren mehrere Kleinbetriebe und Mittelständler übernommen, und ich bin seit einem Jahr zuständig für die Leitung von zwei kleineren Produktionsstätten. Das ist nicht ganz leicht, weil ich vergleichsweise jung bin – Anfang 30 –, und außerdem

---

* Herwig-Lempp (1997) schlägt eine weitere, interessante Variante vor, die er «Spekulieren» nennt und die hier nur für fortgeschrittene Teams empfohlen werden soll: Ohne dass der Fallerzähler eine Spontanerzählung verfasst hat, spekuliert die Gruppe darüber, «was die Fragestellung desjenigen sein könnte, der etwas besprechen will» (S. 270). Die Berater hypothetisieren, phantasieren oder erfinden die Frage «aufgrund der mehr oder weniger vagen Vorinformationen» (ebd.), die sie über den Fallerzähler haben.

gibt es natürlich immer wieder Getratsche und Bemerkungen, weil ich eine Frau bin. Aber in meinem Ingenieurstudium habe ich auch fast nur mit Männern zu tun gehabt und mich gut behauptet.

Meine Aufgabe ist die Umstrukturierung der Angebotspaletten der Werke. Bisher produzieren sie, was sie können, aber zu wenig von den wertschöpfenden Produkten. Angesiedelt bin ich in der Zentrale, ich muss aber viel unterwegs sein. Schwierig ist auch das Verhältnis zum Geschäftsleiter einer der Produktionsstätten, der zum Betriebsleiter degradiert wurde und jetzt mit mir zusammenarbeiten soll. Er ist so Mitte 50 und Typ Ex-Offizier. Er ist nicht gerade begeistert dabei, die Produktpalette zu verändern, und legt mir immer irgendwelche Steine in den Weg. Mal wird was verzögert, mal sind Informationen angeblich nicht da und so weiter.

Jetzt hatten wir folgende Situation: Ich habe ihn freundlich gegrüßt, er hat aber nicht zurückgegrüßt. Und in einer E-Mail an meinen Vorgesetzten beschwerte er sich dann plötzlich über mich. Zusätzlich ist die E-Mail auch noch bei einigen Kollegen rumgegangen. Da muss ich ihn jetzt drauf ansprechen.

Fragen habe ich viele: Wie soll ich das Werk leiten? Wie soll ich mit dem Betriebsleiter umgehen? Mache ich was falsch? Wie soll ich das anstehende Gespräch führen, damit der Betriebsleiter kooperiert und damit ich meine Ziele erreiche?»

Vereinbarte Schlüsselfrage: Der Fallerzählerin fällt es in diesem Moment schwer, sich auf eine einzige Schlüsselfrage zu konzentrieren.

Schlüsselfrage (er-)finden: Anstatt die Fallerzählerin zu bitten, sich eine Frage auszuwählen, entwickelt die Gruppe die in dieser Situation etwas paradoxe Idee, ihr noch mehr Schlüsselfragen anzubieten, die ihnen als Zuhörer in den Sinn gekommen sind. Die unausgesprochene Hoffnung bei diesem Vorgehen ist, dass eine der vorgeschlagenen Schlüsselfragen ihr für die folgende Beratung wichtig erscheint: «Für mich wäre die Schlüsselfrage: ‹Wie kann ich die Rückendeckung von meinem eigenen Chef erhalten?›» / «Eine Schlüsselfrage könnte sein: ‹Wie sieht mich der Betriebsleiter? Was hält und denkt er von mir?›» / «Meine Schlüsselfrage wäre: ‹Wie kann ich Akzeptanz und Rückendeckung in der Produktionsstätte bekommen?›» / «An Ihrer Stelle wäre meine Schlüsselfrage: ‹Wie kann ich mit der potenziellen Überforderung durch die unmögliche Situation umgehen?›» / «Eine mögliche Schlüsselfrage könnte sein: ‹Wie kann ich besseren Kontakt zu dem Betriebsleiter bekommen?›» Usw.

Epilog: Im weiteren Prozess entwickelte die Fallerzählerin eine Rangfolge der für sie wichtigsten Themen, die in der nächsten Zeit zur Klärung anstanden. Die Kollegiale Beratung widmete sich danach der aus Sicht der Fallerzählerin dringlichsten Schlüsselfrage, nämlich der nach der vermutlichen Meinung des Betriebsleiters über sie.

Zwei wichtige Informationen

Indikation für Zwei wichtige Informationen

- Für den Fallerzähler ist seine Situation unüberschaubar geworden. Er sucht darin vergeblich Ansatzpunkte zum Handeln.
- Der Fallerzähler möchte Hinweise für eine Struktur erhalten.
- Der Fallerzähler ist sich unsicher darüber, welche Ansatzpunkte ihm zum Handeln bleiben.
- Die Erlebnisse des Fallerzählers sollen sortiert werden, um ihm eine veränderte Perspektive zu ermöglichen.

Leitfrage für Zwei wichtige Informationen

- Was sind für mich die beiden wichtigsten Informationen in der Fallerzählung in Bezug auf die Schlüsselfrage des Fallerzählers?

Beschreibung von Zwei wichtige Informationen

Manchmal wirkt eine Fallschilderung auf Zuhörer ziemlich unstrukturiert und ungeordnet. Die Sachverhalte und deren Beziehungen zueinander erscheinen (trotz der Kürze der Spontanerzählung) komplex und undurchdringlich. Um wenigstens für etwas Ordnung in seiner komplexen Geschichte zu sorgen, braucht der Fallerzähler Struktur und Akzentsetzungen. Mit Hilfe der Beratungsmethode Zwei wichtige Informationen erfährt er, was aus Sicht der Berater wichtige – und im Umkehrschluss eher unwichtige – Aspekte sind. Damit erhält er die Chance zu einer Neubewertung seiner Situation.

Zwei wichtige Informationen bietet dem Fallerzähler eine *inhaltliche* Resonanz auf seine Fallschilderung. Er wird sich vielleicht schon Gedanken darüber gemacht haben, was *ihm* besonders wichtig erscheint. Mit den Hinweisen der Berater erhält er eine Rückmeldung darüber, was *für sie* an seiner Stelle im Vordergrund stehen würde. Sie pointieren in ihren Stellungnahmen Dinge, die für den Fallerzähler bisher eher nebensächlich sind, und sie werben um Aufmerksamkeit für Aspekte, die er nur beiläufig erwähnt hat. Auf den Fallerzähler kann das wie ein Fingerzeig wirken: «Achte auf dieses und jenes, wenn du in deiner Situation weiterkommen willst.»

In ihren Beiträgen setzen die Berater Akzente für eine Neustrukturierung und Neubewertung der Erlebnisse. Der Fallerzähler kann die Situation neu überdenken und andere Schlussfolgerungen für sein zukünftiges Handeln ziehen. Weil sie auch immer *zwei* Informationen hervorheben, bieten sie dem Fallerzähler gleichzeitig an, diese beiden Informationen miteinander in Beziehung zu setzen. Ihm eröffnen sich neue Deutungen seiner Situation und damit neue Auswege aus einer schwierigen Lage.

Die Berater überlegen kurz und melden dem Fallerzähler zurück, welche Informationen aus der Erzählung *ihnen* besonders hervorstechend, auffällig oder wichtig erschienen. Sie geben nacheinander in einem Satz an: «Für mich war eine wichtige Information, dass ..., und eine andere, dass ...», und können anschließend auch ergänzen, weshalb sie das meinen (wenn sie sich sehr kurz fassen). Sie sind frei darin, die Hauptthemen des Fallerzählers aufzugreifen oder sich auf Aspekte zu beziehen, die der Fallerzähler nur nebenbei erwähnt hat, deren Beachtung ihm aber vielleicht eine Neubewertung der Situation ermöglichen könnte. Aus der Sammlung der Meinungen kann der Fallerzähler Anregungen für den weiteren Umgang mit seiner Problemsituation entnehmen.

Ablauf bei Zwei wichtige Informationen
1. **Der Moderator erklärt die Regeln der Methode.**
2. **Die Berater betonen nacheinander, welche der gehörten Informationen ihnen die beiden wichtigsten erscheinen.**

Beispiel für Zwei wichtige Informationen: «Innovation und Langeweile»
Spontanerzählung des Fallerzählers: «Ich leite eines von mehreren Verkaufsgebieten in unserem Unternehmen. Wir sind nach Regionen aufgeteilt. Zu meinen Aufgaben gehört es, dass ich die Kundenteams im Außendienst führe und die zugehörigen Innendienstteams koordiniere, die sich als Serviceteams für den Außendienst verstehen. Mein Verkaufsgebiet umfasst über 50 Mitarbeiter im Innen- und Außendienst. Mir unterstehen sechs Führungskräfte auf zwei Hierarchiestufen. Die Arbeit ist vielfältig, aber für mich ist das alles belastender Stress.

Vor vier oder fünf Jahren habe ich das Verkaufsgebiet in dieser Art neu organisiert, was ein Novum in unserem Unternehmen war. Zuerst haben mich meine Kollegen kritisch beäugt, aber mittlerweile gilt mein Verkaufsgebiet im Unternehmen als mustergültig organisiert. Wir haben viele Innovationen eingeführt und auch einigen Erfolg erzielt. Die Stimmung in meinen Teams ist ebenfalls gut.

Es gibt eine Besonderheit in meinem Führungsstil. Eine Regel, die ich ausgegeben habe, als ich mit dem Job anfing, lautet: ‹Die Leute sind nur maximal fünf Jahre hier, dann kommt ein Wechsel innerhalb des Unternehmens.› Das ist auch möglich. Meine Mitarbeiter kennen die Regel von Anfang an – ich habe sie auch immer wieder betont. Der Wechsel soll frischen Wind bringen und Eingefahrenes aufbrechen. Wie gesagt, jetzt steht diese Regel für einige Mitarbeiter vor der Einlösung, weil bald fünf Jahre um sind.

Ein weiteres Problem beobachte ich immer wieder: Wir sind sehr gut in der Entwicklung von neuen Ideen und Innovationen, aber schlecht in der Konsolidierung und der Administration. Irgendwie ist die Energie der Anfangszeit weg, es ist aber dennoch unruhig. Bei mir kommt darüber hinaus auch Langeweile auf. Ich frage mich: Wie soll es mit meinem Verkaufsgebiet weitergehen?

Während ich erzähle, fällt mir auf, dass das auf Sie ziemlich durcheinander klingen muss. Ich fühle mich auch ziemlich durcheinander.»

Vereinbarte Schlüsselfrage: «Wie kann ich mich in meiner Situation sortieren, sodass ich wieder erkennen kann, welche Ansatzmöglichkeiten ich zum Handeln habe?»

Zwei wichtige Informationen: Die Gruppe gewinnt den Eindruck, dass der Fallerzähler ein komplexes Problem erlebt. Seine Sorge gilt einer Sortierung. Für eine Strukturierung bietet sich die Methode Zwei wichtige Informationen an: «Zwei wichtige Informationen für mich sind, dass Sie Administratives gering schätzen und Langeweile aufkommt.» / «Die zwei wichtigsten Informationen für mich: Sie haben die Parole ausgegeben: ‹Nach fünf Jahren gehen!›, und nehmen vielleicht selber innerlich Abschied.» / «Die wichtigen Informationen für mich waren: Sie suchen etwas Neues, und Sie fühlen sich verantwortlich für die Stimmung im gesamten Verkaufsgebiet.» / «Ich habe als die zwei wichtigsten Informationen gehört: Erst ist das Konzept stark kritisiert worden und jetzt sind die anderen Bereiche neidisch und wollen es nachtun.» / «Als Informationen fand ich wichtig: Sie haben mit einer Strategie Begeisterung geweckt und müssen jetzt die Leute auffordern, von dieser Strategie Abschied zu nehmen.» / «Zwei wichtige Informationen für mich waren: Es gibt Innovationen und es gibt Routinen. Vielleicht entsteht da ein Zusammenhang: Innovation ist zur Routine geworden?» Usw.

Hinweise für Zwei wichtige Informationen

Die Berater beschränken sich nur auf das Hervorheben zweier Informationen aus der Falldarstellung. Sie formulieren keine expliziten Lösungsvorschläge oder Verhaltensangebote. Damit würden sie einen Schritt zu weit gehen. Das Konstruieren von Lösungen mit Hilfe der neu bewerteten Situation ist später Sache des Fallerzählers.

Kurze Kommentare

Indikation für Kurze Kommentare
▪ Der Fallerzähler wünscht sich von den Beratern Stellungnahmen in alle möglichen Richtungen.

Leitfrage für Kurze Kommentare

- Was ist mir an dem Inhalt oder der Art der Fallerzählung aufgefallen?

Beschreibung von Kurze Kommentare

Bei den Kurzen Kommentaren geht es darum, dass die Berater spontan entstandene Anregungen, Befürchtungen, Hypothesen, Assoziationen, Vorschläge, Ratschläge und Warnungen in Form von Statements äußern (Herwig-Lempp 1997), dabei aber nicht an eine bestimmte Form gebunden sind. Fragen an den Fallerzähler sind auch hier nicht erwünscht.

Die Berater können ihre Kommentare entweder der Reihe nach oder auch ungeordnet abgeben. Wichtig ist nur, dass sie wieder möglichst unterschiedlich ausfallen. Der Fallerzähler erhält so einen bunten Strauß an Eindrücken, den seine Falldarstellung bei den Beratern provoziert hat. Die Berater haben bei Kurzen Kommentaren große stilistische Freiheiten, sie achten aber dennoch darauf, dass sie wertschätzend, vielfältig, prägnant und vorsichtig sind. Die Berater assoziieren «zu der Situation und Szene alles, was ihnen an Anhaltspunkten und Stichworten, Querverbindungen und Zusammenhängen, Gereimtheiten und Ungereimtheiten, Bildern und Erinnerungen, Bezügen zum eigenen Erleben und Handeln, Eindeutigkeiten und Merkwürdigkeiten, Phantasien und Utopien, Geboten und Verboten, Gesetzlichkeiten und Freiräumen usw. einfällt» (Fallner & Gräßlin 1990).

Kurze Kommentare eignet sich in der Beratungsphase dann, wenn die Schlüsselfrage des Fallerzählers etwas diffus bleibt und das Beratungsteam selber unschlüssig ist, welche andere Methode ihm weiterhelfen könnte.

Ablauf bei Kurze Kommentare

1. Der Moderator erklärt, welche Formen die Beraterkommentare annehmen können.

2. Die Berater kommentieren auf verschiedene Weise, was ihnen in der Erzählung aufgefallen ist, was ihnen durch den Kopf geht und was sie dem Fallerzähler mitgeben wollen.

Beispiel für Kurze Kommentare: «Meetings mit der Agentur»

Spontanerzählung der Fallerzählerin: «Ich bin seit zwei Jahren Leiterin eines kleinen Teams in der Marketingabteilung einer Food-Firma. Wir haben regelmäßig Meetings mit externen Werbeagenturen, und die sind ziemlich anstrengend. Oft auch frustrierend. Wir treffen uns, und keiner ist dann richtig vorbereitet. Mir kommt es auch so vor, als sei die Motivation nicht sehr hoch. Zudem haben fast immer alle Teilnehmer ganz unterschiedliche Meinungen zu den Kampagnen: sechs Teilnehmer und sechs Meinungen in endlosen Diskussionen. Das schlaucht. Am Ende verteilen wir dann die Aufgaben, wobei ich meine, es geht dann ziemlich ungerecht zu. Wir haben die meisten Aufgaben und die Agenturleute eher weniger. Das ist dann schwierig, weil auf Agenturseite mehrere Hierarchieebenen anwesend sind, und manchmal sind die schon eine Macht, gegen die man kaum ankommt. Aber eigentlich verstehen wir uns ganz gut miteinander.»

Vereinbarte Schlüsselfrage: «Wie kann ich in Zukunft mit den Meetings und den Beteiligten umgehen, damit sie erfolgreicher und effektiver werden?»

Kurze Kommentare: «Ich frage mich: Wer ist hier eigentlich Auftraggeber und wer Auftragnehmer?»/«Ich empfehle, sich vor jedem Meeting genau zu überlegen, was am Ende des Meetings stehen soll.»/«Mir kommen die Agenturleute wie kleine Könige vor und ihr wie das Fußvolk.»/«Meine Hypothese ist, dass der Ablauf der Meetings mit der Klarheit der Meetingleitung zusammenhängt.» / «Ich frage mich, welche Nachteile eine Verbesserung der Situation mit sich führen würde.» / «Mein Vorschlag: Reserviert mal eine Stunde miteinander, um gemeinsam über die Verbesserung der Effektivität eurer Meetings zu sprechen.» / «Ich glaube, mit einer besseren Vorbereitung steigt die Motivation.» / «Und ich denke, mit der Motivation wird auch die Vorbereitung ernster genommen.» / «Ich glaube, dass die Agenturseite solche Meetings prima findet: Sie bekommen sie bezahlt und bestimmen, was dort passiert.» / «Ich frage mich, wer ist eigentlich auf Agenturseite genau für was verantwortlicher Ansprechpartner.» / «Ich rate, mit dem eigenen Marketingteam eine Vorbesprechung zu machen und dabei festzulegen, womit ihr die Agenturleute genau beauftragen wollt.» / «Ich wurde beim Zuhören sauer auf die Agenturleute – was die sich rausnehmen!» Usw.

Erfolgsmeldung

Indikation für Erfolgsmeldung

- Der Fallerzähler berichtet von einer Situation, in der ihm seiner Meinung nach etwas besonders gut gelungen ist.
- Der Fallerzähler möchte die Faktoren eines für ihn überraschenden Erfolges reflektieren, um sie wiederholen zu können.

Leitfrage für Erfolgsmeldung

- Wie hat der Fallerzähler seinen Erfolg wohl erreicht? Welche Fähigkeiten und Verhaltensweisen waren dafür maßgeblich?

Beschreibung von Erfolgsmeldung

Erfolgsmeldung bildet in gewisser Hinsicht eine Ausnahme unter den Beratungsbausteinen. Ausgangspunkt dieser Methode ist nicht eine Problemsituation des Fallerzählers, sondern eine Erfolgsmeldung über etwas, das ihm ausgesprochen gut gelungen ist. Ziel ist für den Fallerzähler, aber auch für die Berater, aus der Erfolgsgeschichte für zukünftige Situationen zu lernen und die dabei gewonnenen Erkenntnisse als Ressourcen zu nutzen.

In der Kollegialen Beratung braucht man nicht nur Probleme und Schwierigkeiten in den Mittelpunkt zu stellen. Der Berufsalltag bietet viele Situationen, in denen die Teilnehmer Einfälle erfolgreich umsetzen und mit Verlauf und Resultat sehr zufrieden sein können. Aus positiven Erfahrungen lässt sich ebenso gut oder schlecht lernen wie aus Fehlern (Herwig-Lempp 1997). Hier können erfolgreich bewältigte Führungssituationen, gelungene Konzeptumsetzungen oder reibungslose Projektphasen als erfreuliche Geschichten thematisiert werden. Mit einer Erfolgsmeldung kann eine lehrreiche Diskussion angestoßen werden, die sich um Fähigkeiten, Stärken und Qualitäten drehen kann, vor allem dann, wenn der Erfolg für den Fallerzähler ein wenig überraschend zustande kam.

Der Fallerzähler erhält von den Beratern ein Spiegelbild seiner Talente und kann sich besser darin orientieren, welche Verhaltensweisen ihm bei zukünftigen Situationen als Ressourcen weiterhin zur Verfügung stehen. Die Berater können für sich mitnehmen, welche Fähigkeiten und Verhaltensweisen sie auf vergleichbare Problemlagen übertragen können oder welche sie verstärkt entwickeln sollten.

Nach einer (Erfolgs-)Fallschilderung kann sich die Schlüsselfrage gezielt auf das «Ausschlachten» des Erfolgs beziehen, und das Team geht zum Baustein der Erfolgsmeldung über. Die Berater haben die Wahl, ob sie dem Fallerzähler dessen Verhaltensweisen und Fähigkeiten in Form von Hypothesen zurückspiegeln («Ich habe den Eindruck, eine wichtige Fähigkeit dabei war Ihre Geduld, dem Mitarbeiter Müller genau zuzuhören und nicht lockerzulassen, bis Sie seine Hintergründe genau verstanden hatten») oder aber darüber sprechen wollen, welche Ideen sie für die eigene Praxis zu übernehmen beabsichtigen («Was ich von Ihnen für meine Arbeit lernen kann, ist, meinem Mitarbeiter sehr genau zuzuhören und erst wirklich zu verstehen, bevor ich entscheide»).

Ablauf bei Erfolgsmeldung

1. **Der Moderator skizziert kurz das Prinzip dieses Bausteins.**
2. **Die Berater spekulieren darüber, mit welchen Fähigkeiten und Verhaltensweisen es dem Fallerzähler wohl gelungen ist, diesen Erfolg zu erreichen, und was sie für die eigene Berufspraxis übernehmen können.**

Beispiel für Erfolgsmeldung

Spontanerzählung des Fallerzählers: «Ich bin seit einiger Zeit Gruppenleiter für ein Kundenservicecenter mit 12 Mitarbeiterinnen und Mitarbeitern. Zu meiner Aufgabe gehört, dass ich regelmäßige Gruppenbesprechungen abhalte. Als ich mit der Aufgabe anfing, habe ich diese Runden gemieden. Ich hatte zuerst Schiss, weil ich unerfahren darin war, wie man das aufzieht. Also habe ich das mehr schlecht als recht durchgezogen. Vor zwei Wochen habe ich eine Trainingsmaßnahme zur Gestaltung von Besprechungen besucht. Vor der ersten Besprechung danach war ich supernervös und fürchterlich aufgeregt. Ich habe mich aber an das Gelernte gehalten und vorher mal die Tagesordnung verteilt, mich vorbereitet, wo ich informieren will und wo ich mir Meinungen von Mitarbeitern einhole. Ich habe dann alles visualisiert.

Die Runde ist gut gelaufen. Wir haben alle Punkte abgehakt, die wir abhaken wollten. Ein Großteil der Mitarbeiter hat sich – anders als früher – aktiv eingebracht. Fast alle haben was gesagt. Zum Schluss habe ich dann die Mitarbeiter gefragt, wie es für sie war. Natürlich kamen Punkte, was ich besser machen kann. Aber im Großen und Ganzen waren die sehr zufrieden. Einer sagte sogar, dass es diesmal sinnvoll investierte Zeit war. Da war ich mächtig stolz auf mich, dass ich das so hingekriegt habe.»

Vereinbarte Schlüsselfrage: «Was hat zu diesem Erfolg beigetragen? Was ist für andere übertragbar?»

Erfolgsmeldung: Die Berater möchten sich auf Haltungen und Einstellungen des Fallerzählers konzentrieren, die es wert sind, hervorgehoben zu werden: «Sie haben ein großes Planungsgeschick an den Tag gelegt.» / «Ich vermute, Sie haben Ihre Führungsrolle klar eingenommen und den Mitarbeitern gegenüber vertreten.» / «Sie waren offen für eine Fortbildung und haben sich darangemacht, das Erfahrene umzusetzen.» / «Ich kann mir von Ihnen abgucken, offen für Rückmeldungen zu sein und diese sogar einzufordern.» / «Schön, dass Sie so offen stolz auf einen Erfolg sein können und ihn genießen.» / «Sie verschweigen auch die Kritik nicht, das imponiert mir.» / «Sie können die kritischen Rückmeldungen auch einordnen.» / «Sie haben ein Feingefühl für Mitwirkungswünsche und -notwendigkeiten gezeigt.» / «Sie haben sich Ihren Mitarbeitern als Lernender gezeigt, das würde ich mir gerne abschauen.» / «Sie können zugeben, dass Sie Schiss vor der neuen Aufgabe hatten und verunsichert waren.» Usw.

Hinweise für Erfolgsmeldung

Da unsere Umgangsregeln im Berufsalltag («Eigenlob stinkt!») meist eher gebieten, dass wir über berufliche Situationen klagen oder Probleme thematisieren, statt mit etwas Stolz und Selbstbewusstsein auf unsere Fähigkeiten hinzuweisen, wirkt die Erfolgsmeldung in Gruppen anfangs vielleicht etwas merkwürdig. Das Beratungsteam sollte seine Mitglieder hin und wieder ermutigen, positive Erlebnisse ausführlicher zu schildern. Wenn es leichter fällt, kann ein Aufhänger dafür sein, dass ein Teilnehmer in der Anfangsrunde einen vergangenen Erfolg nach einer früheren Beratung erwähnt.

Methodenbausteine für erfahrene Gruppen

Die folgenden Methodenbausteine bereichern das Repertoire von
Beratungsteams, die in der Durchführung der Kollegialen Beratung erfahrener geworden sind. Mit ihnen können die Berater
gezielter auf bestimmte Schlüsselfragen eingehen. Ihre Anwendung erfordert meist ein tieferes Verständnis der Beratung sowie
ausgeprägte Gesprächskompetenzen. (Übersicht auf der folgenden Seite)

Actstorming

Indikation für Actstorming

- Das Anliegen des Fallerzählers und seine Absichten für eine
  bevorstehende Begegnung sind ihm einigermaßen klar. Offen ist
  für ihn, *wie* er sich *konkret* einem anderen gegenüber ausdrücken könnte.

Leitfrage für Actstorming

- Wie kann der Fallerzähler seine Absichten ausdrücken? Was
  kann er im Gespräch konkret sagen, damit der beabsichtigte
  Eindruck entsteht? Wie kann es klingen?

Beschreibung von Actstorming

Das Actstorming ist eine lebendige Methode, bei der die Berater
dem Fallerzähler konkrete Verhaltens- und Formulierungsvorschläge für ein Gespräch oder eine Begegnung vorspielen (Redlich
1994). Während beim Brainstorming Ideen zusammengetragen
werden, demonstrieren die Berater dem Fallerzähler beim Actstorming anschaulich mehrere konkrete Verhaltensvorschläge.
Dafür begeben sich die Berater im Rahmen eines Quasi-Rollen-

Übersicht über die Methoden für Fortgeschrittene, ihre Ziele und Leitfragen

Methode	Seite	Ziel	Beratungsfokus	Leitfrage
Actstorming	160	Wörtliche Aussagen für ein bevorstehendes Gespräch sammeln	lösungsorientiert	Wie könnte der Fallerzähler sein Anliegen konkret formulieren?
Offene Fragen	166	Bisher unbeantwortete und ungestellte Fragen sammeln	die Perspektive verändernd und strukturierend	Welche Fragen könnte sich der Fallerzähler noch stellen?
Hypothesen entwickeln	169	Zusammenhänge aus der Fallschilderung neu bewerten	die Perspektive verändernd und strukturierend	Welche Hypothesen habe ich über das Geschehen?
Überraschungen erfinden	175	Vorschläge, um festgefahrene Situationen zu verändern	lösungsorientiert und die Perspektive verändernd	Womit könnte der Fallerzähler die Beteiligten überraschen?
Umdeuten	180	Das Verhalten der am Problem Beteiligten positiv deuten	die Perspektive verändernd	Wie könnte man die Ereignisse positiv verstehen?
Die zweite Seite der Medaille	187	Stärken und Erfolge des Fallerzählers hervorheben	die Perspektive verändernd	Welche Fähigkeiten des Fallerzählers werden deutlich?
Identifikation	192	Die Schilderung durch vermutete weitere Positionen ergänzen	die Perspektive verändernd	Was denken wohl die übrigen Beteiligten?
Kreuzverhör	199	Schwachstellen im Konzept des Fallerzählers finden	die Perspektive verändernd und lösungsorientiert	Was hat der Fallerzähler bislang nicht beachtet oder berücksichtigt?
Inneres Team	202	Unterschiedliche innere Positionen des Fallerzählers verdeutlichen	die Perspektive verändernd und strukturierend	Welche Stimme des Fallerzählers «sagt» was zur Schlüsselfrage?
Metaphern und Analogien	209	Metaphern für die Situation des Fallerzählers beschreiben	die Perspektive verändernd	Womit könnte man die Situation oder Teile davon vergleichen?

spiels in die Rolle des Fallerzählers und sprechen aus dieser Rolle heraus. Der Fallerzähler wählt am Ende aus, welches Verhalten in der kommenden Situation ihm am passendsten erscheint.

Das Actstorming eignet sich beispielsweise dann, wenn sich der Fallerzähler vor einer schwierigen Begegnung oder einem wichtigen Gespräch über den geeigneten Ton, die passende Haltung oder die angemessene Formulierung nicht sicher ist. Als Beispiele: «Wie kann ich ein Meeting eröffnen, um die Teilnehmer mehr in die Verantwortung für den Ablauf zu bekommen?» oder: «Wie kann ich dem Mitarbeiter Müller mitteilen, dass ich ihn zwar schätze, er aber in der letzten Zeit in seiner Leistung nachlässt, ohne ihn in die Defensive zu bringen?» Es ist nützlich, wenn die Situation genau beschrieben wird und das bevorstehende schwierige Gespräch in der Mitte des Stuhlkreises aufgebaut wird: ein leerer Stuhl für die Rolle des Fallerzählers und ein leerer Stuhl für die Rolle des Gegenübers. Dieser Stuhl wird allerdings während des Actstorming in der Kollegialen Beratung nicht besetzt, weil es nicht um ein echtes Rollenspiel geht.

Der Clou des Actstorming liegt für den Fallerzähler im direkten Erleben alternativer Verhaltensmöglichkeiten. Damit geht das Actstorming einen Schritt weiter als eine bloße Ideensammlung oder die gedankliche Erörterung von Formulierungsvorschlägen. Es ist ein großer Unterschied, ob man sich die Alternativen lediglich denkt oder ob man sie ausformuliert erlebt. Beim Zuhören kann der Fallerzähler bereits in seiner Vorstellung testen, wie es sich für ihn anfühlen würde, auf die eine oder andere Art zu reagieren. Der Fallerzähler kann andererseits auch mögliche Auswirkungen abschätzen oder Reaktionen seines Gegenübers antizipieren und dabei abwägen, ob er diese Resonanz produzieren möchte.

Als Vorbereitung zum Actstorming wird, ausgehend von den Schilderungen des Fallerzählers, die Szene entwickelt. Der Fallerzähler schmückt die Szene etwas aus, für die Verhaltensvorschläge gefunden werden sollen. Der Fallerzähler bestimmt, welcher kurze Gesprächsausschnitt für ihn wichtig ist, und er schildert, wie er und sein Gegenüber vermutlich zueinander stehen oder sitzen werden.

Dann wird die Minibühne aufgebaut: Die Schlüsselszene wird mit leeren Stühlen in der Mitte des Sitzkreises nachgestellt: ein Stuhl (oder markierter Stehplatz) für den Fallerzähler und ein Stuhl für sein Gegenüber (oder mehrere Stühle, falls es sich um mehrere Personen handelt, beispielsweise einen Vorstand oder eine kleine Gruppe).

Grundaufstellung beim Actstorming: ein leerer Stuhl für die Rolle des Fallerzählers und einer für die Rolle seines Gegenübers

Als Erster wird der Fallerzähler vom Moderator aufgefordert, sich auf den Fallerzähler-Stuhl zu setzen und ein Beispiel dafür zu geben, wie er seinen Text derzeit formulieren würde. Diese Demonstration ist für die Berater eine diagnostische Hilfe: Sie erfahren, welche Worte, welche Haltung und welchen Tonfall der Fallerzähler wählt – um ihm Alternativen anbieten zu können, um dessen Sprechweise zu akzentuieren oder um gänzlich Neues vorzuschlagen.

Im eigentlichen Actstorming setzen sich die Berater nun nacheinander auf den Stuhl des Fallerzählers und geben in einem Minimonolog ihre Variante(n) zum Besten. Der Fallerzähler beobachtet von seinem Platz aus Inhalt, Haltung und Ton der Redebeiträge. Moderator und Berater achten darauf, dass die Beiträge des Teams eine breite Palette unterschiedlicher Varianten umfassen. Einige Möglichkeiten: Sie können beispielsweise besonders vorsichtig oder besonders forsch argumentieren. Sie können «Klartext» sprechen – ohne Bescheidenheit und Rücksicht auf das Gegenüber des Fallerzählers. Sie können sich verquast ausdrücken. Sie können so sprechen, wie sie es selber tun würden, wie ihnen der Schnabel gewachsen ist. Sie können ihren Beitrag so diplomatisch oder konfrontativ formulieren, wie es für den Fallerzähler ratsam erscheint. Sie können ausdrücken, was der Fallerzähler sich womöglich nicht auszusprechen traut.

Ablauf bei Actstorming

1. **Moderator und Fallerzähler entwickeln die Szene des bevorstehenden Gesprächs.**
2. **Die «Bühne» für die Probe-Formulierungen wird aufgebaut.**
3. **Der Fallerzähler demonstriert probehalber seine Formulierung.**
4. **Die Berater setzen sich abwechselnd auf den Stuhl des Fallerzählers und spielen ihre Versionen vor.**

Beispiel für Actstorming: «Der geschickte Trainee»

Spontanerzählung des Fallerzählers: «Letzte Woche hatte ich mit einem Trainee ein Gespräch am Ende seiner Zeit in unserer Abteilung. Ich habe das Gespräch vorbereitet und mir vorher so meine Gedanken gemacht. Ergebnis war, dass ich dem Mitarbeiter eine eher durchwachsene bis schlechtere Beurteilung geben wollte. Am nächsten Tag fand das Gespräch statt, und am Ende der Diskussion kam eine wesentlich bessere Gesamtbewertung für den Trainee dabei raus. Irgendwie war ich damit später unzufrieden, und am Wochenende habe ich nochmal überlegt: Die wesentlich bessere Beurteilung stimmt so nicht, aber der Trainee hat mich in dem Gespräch mit seiner charmanten Art eingewickelt, bis ich schließlich nachgegeben habe. Jetzt bin ich im Nachhinein ziemlich unzufrieden. Unterschrieben haben wir beide das Gesprächssprotokoll noch nicht. Aber im Grunde genommen habe ich dem Trainee mein Wort gegeben, ihn gut zu beurteilen.»

Vereinbarte Schlüsselfrage: «Ich möchte dem Trainee, ich nenne ihn mal Herrn Meier, eine schlechtere als die vereinbarte Beurteilung geben. Das halte ich bei seinen Leistungen auch für gerechtfertigt. Wie kann ich das rüberbringen?»

Actstorming: «Herr Meier, ich habe noch einmal nachgedacht und finde, dass Sie mich ganz schön eingewickelt haben. Ich war mit der festen Absicht ins Gespräch gegangen, Ihnen für Ihren Auftritt in unserer Abteilung eine schlechtere Bewertung zu geben. Auch wenn ich Ihnen am Ende des Gesprächs etwas anderes gesagt habe: ich bleibe doch bei der schlechteren Bewertung.» / «Herr Meier, ich möchte noch einmal auf das Gespräch von letzter Woche zurückkommen. Weil Sie auch in andere Abteilungen gehen werden, kann ich die Beurteilung, die wir am Ende des Gesprächs angepeilt haben, nicht aufrechterhalten. Eigentlich müsste ich sogar zu meiner schlechten Bewertung zurückkehren, ich werde sie aber nur um einen Wert herunterstufen.» / «Herr

Meier, noch einmal zu unserem Gespräch letzte Woche. Ich habe mich geärgert, dass Sie mich von meinem Vorhaben abgebracht haben, Ihnen eine wesentlich schlechtere Gesamtbewertung zu geben. Auf der anderen Seite muss ich anerkennen, dass Sie offenbar die Gabe besitzen, sich in Gesprächen wortgewandt durchzusetzen. Eigentlich wollte ich Ihnen im Nachhinein eine schlechtere Einschätzung geben, ich belasse es jetzt aber dabei.» / «Ich will nochmal auf unser Gespräch zurückkommen. Ich schwanke immer noch: Einerseits ist mir die Ehrlichkeit einer Bewertung wichtig, andererseits möchte ich Entscheidungen ungern zurücknehmen. Wenn ich beides abwäge, dann muss ich aber die Entscheidung relativieren und der Ehrlichkeit und meines Erachtens auch der Richtigkeit meiner Bewertung Vorrang geben.» / «Herr Meier, noch eine Ergänzung zum Gespräch letzte Woche. Ich möchte Ihnen noch sagen, dass Sie sehr geschickt verhandeln können. Achten Sie aber in Zukunft darauf, dass Ihre Gesprächspartner eine getroffene Entscheidung nicht so bedauern, wie ich das jetzt bei Ihrer Gesamtbewertung tue.» Usw.

Hinweise für Actstorming

Die Berater sollten vermeiden herumzualbern. Sie sollten weiterhin daran denken, dass sie mit ihren Vorschlägen Lösungen für ein Problem entwerfen sollen, das für den Fallerzähler ernst ist.

Offene Fragen

Indikation für Offene Fragen

- Der Fallerzähler möchte wissen, welche Fragen er sich in Bezug auf sein Problem noch stellen könnte.
- Die Spontanerzählung wirft bei den Beratern eine Menge offener Fragen auf.

- Die Berater sind der Ansicht, dass der Fallerzähler wichtige Perspektiven ausblendet.

Leitfrage für Offene Fragen

- Mit welchen Fragen könnte sich der Fallerzähler befassen, um einer Lösung näher zu kommen? Welche Fragen hat er wahrscheinlich noch nicht beachtet, bearbeitet und beantwortet?

Beschreibung von Offene Fragen

Gut formulierte Fragen regen den Fallerzähler dazu an, seine Aufmerksamkeit auf bestimmte Aspekte seines Falles zu lenken und neue Standpunkte zu prüfen. Oft ist es gar nicht entscheidend, ob er schon Antworten auf diese Fragen parat hat, sondern dass er sie sich überhaupt stellt und nach Antworten sucht. Gute Fragen brechen Denkgewohnheiten auf und verändern damit Lösungsrichtungen (siehe S. 235).

Bei dieser Beratungsmethode helfen die Berater dem Fallerzähler, indem sie Fragen formulieren, die der Fallerzähler für sich beantworten sollte, um sein Problem besser lösen zu können. Die Berater stellen sich gegenseitig Fragen, die ihnen im Kontext der geschilderten Problemsituation offen erscheinen. Sie vermeiden es unbedingt, schlecht versteckte Lösungsvorschläge vorzubringen («Ich frage mich, ob er schon einmal daran gedacht hat, seinen Vorgesetzten zu fragen»). Sie sehen dabei einander an, wenden sich also nur indirekt an den Fallerzähler. Der Fallerzähler hört schweigend zu und antwortet nicht auf die Fragen. Es geht nicht um ein Erkenntnisinteresse der Berater, sondern um Anstöße zum Nachdenken für den Fallerzähler. Er registriert die beim Team entstandenen Fragen und prüft für sich, ob die eine oder andere für ihn Relevanz besitzt.

Ablauf bei Offene Fragen

1. Der Moderator bittet die Berater, Fragen zu formulieren, die ihnen offen erscheinen und die sich der Fallerzähler stellen könnte, um Lösungen näher zu kommen.
2. Die Berater stellen ihre Fragen in den Raum, der Fallerzähler hört nur zu und beantwortet die Fragen (noch) nicht.

Beispiel für Offene Fragen: «Mehr verkaufen mit den Kollegen»

Spontanerzählung des Fallerzählers: «Ich bin Außendienstler (AD) in einem Unternehmen für chemische Produkte. Wir beliefern mittelständische Betriebe mit Chemikalien, die sie in ihrer Produktion einsetzen. Es gibt einen großen Wettbewerber, dem gegenüber wir uns mühsam, aber erfolgreich behaupten. Ich bin AD für einen Bezirk. Einer meiner Kunden hat mehrere Produktionsstätten, die auch in Bezirken meiner Kollegen liegen. Ich verhandele mit dem Einkäufer dieses Kunden, weil die Zentrale in meinem Verkaufsbezirk liegt. Der Kunde bezieht eines unserer Produkte, die eine hohe Marge haben, er ist zufrieden mit der Leistung des Produkts. Der zentrale Einkäufer hat mir signalisiert, dass ich den Absatz auch in den Betriebsstätten fördern könnte, wenn ich mich mit den Produktionsleitern vor Ort direkt unterhalten würde. Dann könnte ich dem Einkäufer auch bessere Preise machen. Die liegen aber nicht alle in meinem Bezirk, sondern in benachbarten Bezirken, für die meine anderen Kollegen zuständig sind. Eigentlich könnte ich die beauftragen, sich um die Produktionsleiter zu kümmern, nur: Wenn die sich kümmern, geht die Rechnung trotzdem über die Zentrale und wird mir als Umsatz angerechnet, für den ich Provision erhalte.»

Vereinbarte Schlüsselfrage: «Wie kann ich vorgehen, ohne meine Kollegen zu brüskieren?»

Offene Fragen: «Was denken wohl die Produktionsleiter vor Ort, wenn sie neue und unbekannte Gesichter vor sich haben?» / «Mit wem in Ihrer Firma können Sie diese Fragestellung gemeinsam diskutieren?» / «Wie würde Ihr Vorgesetzter die Situation entscheiden?» / «Wie würden Sie selber darauf reagieren, wenn eine solche Anfrage von einem Ihrer Kollegen käme?» / «Was könnten Sie Ihren Kollegen im AD anbieten, wenn sie diese Aufgabe übernähmen?» / «Können Sie so lange warten, bis Sie ein reguläres Meeting mit allen anderen Kollegen haben?» / «Wären Sie bereit, mit Ihrem Vorgesetzten über einen Provisionsanteil für die Kollegen zu sprechen?» / «Wie schätzen Sie selbst die Kompetenz Ihrer Kollegen ein, die Produktionsleiter erfolgreich zu bearbeiten?» / «Müssen Sie Ihren Kollegen gegenüber eventuelle Fahrten in deren Verkaufsgebiet überhaupt erwähnen?» / «Würden Sie auf eine Erhöhung des Absatzes verzichten, wenn Sie dadurch eine unangenehme Situation mit Ihren Kollegen vermeiden könnten?» Usw.

Hypothesen entwickeln

Indikation für Hypothesen entwickeln

- Dem Fallerzähler erscheinen die Zusammenhänge in seiner Situation und die Motive der Beteiligten undurchsichtig.
- Der Fallerzähler rätselt darüber, wie eine problematische Situation zustande gekommen sein mag, was sie aufrechterhält und wie sie veränderbar sein könnte.
- Der Fallerzähler sucht nach *neuen* Ansatzpunkten, um seine Situation zu verändern.

Leitfrage für Hypothesen entwickeln

- Welche Hypothesen habe ich über die geschilderten Ereignisse, über die Beziehungen und über das Verhalten der beteiligten Personen?

Beschreibung von Hypothesen entwickeln

Hypothesen sind Annahmen über die Zusammenhänge in unserer komplexen Umwelt. Sie enthalten Vermutungen über Ursachen von Ereignissen, über Erklärungen für Verhalten, über Bedeutungen von Erlebnissen oder über Absichten von Menschen. Wir bewegen uns und handeln in unserem Alltag gesteuert von solchen Annahmen, meist ohne sie uns bewusst zu machen. Unsere Hypothesen sind mächtig, weil das Bild der Wirklichkeit, das durch sie in uns entsteht, meistens so schlüssig auf uns wirkt, dass wir es für wahr halten. Daher stellen wir viele Hypothesen nie infrage, selbst wenn manchmal Zweifel angebracht wären, weil das Verhalten, das wir aus ihnen ableiten, nicht zum gewünschten Ziel führt.

Die Erklärungen, die wir uns bilden, beeinflussen unser Verhalten im Umgang mit anderen Menschen. Je nach den Hypothesen, die wir für zutreffend halten, reagieren wir anders, manchmal sogar gegensätzlich in vergleichbaren Situationen. Wenn ein Mitarbeiter eine Aufgabe nicht in der erwarteten Zeit beendet, dann könnte man verschiedene Erklärungen hierfür finden: Er hat sich nicht genug eingesetzt, war nicht fleißig genug. Die Aufgabe war zu schwierig oder komplex. Er hatte nebenbei noch eine Menge anderer Dinge zu tun. Ihm war die Priorität für die Aufgabe nicht klar geworden. Die Zeit war zu gering bemessen. Er war unerfahren im Bearbeiten solcher Aufgaben, hat womöglich noch nie Aufgaben dieser Art bearbeitet.

Abhängig von der Hypothese, die wir auswählen, weil wir sie für wahrscheinlich halten, reagieren wir ärgerlich, selbstkritisch, besorgt, verständnisvoll oder fürsorglich. Entsprechend unserem inneren Zustand kritisieren wir dann den Mitarbeiter, oder wir nehmen uns vor, die Aufgabe und deren Wichtigkeit demnächst genauer zu erläutern, wir fördern den Mitarbeiter durch Lernangebote, wir bemessen die Zeit für die Bearbeitung der nächsten

Aufgabe großzügiger oder verhalten uns anders. Die Art und die Richtung unserer Hypothesen entscheiden über unser Verhalten in Gesprächen und Begegnungen.

Hypothesen können sich auf verschiedene Aspekte beziehen:
- Ursachenhypothesen beschreiben mögliche Faktoren, die ein Problem auslösen oder aufrechterhalten.
- Zielhypothesen formulieren Motive, Ziele, Zwecke oder Absichten eines beobachteten Verhaltens.
- Bedeutungshypothesen verknüpfen Beobachtungen. Sie verleihen Ereignissen einen Sinn, mit ihnen bewerten wir Handlungen und Ereignisse.

Hypothesen spielen in der Kollegialen Beratung sowohl in der Darstellung des Fallerzählers als auch bei den Zuhörern eine bedeutende Rolle. In den Schilderungen des Fallerzählers sind seine Hypothesen über die Situation enthalten. Die Berater entwickeln beim Zuhören eigene und abweichende Hypothesen über Handlungsabfolgen, auslösende Faktoren, Motive und Gefühle der am Problem Beteiligten. Selbst jeder Frage liegen Hypothesen zugrunde. Sinn dieser Methode ist es, dem Fallerzähler diese alternativen Ursachen-, Ziel- oder Bedeutungshypothesen mitzuteilen, um seinen Denkspielraum zu erweitern. Neue Hypothesen ermöglichen dem Fallerzähler, seine Erlebnisse in einem anderen Licht zu betrachten.

Der Satz, den die Berater zur Einleitung verwenden, lautet: «Eine Hypothese könnte sein, dass ...» Es sollte auch in der Formulierung deutlich werden, dass sie selber nur Spekulationen anstellen. Es geht für die Berater nicht darum, die *eine richtige* Hypothese zu finden. Eher kommt es darauf an, Hypothesen mit Neuigkeitswert zu entwerfen. Gerade eine Vielfalt an Hypothesen führt zu einer Bandbreite von Perspektiven und Möglichkeiten.

Vor allem bieten Hypothesen, die von den gewohnten Beschreibungen abweichen oder ihnen sogar entgegenstehen, neue und überraschende Erkenntnisse. Mit jeder Hypothese erweitert sich der Handlungsspielraum und damit die Basis für Handlungsoptionen, auch wenn sie dem Fallerzähler auf den ersten Blick etwas abwegig vorkommen mögen.

Die Berater sollten sich auf die Entwicklung von Hypothesen konzentrieren, die das Verhalten der Interaktionspartner wertschätzend würdigen und ihnen gute Absichten und lautere Motive unterstellen. Zwischenmenschliche Probleme entstehen auch dann, wenn jemand bei dem Versuch, Gutes zu tun, einen dafür ungeeigneten Weg wählt. Vertrackte Situationen resultieren daher vielfach aus eigentlich gut gemeinten Handlungen der Beteiligten. Deshalb sollte man die Vorstellung ablegen, dass nur die anderen schlechte Absichten haben. Unterstellen wir unseren Gegenübern gute Absichten und lautere Motive, dann können wir selber gelassener handeln und Lösungen entwickeln, mit denen wir den Absichten aller entgegenkommen. Mit wertschätzenden Hypothesen entsteht die Chance, in schwierigen Situationen deeskalierend zu wirken und den zwischenmenschlichen Kontakt zu verbessern. Und wenn Menschen ein von anderen (oder auch ein von ihnen selbst) erwünschtes Verhalten nicht zeigen, deutet das oft darauf hin, dass das alte, «erprobte» Verhalten für sie letztlich den größeren Nutzen bringt (Thönnessen 2001).

Fragen, die die Berater bei der Konstruktion von Hypothesen unterstützen, können sein: «Wie lassen sich die beschriebenen Phänomene (noch) erklären?» / «Wie kommt das Geschehen zustande?» / «Welche Erklärungen für das Verhalten von X und Y sind außerdem denkbar?» / «Welche Phantasien habe ich über die (bislang unbekannten) Motive von X?» / «Was könnten vielleicht Gründe dafür sein, dass ...?» / «Welche Bedeutung könnte dieser Aspekt für Y haben?» / «Was könnte es möglich gemacht haben, dass …?»/«In welchem Zusammenhang kann die Lage oder das Problem auch noch gesehen werden?»

Die Berater äußern ihre Hypothesen, ohne sie oder einander zu bewerten. Sie sammeln alternative Erklärungen, die positiv sein und keine versteckte Kritik enthalten sollten. Nach Ende dieser Sammlung erhält der Fallerzähler Gelegenheit, Stellung zu beziehen. Er sollte kommentieren, welche Hypothesen zutreffen könnten, weil sie Erklärungswert haben, welche zu verwerfen sind, weil sie ihm unschlüssig vorkommen, und welche er selbst noch überprüfen oder beobachten muss, um die Wahrscheinlichkeit bestimmter ansprechender Hypothesen besser einschätzen zu können.

Ablauf bei Hypothesen entwickeln

1. Der Moderator leitet die Methode ein und erklärt, was wichtig ist.
2. Die Berater tragen verschiedene Hypothesen zur Fallschilderung zusammen.
3. Der Fallerzähler schätzt die genannten Hypothesen in Hinsicht auf ihre Plausibilität und Nützlichkeit ein.

Beispiel für Hypothesen entwickeln: «Der Stellvertreter»

Spontanerzählung des Fallerzählers: «Ich leite die Personalentwicklung mit vier Mitarbeiterinnen und Mitarbeitern in einer Maschinenbaufirma. Vor drei Jahren habe ich nach meinem Studium da angefangen und war quasi der ‹Benjamin› der Abteilung. Jetzt bin ich zur Führungskraft geworden und habe ein Problem mit einem Mitarbeiter, der schon lange dabei ist und von dem ich auch vorher eingearbeitet wurde. Während meiner Abwesenheit, in letzter Zeit aber auch in meinem Beisein, führt er sich auf, als wäre er mein Stellvertreter. Immer wenn ich von Trainings zurückkomme, dann ist die Stimmung in der Abteilung gereizter. Seine Kollegen, also meine Mitarbeiter, beschweren sich schon darüber, dass er

Anweisungen erteilt und ihre Arbeit kommentiert. Eine Mitarbeiterin hat mich jetzt zu Hause angerufen und mir mitgeteilt, wie sie ihn darauf angesprochen hat und er daraufhin halb ausgeflippt ist, als ich am Nachmittag bei einer Abteilungsleiterbesprechung war. Jetzt bin ich ziemlich sauer, kann aber auch nicht direkt auf den Mitarbeiter zugehen, ohne zu berichten, woher ich die Informationen habe. Ich finde das reichlich verfahren und weiß nicht, was ich machen soll.»

Vereinbarte Schlüsselfrage: «Welche Ansatzpunkte habe ich, um aus dieser Situation herauszukommen?»

Hypothesen: Bei einer größeren Anzahl von Beteiligten und ihren Verstrickungen kann es sinnvoll sein, zunächst einmal Zusammenhänge in Form von Hypothesen herzustellen, um auch eine komplexe Problemlösung möglich zu machen: «Der Mitarbeiter ist vermutlich tief enttäuscht darüber, dass er nicht Vorgesetzter geworden ist.» / «Wenn Sie selber viel unterwegs sind, könnte sich der Mitarbeiter als geeigneter Stellvertreter anbieten.» / «Ich vermute, dass der Mitarbeiter verunsichert darüber ist, dass Sie nun Chef geworden sind und ihm das von Ihrem gemeinsamen Vorgesetzten nicht genügend verständlich gemacht wurde.» / «Ich könnte mir vorstellen, dass der Mitarbeiter eine herausragende Stellung erreichen möchte, aber nicht weiß, wie er Sie darauf ansprechen soll.» / «Ich könnte mir denken, dass auch die Mitarbeiterin eigene Ziele verfolgt – etwa sich auch als Stellvertreterin zu empfehlen.» / «Meine Hypothese: Die Mitarbeiterin schätzt Sie sehr und möchte Ihnen helfen.» / «Vielleicht erwartet auch die Mitarbeiterin eindeutigere Zeichen dafür, dass Sie jetzt die Abteilung führen.» / «Ich glaube, es könnte dem Mitarbeiter gut tun, wenn Sie ihn fragen würden, was Sie als Vorgesetzter besser machen könnten.» / «Haben Sie schon einmal daran gedacht, den Mitarbeiter tatsächlich zum Stellvertreter zu ernennen und mit ihm klare Spielregeln auszuhandeln?» / «Ich vermute, Sie möchten ihn nicht offen in seine Schranken weisen, weil Sie noch dankbar für die gute Einarbeitung sind.» Usw.

Hinweise für Hypothesen entwickeln

Eine reichhaltige Hypothesensammlung wirkt auf den Fallerzähler überwältigend. Sie ist nicht leicht zu verdauen, weil sie ihm ein abweichendes Denken abverlangt. Der Fallerzähler sollte sich etwas Zeit zur Prüfung lassen und Hypothesen nicht zu schnell als abwegig zurückweisen, weil er damit auch immer Lösungsansätze verwirft, die er mit etwas Phantasie verwirklichen könnte.

Es entsteht manchmal unangemessene Albernheit im Beratungsteam. Manche Hypothesen klingen verwegen und merkwürdig. Die Beteiligten sollten aber im Blick behalten, dass der Fallerzähler dennoch ernsthafte Problemlösungen aus ihnen ableiten könnte.

Überraschungen erfinden

Indikation für Überraschungen erfinden

- Der Fallerzähler beschreibt eine aus seiner Sicht festgefahrene Problemsituation. Er hat bereits viele Möglichkeiten erfolglos ausprobiert und weiß jetzt weder vor noch zurück.

Leitfrage für Überraschungen erfinden

- Mit welchen ungewöhnlichen Ideen könnte der Fallerzähler Bewegung in seine Situation bringen? Welche positive Überraschung könnte er den Beteiligten bereiten?

Beschreibung von Überraschungen erfinden

Manche zwischenmenschlichen Probleme erreichen ein Stadium, in dem sich scheinbar nichts mehr bewegt. Der Fallerzähler beklagt einen Stillstand im Konfliktgeschehen und gleichzeitig großes Unbehagen, weil es nicht vorangeht. Alle gut gemeinten Bemühungen, die festgefahrene Situation zu entspannen, bleiben seiner Ansicht nach wirkungslos. Obwohl der Fallerzähler sich dringend einen Ausweg wünscht, sieht er keine Wege aus der Verstrickung, oder er will nahe liegende Wege aus irgendwelchen Gründen nicht beschreiten.

Hinter einer problematischen Konstellation, die als konstant erlebt wird, kann das System eines so genannten Teufelskreislaufs wirken. Dieser Betrachtung liegt der Gedanke zugrunde, dass sich schwierige Situationen im Wechselspiel zwischen den Beteiligten entwickeln und durch deren Verhalten aufrechterhalten werden. Teufelskreise bilden ein häufiges Muster in konfliktreichen Beziehungen. Ein Vorgesetzter, der sich über mangelndes Engagement eines Mitarbeiters beklagt, übernimmt vielleicht verärgert die Bearbeitung seiner Aufgaben, wodurch er die eigentlich erwünschte Aktivität des Mitarbeiters gleichzeitig unterbindet. Alle ähnlichen Anstrengungen, den Mitarbeiter zum erwünschten Engagement zu bewegen, erbringen keine weitere Lösung. Das Verhalten des einen schließt immer wieder an das Verhalten des anderen an, und so bleibt die Situation stabil. Obwohl sie keiner aufrechterhalten will, trägt doch jeder auf seine Weise dazu bei. Im Modell des Teufelskreises bedeuten solche Verhaltensweisen «mehr vom Gleichen» und lassen den Kreis sich eine weitere Runde drehen. Beide Konfliktpartner provozieren ihr Verhalten wechselseitig, und als Ergebnis erscheint die Situation, die viel Kraft kostet, so, als würde sie sich nicht bewegen. Teufelskreise bilden ein häufiges Muster in Konfliktbeziehungen, sie sind von den Beteiligten aber nur sehr schwer zu entdecken.

Der Ausstieg aus einem festgefahrenen Muster wird für beide Seiten möglich, wenn der Fallerzähler ein unerwartetes Verhalten zeigt, das nicht die gewohnte Reaktion hervorruft, das also im

Kreislauf nicht «mehr vom Gleichen» bedeutet. Da er nahe liegende Ideen meist schon probiert hat, sollte der Fallerzähler bei der Suche nach Alternativen über den Tellerrand sehen und Außergewöhnliches in Betracht ziehen. Gelingt dem Fallerzähler damit eine ausreichend deutlich wahrnehmbare Veränderung seines Verhaltens, dann eröffnet sich die Möglichkeit, das leidvolle System zu unterbrechen und eine positive Bewegung zu fördern. Hierfür kann er bisher gezeigtes Verhalten unterlassen oder bisher unterlassenes Verhalten zeigen. Das kann bedeuten, ein leidiges Streitthema zu umschiffen, eine andere Sprache zu wählen, Lösungen auf einer anderen Ebene zu finden oder zum Beispiel einen Dritten hinzuzuziehen.

Wirksame Unterbrechungen werden häufig durch neuartige Handlungen ausgelöst, die positive Überraschungen enthalten. Bei der Suche nach Erfolg versprechenden Ansätzen, die das erlebte Muster unterbrechen, kann der Fallerzähler durch kreative Ideen unterstützt werden, die auch auf ihn zunächst überraschend, ungewöhnlich oder verrückt klingen mögen.

Die Berater sammeln bei Überraschungen erfinden Ideen, Impulse und Verhaltensweisen, die ungewöhnlich und überraschend wirken können. Es geht nicht in erster Linie darum, sofort realisierbare Ideen zu erzeugen. Die Absicht liegt vielmehr darin, dem Fallerzähler Angebote zu machen, mit denen er gedanklich aus dem Kreislauf ausbrechen kann. Deshalb können auch gewagte Vorschläge ausgesprochen werden, die nicht nur für die Interaktionspartner des Fallerzählers, sondern unter Umständen auch für ihn selbst neu sein könnten. Oft lassen sich aus diesen ausgefallenen Vorschlägen sehr ernsthafte Ideen entwickeln, die dem Fallerzähler weiterhelfen.

Ablauf bei Überraschungen erfinden

1. Der Moderator bittet die Berater, Verhaltensweisen vorzuschlagen, die (positive) Überraschung und damit eine Unterbrechung eines Musters bedeuten könnten.

2. Die Berater tragen Vorschläge zusammen, ohne einander zu bewerten.

Beispiel für Überraschungen erfinden: «Der saure Kunde»

Spontanerzählung des Fallerzählers: «Ich bin interner Projektleiter bei der Abwicklung von IT-Projekten. Es läuft so: Unser Verkäufer bespricht mit den Kunden die Anforderungen an die Software, die in einem so genannten Pflichtenheft festgehalten werden. Wenn der Kunde das entworfene Produkt kauft, übergibt der Verkäufer den Auftrag an mich, und ich habe das Kundenproblem zu lösen. Unser Verkäufer hat einen sehr guten persönlichen Draht zu den Kunden, verspricht aber immer mehr, als wir dann letztlich halten können. Darüber ärgern wir uns ständig, weil die Konflikte bei uns hängen bleiben, wenn wir die Kunden enttäuschen müssen.

Einer unserer Kunden ist jetzt sehr sauer, weil wir nicht halten können, was ihm von unserem Verkaufskollegen versprochen wurde. Er ruft mich seit einer Woche jeden Tag an und beschimpft mich zum Teil auch persönlich. Ich höre da nur halb zu und vertröste ihn dann irgendwie. Ich würde den Kunden gerne an meinen Kollegen aus dem Verkauf verweisen, der macht aber zurzeit einen längeren Urlaub.

Inhaltlich geht es zurzeit darum: Wir haben eine Einrichtung vorinstalliert, für die noch bestimmte Zuarbeiten gemacht werden müssen. Die Zuarbeiten haben wir an einen externen Dienstleister abgegeben, nur der kommt mit seinen Arbeiten nicht nach. Prekär ist, dass in unserem Kontrakt steht: Wenn die Leistungen des Subunternehmers nicht fertig sind, müssen wir für den Ausfall zahlen. Und davor stehen wir jetzt. Wenn ich das heute dem Kunden erzähle, ist der trotzdem sauer. Der will ja seine Installation fertig haben und nicht primär weniger Geld zahlen. Es ist ein wichtiger Kunde, und mir geht es mit der gesamten Situation nicht gut. Das geht schon seit Wochen so. Und heute ruft der Kunde bestimmt wieder an oder erwartet meinen Anruf. Nur: Ich kann ihm nichts Neues sagen. Die Situation ist ziemlich festgefahren, der Kunde ist auch so schnell gereizt.»

Vereinbarte Schlüsselfrage: «Welche Möglichkeiten habe ich, um aus dieser Situation herauszukommen?»

Überraschungen erfinden: Die Berater hören, dass der Fallerzähler die Situation als festgefahren erlebt. Daher schlagen sie ihm neuartige Lösungen vor, die seine gedanklichen Grenzen überschreiten: «Jeden Tag den Kunden anrufen und sagen: ‹Wir haben noch mehr Schwierigkeiten als erwartet.›» / «Den Subunternehmer ersetzen.» / «Dem Kunden anbieten, einen Wettbewerber das Problem lösen zu lassen.» / «Dem Kunden kündigen.» / «Selber in den Urlaub gehen.» / «Zum Kunden fahren und ihn zum Mittagessen einladen.» / «Den Verkäufer sofort aus dem Urlaub holen.» / «Dem Kunden jeden Tag ein kleines Geschenk als Trost zusenden.» / «Beim Vorgesetzten des Kunden sich über dessen mangelnde Zusammenarbeit beschweren.» / «Dem Kunden gegenüber sehr selbstbewusst auftreten.» / «Eine eigene Firma gründen und das Projekt selber machen.» / «Dem Kunden das Du anbieten.» / «Eine gemeinsame Zwischenbilanz machen, in der Sie dem Kunden für seine Geduld danken.» / «Mit dem Kunden zusammen einen Ausflug machen.» Usw.

Epilog: Der Fallerzähler nahm aus dieser Beratung die starke Ermutigung mit, den Konflikt mit mehr Abstand und weniger persönlich zu nehmen, dem Kunden gegenüber selbstbewusster aufzutreten und die Probleme mit ihm offener zu erörtern.

Hinweise für Überraschungen erfinden

Die Wahl dieser Methode sollte auf jeden Fall im Einvernehmen mit dem Fallerzähler geschehen, sonst zeigt er nicht die Bereitschaft, den Vorschlägen offen zuzuhören und aus ihnen das Machbare zu extrahieren.

Wenn dem Fallerzähler die Überraschungen zu abwegig erscheinen, um mit ihnen etwas anfangen zu können, kann die Gruppe gemeinsam versuchen, im Anschluss an die Sammlung den machbaren Kern der Überraschungen herauszuschälen.

Umdeuten

Indikation für Umdeuten

- Die Fallerzählung wird beherrscht von Klagen über die Umstände der Problemsituation und von Kritik am Verhalten beteiligter Kollegen, von Kunden, Vorgesetzten oder Mitarbeitern.

Leitfrage für Umdeuten

- Wie könnte man die Problemsituation, Teilaspekte davon oder die Absichten und das Handeln der Beteiligten positiv bewerten und damit umdeuten?

Beschreibung von Umdeuten

Es geschieht häufig, dass der Fallerzähler in seiner Erzählung ein Bild entwirft, in dem sich die äußeren Umstände und die beteiligten Personen gegen ihn verbündet zu haben scheinen. Er übt heftige Kritik am Verhalten und an den vermuteten Motiven anderer. Er beklagt eine Situation, die ihm das Handeln erschwert. Er lässt dabei durchblicken, dass er sich eigentlich eine Veränderung seiner Interaktionspartner wünscht, weil er in deren Verhalten die

Ursachen sieht. Er erwartet von den Beratern im Grunde genommen eine Bestätigung dieser Haltung und nachfolgend Tipps, wie sich unerwünschtes Verhalten und negative Einstellungen der «Schuldigen» korrigieren ließen.

Menschen ohne deren Bereitschaft und Mitwirken zu verändern oder zu erziehen ist unmöglich. Daher kann der Fokus der Beratung nur darin bestehen, dem Fallerzähler eine neue Haltung zu ermöglichen, mit der sich für ihn andere Optionen eröffnen. Einen Ansatz hierzu bietet das Umdeuten, manchmal auch «positives Konnotieren» oder «Reframing» genannt. Umdeuten heißt hier, negativen Aspekten gute Seiten abzugewinnen oder den Beteiligten gute Absichten mit unbeabsichtigten negativen Folgen zu unterstellen. Dazu gehört auch, ernsthaft den positiven Sinn oder Nutzen des augenscheinlich negativen Verhaltens zu reflektieren und ihm somit eine neue Bedeutung zu verleihen, die anderes Handeln ermöglicht. Man gibt den Dingen im bildlichen Sinn einen anderen Rahmen, der den Blickwinkel erweitert und andere Zusammenhänge verdeutlicht.

Man kann davon ausgehen, dass jedes Verhalten aus der Sicht des Handelnden anfangs mit einer für ihn guten Absicht verbunden ist. Er handelt immer im Rahmen der ihm zur Verfügung stehenden Möglichkeiten und entscheidet sich für ein Verhalten, das zurzeit den besten Erfolg verspricht. Jeder kann diese Aussagen leicht auf sich beziehen, auch dann, wenn die Folgen für ihn selber und für andere unerwartet negativ sind. Konfrontiert mit negativen Auswirkungen des Verhaltens anderer, fällt es jedoch sehr schwer, dem Gegenüber *kein* negatives Motiv zu unterstellen. Insbesondere bei Konflikten tendieren Menschen dazu, sich selbst gute Absichten und dem Streitpartner unlautere Motive zu unterstellen. Diese Zuschreibung trägt meist zu einer Verhärtung der Standpunkte bei, weil beide Seiten sich wechselseitig den größeren Veränderungsbedarf zuschieben. Oft klärt sich ein Konflikt erst dann auf, wenn deutlich geworden ist, dass die Beteiligten ursprünglich gut gemeinte Absichten verfolgten, das Verhalten unwissentlich und unbeabsichtigt aber ganz anders erlebt wurde.

Natürlich lassen sich auch schwierigen Situationen positive Seiten abgewinnen, wenn man einzelne Aspekte hervorhebt, sie in einen weiteren Kontext stellt und ihnen einen neuen Sinn verleiht. Der Streit zwischen zwei Personen könnte so gedeutet werden, dass die von ihnen verfolgten Lösungen noch nicht das Optimum für beide bedeuten, welches sie aber gemeinsam erreichen wollen. Betroffenen fällt es in der Regel zuerst schwer, sich von ihrer bisherigen Sicht zu lösen und auf eine solche Umdeutung einzulassen. Zu bedenken ist allerdings, dass der Fallerzähler, wenn er schwierige Probleme in der Beratung vorbringt, die nahe liegenden Möglichkeiten, die sich aus seiner Sicht der Dinge ergeben, bereits erfolglos ausgeschöpft hat. Vielleicht sind die als Lösungsversuche gedachten Verhaltensweisen auch schon zum Teil des Problems geworden (Watzlawick 1993). Mit Hilfe der Um-Bewertung von Problemaspekten lässt sich die Energie in eine andere Richtung lenken, dann ergeben sich erfolgversprechendere Ansatzpunkte für eine Lösung.

In zahlreichen Beratungs- und Verhandlungssituationen haben sich Umdeutungen als äußerst hilfreich erwiesen, weil sich mit ihnen plötzlich neue Wege eröffnet haben. Neue Bewertungen haben zu Lösungen geführt, die man vorher für undenkbar hielt. Deutet man zum Beispiel störendes Verhalten eines Schülers als Wunsch nach Zuwendung, der von ihm anders nicht ausgedrückt werden kann, können Lehrer Schulkinder durch Integration gezielt fördern, statt sie zurechtweisen zu müssen. Manchmal bietet dieser ungewöhnliche Umweg den kürzeren Weg zum Ziel.

Das Umdeuten in der Kollegialen Beratung geschieht mit der Absicht, der Situation des Fallerzählers und dem Verhalten der daran beteiligten Menschen Besseres abzugewinnen. In gewissem

Sinn wird die Erzählung des Fallerzählers «schöngeredet». Hierbei werden neue Deutungen entwickelt, welcher Sinn dem Verhalten Beteiligter *noch* zugeschrieben werden könnte. Wird von schwierigen Mitmenschen berichtet, dann gehen die Berater davon aus, dass sich hinter deren Verhalten gute Absichten (oder zumindest keine schlechten) vermuten lassen. Die Berater sammeln mögliche Motive und Bewertungen, die vom Fallerzähler bislang nicht bedacht wurden. Sie greifen Einzelaspekte heraus, denen sie neue Bedeutungen verleihen. So erhält der Fallerzähler eine Reihe von neuen Deutungen, die ihm eine andere Einordnung des Erlebten und in der Folge einen anderen Umgang mit der Situation ermöglichen. Wichtig ist in jedem Fall, dass das Anliegen des Fallerzählers und seine bisherigen Bemühungen gewürdigt werden.

Der Fallerzähler ist zu Beginn des Umdeutens aufgefordert, seine Problemsicht und das fragliche Verhalten noch einmal in fünf bis acht kurzen Sätzen darzustellen. Diese Sätze werden vom Sekretär auf dem Flipchart mitgeschrieben. Der Fallerzähler sollte die Dinge aus seiner Sicht auf den Punkt bringen, ohne sie abzumildern. Jeder Berater überlegt sich dann zu jedem einzelnen Satz eine Umdeutung – um jeden Preis –, sodass er hinterher einen für den Vortragenden positiven Sinn enthält. Der Moderator veranschlagt für diese stille Phase der Beratung etwa eine Minute pro Satz. Anschließend liest er vom Flipchart jeweils einen Satz vor, worauf die Berater ihre umgedeuteten Alternativsätze vortragen (Herwig-Lempp 1997). Das Umdeuten erzeugt möglicherweise zunächst Schmunzeln und Heiterkeit beim Fallerzähler wie auch bei den übrigen Beteiligten. Der Fallerzähler gewinnt jedoch neben möglichen neuen Sichtweisen auch hilfreichen Abstand zu seiner Problemauffassung.

Ablauf bei Umdeuten

1. Der Moderator umreißt den Ablauf des Umdeutens.

2. Der Fallerzähler formuliert fünf bis acht Sätze, die das Problem und das Verhalten der daran beteiligten Personen aus seiner Sicht zusammenfassen.

3. Diese Sätze werden vom Sekretär auf einem Flipchart notiert.

4. Die Berater entwickeln in Stillarbeit zu jedem dieser Sätze positive Umdeutungen (1 Minute Zeit pro Satz).

5. Der Moderator liest jeden Ursprungssatz nacheinander laut vor, anschließend präsentiert jeder Berater seine Umdeutung dieses Satzes. Diese Umdeutungen werden vom Sekretär protokolliert.

Beispiel für Umdeuten: «Der Routinier»

Spontanerzählung des Fallerzählers: «Ein Mitarbeiter von mir, der bringt mich auf die Palme. Er ist schon lange im Unternehmen und auf seinem Arbeitsplatz. Von dem kommen keine Impulse. Er will sich offenbar nicht einbringen, er hat seine Nische in der Sachbearbeitung gefunden, und da ist er auch ganz gut drin. Von mir will er nur Daten und Zahlen, damit er arbeiten kann. Dabei erwarte ich auch mal, dass er sich von sich aus einbringt. Dann hat er auch seinen Arbeitsstil, von dem weicht er keinen Deut ab. Wenn mal eine Änderung kommt, dann klinkt er sich aus. Überhaupt nimmt er nicht am Teamleben teil, er ist ein richtiger Einzelgänger. In die Kantine geht er pünktlich jeden Tag zur selben Zeit, aber immer alleine. Ich komme kaum an ihn ran – wenn ich ein Gespräch anfangen will, dann weicht er aus.»

Vereinbarte Schlüsselfrage: «Wie kann ich mit dem Mitarbeiter umgehen, damit es für mich als Führungskraft und für das Team besser wird?»

Umdeuten: Die erste Überlegung der Berater ist, dem Fallerzähler einen ‹anderen› Mitarbeiter anzubieten, indem Kernaussagen der bisherigen Erzählung umgedeutet werden.

Kernaussagen des Fallerzählers am Flipchart und Umdeutungen der Berater am Flipchart

1. Der Mitarbeiter will sich nicht einbringen, es kommen keine Impulse.

«Er wartet auf eine Einladung und persönliche Ansprache.» / «Er hält die anderen im Team für kompetent genug, die Dinge für ihn mit zu lösen.» / «Er würde sich gerne einbringen, fühlt sich aber als ‹altes Eisen› unter all den jüngeren Kollegen.» / «Er bildet einen Ruhepol im Team.» / «Er traut sich nicht, Vorschläge zu machen, weil er befürchtet, dass sie abgelehnt werden.» / «Er befürchtet, dass er in Diskussionen nicht mitkommt.»

2. Der Mitarbeiter ist ein Einzelgänger und nimmt nicht am Teamleben teil.

«Er ist selbstbewusst, unabhängig und genügsam.» / «Er ist auch so zufrieden.» / «Er kann sich alleine besser konzentrieren.» / «Ihn irritieren die Jüngeren im Team.» / «Er möchte nicht abgelenkt werden.» / «Er ist schüchtern, verunsichert und zurückhaltend.» / «Er wünscht sich, in Maßen von anderen angesprochen zu werden.» / «Er fühlt sich unwohl als ‹altes Eisen› unter so vielen Jüngeren.» / «Er kommt gut mit sich alleine zurecht und braucht keinen regelmäßigen Austausch mit anderen.»

3. Er weicht nicht von seinem Arbeitsstil ab.

«Er sieht seine Stärken bei der Bearbeitung von Standardaufgaben.» / «Er ist routiniert, sicher und erfahren.» / «Er ist eine

Stütze und Garant für Kontinuität im Team.» / «Man weiß immer, wo man bei ihm dran ist. Auf ihn ist Verlass.» / «Er schützt sich vor Überforderung.» / «Er hat sich auch schon bei anderen Vorgesetzten behauptet.» / «Neuerungen lösen bei ihm Unwohlsein aus.»

4. Er will immer nur Zahlen und Fakten.	«Er empfindet es als Wertschätzung, wenn er mit harten Daten arbeiten kann.» / «Er sorgt dafür, dass das Team bei den Tatsachen bleibt und nicht wild herumspekuliert.» / «Der Arbeitsstil des Teams ist ihm zu fremd, chaotisch und verwirrend.» / «Er fühlt sich unwohl, wenn es um Meinungen und Interpretationen geht.»
5. Gesprächsversuche sind bisher gescheitert.	«Es gab noch keine wirklich passende Gelegenheit, in Ruhe darüber zu reden.» / «Sie haben beide Respekt voreinander und fürchten, dass eine Aussprache unangenehme Folgen haben könnte.» / «Sie wissen beide nicht, wie sie das Thema konstruktiv ansprechen können.» / «Sie haben noch nicht das entsprechende Vertrauensverhältnis, um solche Dinge offen anzusprechen.» / «Lieber so weitermachen, als ein Risiko einzugehen.» / «Sie beide sorgen sich, dass sie sich lediglich wechselseitig kritisieren werden. Daher tut jede Seite auf irgendeine Art das ihr Mögliche, um dieses Gespräch zu verhindern.»

Hinweise für Umdeuten

Beim Umdeuten ist aufseiten der Berater viel Fingerspitzengefühl notwendig: Der Grat zwischen positivem Umdeuten und Euphemismen kann sehr schmal sein, sollte aber nicht überschritten werden.

Die zweite Seite der Medaille

Indikation für Die zweite Seite der Medaille

- Der Fallerzähler klingt niedergeschlagen, frustriert und skeptisch. Er berichtet einseitig von eigenen Misserfolgen und übt relativ viel Selbstkritik an seinem Verhalten.
- Bei den Beratern entsteht der Eindruck, dass das bisherige Verhalten des Fallerzählers gewürdigt werden sollte, bevor dieser seinen Blick nach vorne richten kann.

Leitfrage für Die zweite Seite der Medaille

- Was gibt es an Positivem in der Fallschilderung, in der Situation und im Verhalten des Fallerzählers zu entdecken? Was lässt sich über die Stärken, Erfolge und Fortschritte des Fallerzählers vermuten?

Beschreibung von Die zweite Seite der Medaille

Fallschilderungen teilen unweigerlich etwas über die Stimmungslage, das Selbstbild und die Erzählperspektive des Erzählers mit. Darin ist auch enthalten, welche Verantwortung er sich selbst für Erfolge oder Schwierigkeiten zuschreibt. In manchen Berichten zeichnen die Fallerzähler ein düsteres Selbstbild. Sie berichten von Mühen und Schwierigkeiten, von Misserfolgen und Fehlschlägen. Kaum etwas scheint ihnen zu gelingen, ihre Möglichkeiten erscheinen erschöpft und Erfolge nicht absehbar.

Die Mitteilungen des Fallerzählers sind untrennbar mit dem Standpunkt des Fallerzählers verknüpft. Seine persönliche Sicht der Dinge bestimmt die Auswahl der Informationen und die Art der Darbietung. Wenn wir über Ereignisse berichten, blenden wir bestimmte Informationen und Details ein und andere aus. Wir betonen die uns wichtigen Aspekte und erwähnen unwichtige vielleicht nur in Nebensätzen. Wir wählen Worte, die unserer Stimmung und Erzählabsicht entsprechen und entscheiden uns automatisch gegen andere, die nicht zu diesem Bild passen. Mit diesen Akzenten entsteht eine Problemschilderung, die bei Zuhörern bestimmte Vorstellungen und Gefühle auslöst (z. B. Anteilnahme, Mitleid oder Zustimmung).

Aus einer anderen Perspektive erzählt, wird sich die Situation für den Fallerzähler anders anhören. Mit abweichenden Beschreibungen, Erklärungen und Bewertungen entstehen neue Bilder, die andere Schlussfolgerungen und Lösungsmöglichkeiten zulassen. Nach einer Fallschilderung, die sehr einseitig ausfiel, skizzieren deshalb die Berater die – vom Fallerzähler ausgeblendete – zweite Seite der Medaille[*]. Sie spiegeln ihm bei dieser Methode wider, was sie an Gutem, Erfolgreichem und Funktionierendem über ihn, seine Einstellungen und sein Verhalten gehört haben. Dadurch rücken sie Erfolge, bereits Erreichtes, Fortschritte und Selbstverständliches anerkennend in den Mittelpunkt. Sie werden zu Anwälten der anderen Seite. Wenn sich der Fallerzähler klein macht, fahnden sie nach den Dingen, in denen er sich groß zeigt. Wenn er sich schwach schildert, betonen sie seine Stärken. So vervollständigen sie das Gesamtbild.

Die Berater gehen die Schilderungen des Fallerzählers noch ein-

---

[*] Ein vergleichbares Bild ist die Metapher vom halb vollen oder halb leeren Wasserglas (was allgemein als Beispiel für Optimismus oder Pessimismus gilt): Der Fallerzähler berichtet stets davon, dass eine Hälfte fehlt, während die Berater ihm aufzeigen, dass immerhin die halbe Menge schon drin ist.

mal für sich durch und konzentrieren sich dabei auf diejenigen Elemente, die in der Erzählung nur nebenbei oder als selbstverständlich mitgeteilt wurden. Sie zeichnen daraus einen positiven Gegenentwurf zu den Schilderungen des Fallerzählers. Sie heben in ihren Beiträgen hervor, was man positiv bewerten, was man als guten Ansatz betrachten und was man als gelungen beschreiben könnte – was manchmal schon dazu führen kann, dass sich die Situation des Erzählers stabilisiert und nicht weiter verschlechtert. Sie betonen seine Stärken, seine Fähigkeiten und Ressourcen. Sie blenden bewusst aus, was der Fallerzähler zuvor bereits betont hat: Misserfolge, Rückschläge und Negatives. Sie würdigen die Mühen des Fallerzählers angemessen, lassen sich aber nicht von der bedrückten Stimmung des Fallerzählers anstecken.

Die bisherige Perspektive des Fallerzählers lässt für ihn ein bestimmtes Spektrum an Verhaltensmöglichkeiten zu und schließt andere aus. Durch das Verschieben des Erzählschwerpunktes entsteht eine neue Geschichte, die ganz anders klingt als zuvor. Damit ergibt sich für den Fallerzähler die Chance, neu über sich und die Problemsituation nachzudenken und ihr neue, bessere Seiten abzugewinnen. Er kann eine andere Perspektive einnehmen und mit dieser Perspektive neue Handlungsoptionen entdecken. In der Regel wirkt dieses Verfahren sehr aufbauend. Die verstärkte Beachtung und Neueinschätzung seiner Möglichkeiten und Verhaltensweisen ermöglicht ihm eine Steigerung seines Selbstwertes und gibt Zuversicht in einer verfahrenen Situation.

Natürlich bilden die Vorschläge der Berater nur *Versuche* einer Neubewertung des Erzählten. Der Fallerzähler behält, wie immer, die volle Freiheit, bestimmte Aspekte zu übernehmen und andere abzuweisen. Von ihm wird nicht erwartet, dass er die Perspektiven der Berater übernimmt. Er sollte jedoch die Chance ergreifen, einen Perspektivwechsel vorzunehmen.

Diese Methode ähnelt in gewisser Hinsicht dem Umdeuten

(siehe S. 180), und beides kann fließend ineinander übergehen. Allerdings liegt der Schwerpunkt hier auf dem Verhalten und den Selbsteinschätzungen des Fallerzählers, während es beim Umdeuten um das Verhalten anderer und den als ungünstig erlebten Kontext geht. Mit der Möglichkeit, entweder den Schwerpunkt stärker auf das Verhalten der Interaktionspartner zu legen oder auf das Verhalten des Fallerzählers, kann das Beratungsteam gezielt auf den Fokus der Spontanerzählung reagieren.

Ablauf bei Die zweite Seite der Medaille

1. Der Moderator erklärt das Prinzip des Bausteins.

2. Der Moderator gibt den Beratern einen kurzen Moment Zeit, den Bericht des Fallerzählers innerlich durchzugehen und auf die Dinge zu achten, die man positiv anerkennen könnte.

3. Die Berater formulieren nacheinander jeweils einen positiven Aspekt oder eine Anerkennung, die ihnen angemessen erscheint.

Beispiel für Die zweite Seite der Medaille: «Gerüchte»

Spontanerzählung des Fallerzählers: «Ich bin interner Coach bei einem größeren Automobilzulieferer. Einer meiner Kunden ist eine Führungskraft, die gerne Werksleiter werden möchte. Das bedeutet, dass er wesentlich mehr Personalverantwortung übernähme als heute. In einer vor Monaten erfolgten Potenzialbeurteilung wurde ihm ein Defizit an sozialer Kompetenz rückgemeldet, die er noch zu entwickeln habe. Ich kann das nach der bisherigen Arbeit mit ihm persönlich ein bisschen nachvollziehen. Die Führungskraft versteht aber im Gespräch nicht so recht, was das bedeutet. Der Mann scheint auf der fachlichen Seite wirklich exzellent zu sein. Er sieht sich schon jetzt in der Position des Werksleiters. Heute ist er für einen Werksteil zuständig. Der Coaching-Auftrag an mich lautete, ihn bei der Entwicklung sozialer Kompetenzen zu unterstützen. Wir haben mittlerweile die vierte

Sitzung gehabt, und ich kann kaum die Fortschritte erkennen, die notwendig wären. Er sieht das Problem nicht und ist zufrieden mit dem bisherigen Verlauf.

Jetzt habe ich über Umwege von oben gehört, dass mein Kunde vermutlich noch nicht für die Führungsposition infrage kommt. Am Ende des Coaching-Prozesses soll es eine Auswertung geben, bei der auch der Vorgesetzte meines Kunden teilnimmt. Es wird erwartet, dass ich eine eigene Einschätzung abgebe. Und nun habe ich noch zwei Coaching-Sitzungen bis dahin, wo ich schon weiß, dass seine Karriere nicht so schnell weitergeht, wie er denkt. Ich vermute auch, dass der Vorgesetzte bei dem Meeting seine Entscheidung auf meine Einschätzung gründen oder zumindest damit in Zusammenhang bringen wird.

Mir geht es schlecht damit. Ich kann ihm ja nicht einfach sagen, was ich gehört habe. Mir geht nicht aus dem Sinn: Hätte ich früher reinen Wein einschenken sollen, klarer reden? Deshalb denke ich jetzt, dass ich meinen Job nicht richtig gemacht habe.»

Vereinbarte Schlüsselfrage: «Bin ich meinem Job bislang gerecht geworden?»

Die zweite Seite der Medaille: In der Gruppe stellte sich der Eindruck ein, dass der Fallerzähler sich sehr verunsichert zeigt. Daher der Blick auf die zweite Seite mit dem Versuch, das Gehörte wertzuschätzen: «Das Einschenken reinen Weins gehört meiner Meinung nach nicht zu Ihrer Rolle. Ihr Kunde ist dafür verantwortlich, die Reinheit des Weins zu überprüfen.»/«Sie zeigen hohen Respekt vor der Selbsterkenntnis ihres Kunden.»/«Sie haben sich offenbar bisher dafür entschieden, die Verantwortung für die Veränderungen bei Ihrem Kunden zu belassen.»/«Ich höre aus ihren Schilderungen heraus, dass Sie ihren Kunden zu schätzen gelernt haben.»/«Sie erkennen die schwierige Situation, die Ihnen bevorsteht, sehr klar.»/«Wenn Sie in der Auswertung mit Ihrer Klarheit betonen, dass Sie für die Begleitung, Ihr

Kunde aber für die Veränderung verantwortlich ist, haben Sie gute Karten.» / «Vielleicht ist Ihre innere Theorie, dass die Entwicklung der erforderlichen Kompetenzen Ihres Kunden einfach mehr Zeit braucht.» / «Bisher wussten Sie nichts von den Gerüchten, jetzt sind Sie in der Lage, diese in der nächsten Coaching-Sitzung zu berücksichtigen.» / «Wenn Ihr Kunde so viel soziale Kompetenz zeigt wie Sie hier, dann bekommt er den Job.» / «Sie zeigen sich sehr engagiert für Ihren Kunden.» / «Die Reflexion über Ihre Rolle und Verantwortlichkeit ist für mich ein Zeichen Ihrer Professionalität.» Usw.

Epilog: In einer weiteren kurzen Beratungsrunde, erhielt der Fallerzähler noch einige Tipps für den weiteren Coaching-Prozess.

Hinweise für Die zweite Seite der Medaille

Die Berater sollten immer an Gehörtes (oder über den Fallerzähler Bekanntes) anknüpfen und keine Stärken, Eigenschaften oder Erfolge erfinden. Wenn sie Vermutungen äußern, dann sollten sie diese auch sprachlich kenntlich machen. Sie sollten ebenfalls deutlich machen, worauf sich diese Vermutungen gründen. Andernfalls besteht die Gefahr, dass der Fallerzähler sich nicht ernst genommen fühlt und sie zurückweist. Es darf keine Stimmung entstehen, die Zweifel am Bemühen um Anerkennung aufkommen lässt.

Identifikation

Indikation für Identifikation

- Für den Fallerzähler sind die Positionen der Personen, die an der Problemsituation beteiligt sind, unklar und unerklärlich. Er kann kaum Vorstellungen davon entwickeln, was in seinen Interaktionspartnern vor sich geht, was sie denken oder fühlen.

- Die Berater möchten dem Fallerzähler näher bringen, was andere am Problem Beteiligte empfinden könnten, damit er deren Sichtweisen in seinen Lösungsansätzen berücksichtigen kann.

Leitfrage für Identifikation

- Wie würden die Interaktionspartner die Situation wohl beschreiben? Was empfinden die Interaktionspartner, was denken sie über die Problemsituation, und wie sehen sie den Fallerzähler vermutlich?

Beschreibung von Identifikation

In der Spontanerzählung bietet der Fallerzähler den Beratern den Sachverhalt und die Bewertungen der Problemsituation aus *seiner* subjektiven Perspektive. Sie sind seine *Wahr*nehmungen und repräsentieren damit seine «*Wahr*heit». Die Positionen und das Innenleben anderer beteiligter Personen, ihre Gefühle, ihre Gedanken und Meinungen zur Situation sind in der Falldarstellung meist unterrepräsentiert, dem Fallerzähler oft auch unzugänglich. Die anderen «Wahrheiten» fehlen also zunächst. Oft werden Situationen jedoch ganz unterschiedlich wahrgenommen und bewertet; an einer guten Lösung müssten daher alle beteiligt werden. Um auf der Grundlage eines umfassenderen Gesamtbildes beraten zu können, wäre es natürlich sinnvoll, die übrigen Beteiligten einzuladen und sie über ihre Perspektiven zu befragen. Dann ergäbe sich ein Gesamtbild aus unterschiedlichen Wahrheiten, Wahrnehmungen und Eindrücken. Das ist jedoch schon in der Praxis kaum möglich, weil offene Gespräche darüber nicht üblich sind.

Mit der Identifikation wird diese Informationslücke experimentell überbrückt. Die Berater nehmen die Positionen übriger am Geschehen Beteiligter (und auch die des Fallerzählers selber) ein und thematisieren deren mögliches Erleben, ihre Erwartungen und Befürchtungen. Sie spekulieren aus diesen Rollen heraus über Gedanken und Gefühle, die die «Wahrheiten der anderen Seiten» darstellen könnten. Sie identifizieren sich bewusst mit den Interaktionspartnern des Fallerzählers und vervollständigen damit das Gesamtbild der Problemsituation. Diese zusätzlichen Perspektiven werden dabei nicht als mehr oder weniger wahr bzw. gültig angesehen als die Sichtweise des Fallerzählers. Mit ihrer Hilfe erweitert sich aber die Arbeitsgrundlage, auf der später Lösungsmöglichkeiten entwickelt werden.

Den Beratern gelingt es meistens beeindruckend, sich in die Rollen derjenigen Menschen hineinzuversetzen, von denen der Fallerzähler berichtet. Durch den Rollenwechsel können die Berater die von ihm geschilderten wahrnehmbaren Ereignisse und Verhaltensweisen in einem neuen Licht erscheinen lassen. Diese veränderten Lichtverhältnisse fördern das Fremdverstehen des Fallerzählers und helfen ihm dadurch, Lösungen zu entwickeln, die die Erwartungen und die Gemütslagen der Interaktionspartner einbeziehen.

Bei der Identifikation nehmen die Berater die Rollen der Interaktionspartner des Fallerzählers ein und phantasieren über deren Gefühle und Gedanken in Bezug auf die problematische Situation. Sie versuchen, sich ein inneres Bild von der Situation der anderen zu machen und deren Sichtweise und Erleben nachzuvollziehen. Sie lassen die Fallerzählung noch einmal Revue passieren und ergänzen, wie die am Geschehen Beteiligten die Sache sehen oder empfinden könnten.

Die Berater sprechen ihre Einfühlungsversuche aus der jeweiligen Rolle heraus in Ich-Form: «Mir als Herrn Meier geht es so: ... und ich empfinde dabei ...» Sie nehmen auch die Rolle des Fallerzählers ein. Dabei benennen sie Gedanken, Ängste, Absichten, positive oder negative Gefühle, Wünsche oder Meinungen. Sie

Die Berater schlüpfen in die Gedanken- und Gefühlswelt der in der Fallerzählung erwähnten Beteiligten.

unterlassen Lösungs- oder Verhaltensvorschläge. Wichtig ist auch
bei der Methode der Identifikation, dass die Berater jeweils unterschiedliche Aspekte betonen, vielleicht sogar gegensätzliche Vorschläge machen.

Es gibt zwei Möglichkeiten für den Ablauf der Identifikation. Bei
der ersten benennt der Moderator die Interaktionspartner nacheinander, beispielsweise zunächst Person A, dann Person B usw.
Wer etwas aus der jeweiligen Perspektive beisteuern kann, nennt
seinen Beitrag. Damit erhält der Fallerzähler die vermuteten Perspektiven einer Person gebündelt, was ihm das Nachempfinden
erleichtern kann.

Beim anderen Ablauf identifizieren sich die einzelnen Berater nach eigenen Vorlieben mit den beteiligten Personen und halten sich dabei an keine feste Abfolge. Sie wählen die Rollen, mit denen sie sich am ehesten identifizieren können. Dieser Ablauf macht die Identifikation leichter und kommt deshalb häufig den Beratern entgegen. Die Dokumentation der Beraterbeiträge durch einen Sekretär ist in jedem Fall erforderlich.

Ablauf bei Identifikation

1. **Der Moderator erläutert den Ablauf der Identifikation.**
2. **Die Berater identifizieren sich entweder frei oder in einer vom Moderator benannten Reihenfolge mit dem Fallerzähler und seinen Interaktionspartnern und sprechen aus diesen Rollen heraus.**
3. **Der Moderator fordert die Berater auf, sich wieder ganz in ihre eigenen Rollen zu begeben.**

Beispiel für Identifikation: «Der Kunde auf dem Absprung»

Spontanerzählung des Fallerzählers: «Ich bin Mitte 30 und habe eine leitende Position in einer Agentur inne. In meinem Unternehmen betreue ich diverse Projektteams, die sowohl kreativ als auch betriebswirtschaftlich arbeiten. Ich selber habe einen kreativen Hintergrund. Die Teams betreuen wiederum unsere Kunden relativ selbständig. Ich bin jeweils nur beim Auftakt dabei und gehe am Anfang auch mit zu den Kunden. Später bin ich dann als Betreuer der Teams im Hintergrund tätig und unterstütze sie auf deren Anfrage hin. Die Teams haben da laut Job-Description eine gewisse Holschuld.

Jetzt steht eine große Präsentation bei einem wichtigen, aber auch schwierigen Kunden an. Und es gibt ein erhebliches Problem. Der Kunde ist bisher unzufrieden mit den Lösungen, die das Team ihm angeboten hat. Das Team hatte bei mir bislang nicht nach einer Beratung gefragt, aber bei einem Meeting vor drei

Tagen hat mir die Projektleiterin von diesen Problemen berichtet: In der nächsten Woche steht eine Präsentation an, und das Team kann keine zufrieden stellende Lösung präsentieren, obwohl es schon sehr lange daran arbeitet. Ich bin deshalb ziemlich ärgerlich geworden. Die Projektleiterin ist ziemlich verzweifelt, sie hat auch keine sachliche Lösung, nur eines steht fest: Der Termin kann nicht abgesagt werden.

Ich habe auf ihre Bitte hin dann eingewilligt, die Präsentation zu machen, weil ich ja letztlich auch verantwortlich bin. Nun habe ich aber doch Magenschmerzen, weil ich nicht weiß, was ich präsentieren soll. Mit dem Kunden hatte ich auch schon zu tun, der ist ziemlich unklar in seinen Anforderungen an das Produkt und in seinen Erwartungen an uns. Er zögert mit klaren Festlegungen oder Vorgaben.

Jetzt habe ich noch drei Tage Zeit, um eine Lösung zu finden.»

Vereinbarte Schlüsselfrage: «Wie kann ich vorgehen, dass der Kunde nicht abspringt?»

Identifikation: Im Lauf der Methodenwahl diskutieren die Gruppenmitglieder, dass es für eine Lösungsfindung wichtig sein könnte, die Positionen, Erwartungen und Befürchtungen der am Problem Beteiligten zu berücksichtigen. Sie vereinbaren als Vorgehen die Identifikation, weil sie vermuten, dass eine gute Lösung für den Fallerzähler in der Vermittlung der unterschiedlichen Interessen liegen könnte. Als Identifikationsfiguren werden vereinbart: der Kunde, die Projektleiterin, die Mitglieder des Projektteams und der Fallerzähler in seiner Rolle als Projektberater. Man einigt sich darauf, dass die Positionen der Figuren nacheinander eingenommen werden, also nicht durcheinander.

Identifikation mit dem Kunden: «Ich bin unzufrieden, dass wir mit denen noch nicht weiter sind, die haben auch den Termin schon mal verschoben.» / «Ich will endlich eine Klärung, wie es weitergeht, ich bin schon ein bisschen misstrauisch.» / «Wir haben viel investiert und bislang wenig bekommen.» / «Einiges hat mir sehr gut gefallen, deswegen hoffe ich noch, dass wir was von denen bekommen.» / «Ich wüsste nicht, wo ich so was von anderen bekommen sollte.» / «Ich bin selber unsicher, was ich nach innen vertreten kann.» / «Ich will mich absichern.» / «Ich arbeite jetzt schon so lange mit denen. Wenn das nichts wird, stehe ich in meiner Firma ziemlich blöd da.» / «Nächste Woche muss es positive Signale geben, auch wenn sie nicht groß sein müssen.» Usw.

Identifikation mit der Projektleiterin: «Ich bin schon länger überfordert.» / «Ich bin gleichzeitig in so vielen Projekten, dass ich nicht genug Zeit hierfür gehabt habe.» / «Lass diese Präsentation bitte an mir vorübergehen.» / «Mir ist es peinlich, dass ich viel zu spät daran gedacht habe, die Beratung meines Vorgesetzten in Anspruch zu nehmen.» / «Für mich ist es beruhigend, dass mein Vorgesetzter formal verantwortlich ist. Warum hat er auch nie gefragt?» / «Mir läuft es heiß und kalt den Rücken herunter.» / «Ich wäre froh, wenn ich mich jetzt verkrümeln könnte.» / «Es kann doch nur schief gehen.» / «Ich melde mich krank, mir geht es so schlecht!» / «Der Vorgesetzte soll mir helfen.» Usw.

Identifikation mit Projektteam-Mitgliedern: «Seit sie Projektleiterin ist, gab es nur Chaos im Team.» / «Wir kommen wirklich zu keinem Ergebnis.» / «Ich könnte das nicht präsentieren.» / «Wir hätten schon länger Unterstützung gebraucht.» Usw.

Identifikation mit dem Projektberater (Fallerzähler): «Irgendwie fühle ich mich in der Verantwortung.» / «Ich bin überrascht, dass sie jetzt erst kommt.» / «Ich war froh, bisher nicht gefragt worden zu sein, weil ich selber überlastet bin.» / «Ich bin plötzlich zwischen die Fronten geraten.» / «Jetzt müssen endlich die richtigen Strippen gezogen werden.» / «Ich bin total verärgert, dass sie mich erst jetzt informiert.» Usw.

Epilog: In der Folgesitzung berichtete der Fallerzähler, dass er in einem Gespräch mit der Projektleiterin die Aufgabenbereiche klären konnte und ihr seine Unterstützung zusicherte. Damit nahm er seine Vorgesetztenfunktion ihr gegenüber wahr. Die Präsentation wurde schließlich von der Projektleiterin durchgeführt. Während des Präsentationsmeetings definierte sich der Fallerzähler als Vermittler und begleitete den Klärungsprozess zwischen der Projektleiterin und dem Kunden. Der Kunde sprang nicht ab.

Kreuzverhör

Indikation für Kreuzverhör

- Der Fallerzähler präsentiert ein geplantes Vorhaben. Er möchte möglichen Risiken, Gefahren und Fallstricken seines Vorgehens vorbeugen.

Leitfrage für Kreuzverhör

- Was hat der Fallerzähler bei seinem Vorhaben bislang nicht beachtet oder berücksichtigt?

Beschreibung von Kreuzverhör

Mit dem Kreuzverhör lässt sich der Fallerzähler freiwillig auf den Zahn fühlen. Der Fallerzähler berichtet von einem Vorhaben, das er in der nächsten Zeit umsetzen will, beispielsweise von einem schwierigen Gespräch mit einem Mitarbeiter oder einer Strategie für die Bekanntgabe von Veränderungen in seiner Abteilung. Er hat sich vielleicht auch schon Gedanken gemacht über den Rahmen, die Inhalte und die Gestaltung. Nach Auswahl des Handlungsplans möchte der Fallerzähler seine Absichten auf Herz und Nieren prüfen, blinde Flecken und Lücken entdecken. Er lässt durch die Berater in der Rolle des Advocatus Diaboli prüfen, ob sein Handlungsplan der Kritik standhält oder ob er sich weitere Gedanken machen und zusätzliche Vorbereitungen treffen muss. Er wird danach befragt, ob er sein Vorhaben ausreichend durchdacht hat und ob er es hinreichend begründen kann (Herwig-Lempp 1993). Die Berater versuchen durch entsprechende Fragen zu klären, ob der Fallerzähler genügend Vorkehrungen (Absprachen, Vorbereitungen) getroffen oder Ressourcen (Zeit, Konzentration, Beziehungen etc.) organisiert hat, um erfolgreich zu sein. Sie gehen der Frage nach, ob die wichtigsten Voraussetzungen geschaffen wurden und ob die verschiedenen möglichen Reaktionen der Beteiligten ausreichend berücksichtigt wurden. Ziel ist es, das beabsichtigte Verhalten oder Vorgehen zu verbessern oder Vergessenes zu ergänzen.

Nachdem der Fallerzähler sein Vorhaben skizziert hat, hinterfragen es die Berater mit bewusst kritischen Einwänden. Sie können sich auf Einzelaspekte beziehen oder aber auch den Sinn, die Absichten und Ziele des Gesamtvorhabens infrage stellen. Zugelassen sind kritische Anmerkungen, aber auch rhetorische Fragen. Das Kreuzverhör kann so angelegt werden, dass der Fallerzähler kurze Antworten geben muss («Habe ich bedacht», «Ist mir bislang noch nicht in den Sinn gekommen»), oder aber als Dialog zwischen den Beratern, dem der Fallerzähler zunächst nur zuhört. Der Fallerzähler soll selber darüber entscheiden können, welche von beiden Varianten ihm lieber ist.

Der Übergang von den Offenen Fragen zum Kreuzverhör kann manchmal fließend sein. Zu beachten ist jedoch, dass beim Kreuzverhör die Berater durch das Einverständnis des Fallerzählers auch wesentlich kritischere Anmerkungen machen dürfen.

Ablauf bei Kreuzverhör

1. Der Moderator erläutert den Ablauf und die Anforderungen des Kreuzverhörs.
2. Der Fallerzähler skizziert sein Vorhaben kurz (wenn nicht bereits in der Fallerzählung geschehen).
3. Die Berater hinterfragen das Vorgehen des Fallerzählers kritisch, indem sie Bedenken und Einwände in Frageform benennen.
4. Der Fallerzähler kann schweigen oder auf jede Frage in einem knappen Satz antworten.

Beispiel für Kreuzverhör: «Bekanntgabe der Restrukturierung»

Spontanerzählung des Fallerzählers: «Ich arbeite als Vertriebsleiter in einer Versicherung und stehe mehreren Außendienstteams vor. Seit vier Jahren arbeite ich gern und erfolgreich mit zwölf Teamleitern zusammen, wir sind für eine Region zuständig. Bei einer anstehenden Restrukturierung werden die Gebiete neu zugeschnitten. Auf mich persönlich kommen Aufgabenveränderungen zu. So gebe ich sieben meiner Teamleiter ab und bekomme fünf neue hinzu. Das ist zum Teil gut, weil die Region kleiner wird. Es gibt aber bei mir auch eine Abschiedsstimmung, weil ich gute Teamleiter verliere. Ich will meinem Team im Rahmen einer jährlich stattfindenden Vertriebstagung am Abend des ersten Tages in informeller Runde die Neuerungen mitteilen. Wir haben ein gutes Abendessen bestellt und wollen anschließend zu einer Kleinkunstveranstaltung im Ort. Für den Nachmittag sind ein Jahresrückblick und eine Informationsveranstaltung zur Umstellung auf ein neues Computerprogramm geplant. Das würde ich gerne vorher durchziehen, sonst erstickt es uns die Diskussion über die Veränderungen. Also: erst die Programmschulung, dann abends die Bekanntgabe der Veränderungen mit Diskussion.»

Vereinbarte Schlüsselfrage: «Worauf sollte ich mich vorbereiten? Was habe ich zu berücksichtigen?»

Kreuzverhör: Da der Fallerzähler von einem Plan für ein zukünftiges Ereignis gesprochen hat, bietet sich – neben den Offenen Fragen – das Kreuzverhör als Methode an, die etwas konfrontativere Beiträge zulässt: «Glauben Sie nicht, dass die Buschtrommel längst dafür gesorgt hat, dass es rum ist und dass sich kein Mensch auf die Programminformation konzentriert?»/«Wie lange, glauben Sie, dauert so eine Diskussion?»/«Haben Sie bedacht, dass enormer Frust entstehen kann?»/«Beim für Sie wichtigsten Thema sind die Teilnehmer schon müde und nicht mehr aufnahmefähig. Glauben Sie, dass das günstig ist?»/«Welcher Eindruck entsteht bei Ihren Teamleitern, wenn sie realisieren, dass Sie ihnen am Nachmittag das Wichtigste vorenthalten haben?»/«Wieso beziehen Sie eigentlich nicht gleich von Anfang an Stellung?»/«Worüber soll denn noch diskutiert werden?» Usw.

Hinweise für Kreuzverhör

Das Kreuzverhör funktioniert nur auf der Basis eines exzellenten Vertrauensverhältnisses aller Teilnehmer untereinander, andernfalls fühlt sich der Fallerzähler schnell unter Druck. Wichtig ist, dass der Fallerzähler nicht das Gefühl bekommt, von den Beratern persönlich angegriffen zu werden, sondern dass er merkt, dass es auch den Beratern um die Verbesserung seines Plans, seiner Strategie oder seines Konzeptes geht.

Inneres Team

Indikation für Inneres Team

- Der Fallerzähler erlebt ein Dilemma: Er kann sich nicht zwischen mehreren Zielen, Prioritäten oder Handlungsalternativen entscheiden.

- Der Fallerzähler möchte eine Entscheidung treffen, bei der es viele Interessen, Neigungen oder Ziele abzuwägen gilt.
- Dem Fallerzähler fällt es schwer, eine klare Position zu einem problematischen Thema oder einer schwierigen Fragestellung zu entwickeln.

Leitfrage für Inneres Team

- Welche innere Stimme des Fallerzählers «sagt» was zu seiner Schlüsselfrage?

Beschreibung von Inneres Team

Das Innere Team ist eine schöne Metapher für die Erfahrung, dass im Leben bei vielen Fragen oder Entscheidungen gleichzeitig mehrere Gefühle und Gedanken in uns aufkommen: «Wohl jeder kennt das Phänomen, dass unsere innere Reaktion auf einen Menschen, ein Ereignis, auf eine anstehende Entscheidung nicht einheitlich und klar ist, sondern gemischt, undeutlich, vielfältig, schwankend, hin- und hergerissen» (Schulz von Thun 1998). Die inneren Teammitglieder repräsentieren zum Beispiel Wünsche, Ziele, Überzeugungen oder soziale Rollen, die eine Person innehat. In der Regel gelingt es uns, einigermaßen stimmige Entschlüsse zu fassen, auch wenn sich mehrere Stimmen zugleich melden. Manchmal sind die Stimmen aber auch gegenläufig oder werden als Durcheinander erlebt, was zu einem Gefühl der Blockierung führen kann, wenn diese «Kakophonie» nicht aufgelöst oder geordnet wird.

Diese inneren Stimmen müssen keineswegs Störungen darstellen, sie können auch eine Chance für denjenigen sein, der vor einer Entscheidung steht. Das Oberhaupt dieser Stimmen kann diese inneren Teammitglieder bei Entscheidungen zurate ziehen, um eine gute Lösung zu finden. Es kann sich Meinungen und Bedenken anhören, Für und Wider abwägen und am Ende einen

Weg entwerfen, der viele Aspekte berücksichtigt. Es geht dabei auch darum, nicht dem lautesten Zwischenrufer nachzugeben, sondern die leisen Töne zu entdecken, die im Stimmengewirr überhört werden können.

Im privaten Bereich etwa kann das Angebot eines Freundes, am Abend mit ihm in eine Kneipe zu gehen, ein inneres Stimmengewirr der verschiedenen Positionen auslösen. Zur Entscheidung, ob man zusagt oder ablehnt, melden sich beispielsweise ein «Freund» («Mit Karl warst du ja auch lange nicht mehr unterwegs, es könnte eure Freundschaft vertiefen»), ein «Abenteuerlustiger» («Heute Abend wirst du was erleben!»), ein «Gesundheitsbeauftragter» («Achte auf genügend Schlaf und trinke nicht zu viel») und ein «Partner» («Ein Abend mit der Liebsten ist doch am schönsten!»). Der Person, die eine solche innere Stimmenvielfalt erlebt, wird eine Entscheidung nicht leicht fallen.

Neben der Entscheidung zu einem Ja oder Nein kann es aber noch mehrere Kompromisse geben, die zwischen den Positionen vermitteln. In obigem Fall vielleicht: «Ich treffe mich mit Karl von sieben bis neun alleine, dann ist aber auch Schluss, ich gehe heim und verbringe den weiteren Abend mit meiner Frau» oder «Wir treffen uns gleich zu dritt in der Kneipe» oder «Heute Abend bleibe ich zu Hause, verabrede mich mit Karl aber am Wochenende, wenn ich ausschlafen kann».

Ziel der Methode des Inneren Teams in der Kollegialen Beratung ist es, dem Fallerzähler dessen innere Stimmen zu verdeutlichen und deren Positionen zur Schlüsselfrage in ihrer Reinform wiederzugeben. Mit dieser äußeren Inszenierung erhält der Fallerzähler die Möglichkeit, den inneren Teammitgliedern einzeln zuzuhören. Er kann ihnen einen Stellenwert zuweisen und womöglich eine integrierende Gesamtlösung finden, die inneren Wünschen und äußeren Anforderungen insgesamt gut gerecht wird.

Die Berater haben die Aufgabe, aus der Fallerzählung solche inneren Teammitglieder herauszuhören und ihnen eine wohlwollende Bezeichnung («Wer sagt das vermutlich?») zu geben. Wenn sie an der Reihe sind, dann benennen sie das innere Teammitglied und fassen die Stellungnahme dieses Teammitglieds zur Schlüsselfrage in einem prägnanten Satz zusammen. Wenn es sich um Entscheidungsschwierigkeiten handelt, dann ist es sehr wahrscheinlich, dass im Inneren Team des Fallerzählers Pro- und Contra-Stimmen repräsentiert sind, die jeweils gute Beweggründe besitzen. Das sollten auch die Beratervorschläge widerspiegeln. Manchmal kommt dem Fallerzähler auch eine zusätzliche, von den Beratern noch nicht benannte Stimme in den Sinn, dann kann er sie selber vorbringen.

Bei der Meinungsbildung singt oft ein vielstimmiger Chor des Inneren Teams – manchmal ziemlich disharmonisch.

Der Fallerzähler nimmt bei dieser Methode die Rolle des Oberhauptes ein, das den inneren Stimmen eine Art Audienz gewährt. Er hat es in der Hand, leiseren Stimmen aufmerksam zuzuhören, ihnen eine andere Bedeutung beizumessen und damit den Chor für sich neu zu sortieren. Am Ende kann er seine Eindrücke dazu nutzen, eine klarere Position zu entwickeln.

Wenn die Gruppe mit diesem Beratungsbaustein etwas sicherer umgeht, kann auch ein Dialog zwischen den verschiedenen inneren Stimmen entstehen. Die inneren Teammitglieder vertreten dabei ihre Position in Reinform, können aber auch miteinander verhandeln und aufeinander zugehen. Häufig ist der Fallerzähler nach dieser Phase sehr verblüfft, wie sehr der äußere Meinungsaustausch seinem inneren ähnelt.

Mit der Methode des Inneren Teams wird die Klarheit des Fallerzählers gefördert. Er kann anschließend versuchen, Lösungen zu entwerfen, die den verschiedenen inneren Teammitgliedern gerecht werden. Die Berater können ihm dabei helfen, indem sie am Ende aus ihren Stimmen-Rollen heraustreten und ihm Lösungsideen vorschlagen.

Der wichtige Unterschied zwischen dem Inneren Team und der Identifikation (siehe S. 192ff) besteht darin, dass die Berater sich bei der Identifikation in reale Interaktionspartner oder relevante Beteiligte hineinversetzen, während sie sich beim Inneren Team mit den Wünschen und Rollenanteilen des Fallerzählers identifizieren.

Ablauf bei Inneres Team

1. **Der Moderator schildert das Prinzip und den Ablauf des Inneren Teams.**
2. **Die Berater benennen Mitglieder des Inneren Teams, die sie beim Fallerzähler in Bezug auf die Schlüsselfrage vermuten, und machen Aussagen aus diesen Rollen heraus.**

3. **Die inneren Teammitglieder können einen Dialog entwickeln, in dem sie sich untereinander ansprechen und Argumente austauschen.**

4. **Der Fallerzähler überlegt für sich, ob das Ausgesprochene zutrifft und welchen Stellenwert es für ihn hat.**

5. **Der Moderator bittet die Berater, die Rollen abzulegen.**

Beispiel für Inneres Team: «Überstunden»

Spontanerzählung des Fallerzählers: «Ich bin seit geraumer Zeit beruflich ziemlich im Stress. Ich schiebe einen Berg von Überstunden vor mir her und könnte jetzt schon fast fünf Wochen zu Hause bleiben. Nur: Dann hätten die Kollegen und Mitarbeiter die Arbeit am Hals. Die Arbeitsmenge wird auf absehbare Zeit aber auch nicht weniger. Ich komme immer ziemlich spät zu meiner Frau nach Hause und bin auch am Wochenende total erschöpft. So kann das doch nicht weitergehen, ich schenke dem Unternehmen ja auch quasi die Zeit. Abends sitze ich häufig noch im Büro an meinen Sachen und komme auch nur mühsam voran, aber was hilft's? Die Arbeit wird durch Liegenlassen nicht weniger. Mein Chef weiß, dass ich überarbeitet bin, er sagt aber nichts dazu und hilft mir auch nicht weiter. Bei der vielen Arbeit könnte ich einen zusätzlichen Kollegen gebrauchen. Ich bin ja grundsätzlich gerne bereit, mich zu engagieren, aber irgendwo ist doch auch mal eine Grenze.»

Vereinbarte Schlüsselfrage: «Ich möchte wissen, was ich tun kann, ich sehe aber vor allem das Dilemma mit all den Überstunden.»

Inneres Team: «Ich höre einen ‹Partner› heraus, der sagt: ‹Überstunden gehen immer von unserer gemeinsamen Zeit ab. Und die ist mir wichtig.›» / «Der Partner meint: ‹Ich will meine Frau häufiger sehen.›» / «Der ‹Kollege› in dir sagt: ‹Lass die anderen Kollegen nicht hängen. Wenn du die Arbeit nicht machst, müssen die mehr machen.›» / «Der Kollege in dir sagt auch: ‹Den anderen geht es auch nicht besser, da kann ich keine Extrawurst bekommen.›» / «Der Kollege: ‹Ich will bei den anderen nicht unten durch sein..›» / «Dein innerer ‹Betriebsrat› sagt: ‹Überstunden helfen nur dem Arbeitgeber, dir schaden sie.›» / «Und auch: ‹Wenn alle zusammenhalten würden, dann könnte ein neuer Arbeitsplatz entstehen.›» / «Ich höre so etwas wie einen ‹Selbstachtsamen›, der seine Erschöpfung mit Sorge betrachtet und dir empfiehlt: ‹Du brauchst Ruhe und Zeit für dich!›» / «Dein ‹Qualitätsbewusster› sagt: ‹Du weißt, dass deine Konzentration in diesen Stunden erheblich nachlässt.›» / «Der Qualitätsbewusste versteht sich gut mit dem Selbstachtsamen: ‹Wir beide wissen, dass Feierabend und Wochenende dafür da sind, aufzutanken.›» / «Da ist auch ein ‹Karrierebedachter›, der meint: ‹Überstunden kommen bei Vorgesetzten immer gut an. Langfristig zahlt sich das auf jeden Fall aus.›» / «Der sagt auch: ‹Wenn du dich besser organisierst, dann kannst du das auch im Zeitrahmen schaffen.›» Usw.

Hinweise für Inneres Team

Die Berater denken und fühlen sich in die verschiedenen Anteile des Fallerzählers ein, und sie vermeiden dabei, ihre eigenen Meinungen zur Schlüsselfrage zu äußern. Ziel des Methodenbausteins ist es nicht, Kommentare der Berater auszulösen, sondern dem Fallerzähler dessen Dilemma deutlicher vor Augen zu führen.

Die Berater sollten es vermeiden, die Stimmen der inneren Teammitglieder zu stark und karikaturenhaft zu überzeichnen. Sie sollte sich von einer moderaten Dramatik im Erleben des Fallerzählers nicht entfernen.

Metaphern und Analogien

Indikation für Metaphern und Analogien

- Der Fallerzähler hat zu wenig Abstand zum Geschehen, um wirklich frei denken zu können.
- Der Fallerzähler sucht nach neuen Einsichten in seine Problemsituation, aus denen sich neue Handlungsmöglichkeiten für ihn ergeben könnten.

Leitfrage für Metaphern und Analogien

- Mit welchen Metaphern, Bildern, Titeln oder Geschichten können die Situation des Fallerzählers bzw. einzelne Aspekte, Konstellationen oder Verhaltensweisen von Beteiligten beschrieben werden?

Beschreibung von Metaphern und Analogien

Metaphern und Analogien sind Möglichkeiten, etwas zu einem Thema zu sagen, indem man eine Aussage in einem ganz anderen thematischen Bereich formuliert, den man aber für übertragbar hält. Die gefundenen Bilder und Geschichten sollen prägnante, komprimierte und allgemein verständliche Aussagen anbieten (Palmowski 1998). Die in ihnen enthaltenen Konstellationen und Strukturen sollten Ähnlichkeiten mit der vom Fallerzähler geschilderten Situation aufweisen, gleichzeitig aber Neues einschließen. Aus dieser Kombination können sich Hinweise und Neubewertungen für die Problemsituation ergeben.

Im Rahmen der Kollegialen Beratung sollen Metaphern dem Fallerzähler helfen, seine Problemsituation anders wahrzunehmen und damit neue Möglichkeiten zu entwickeln: «Eine Metapher drückt eine Sache in den Begriffen einer anderen aus, wobei diese Verknüpfung ein neues Licht auf die beschriebene Sache

wirft» (Palmowski 1998). Mit Metaphern können sich innere Vorstellungen von einer Situation verändern und damit die Wahrnehmungen und das auf ihnen beruhende Handeln (Herwig-Lempp
1997). Metaphern unterstützen den Fallgeber gleichzeitig darin,
Abstand zu gewinnen durch eine gewisse Verfremdung, auf der
sie beruhen, oft auch durch die mit ihr erzeugten komischen Vergleiche. Zum Beispiel: «Ihre Situation kommt mir vor wie der
Gang durch ein Spiegelkabinett. Sie sehen den Ausgang, stoßen
aber immer wieder an die kaum sichtbaren Glasscheiben. Versuchen Sie, vorsichtig zu ertasten, wo die unsichtbaren Scheiben
sind.»

Durch Metaphern wird das Problem des Fallerzählers nicht
unmittelbar angesprochen, sondern durch einen Vergleich, den er
auf seine Weise interpretieren kann. Die Gefahr, ihn zu brüskieren und Widerstände hervorzurufen, wird verringert (wenngleich
manche Metaphern starken Tobak darstellen können): «Eine
besonders sanfte Konfrontation ergibt sich, wenn alle Gruppenmitglieder der Reihe nach ihre Bilder und Assoziationen beschreiben» (Schlee 1996). Die Berater verpacken ihre Kommentare in
Bilder und vermitteln ihre Botschaften dem Fallerzähler auf diese
Weise indirekt – durch die Blume.

Im Rahmen der Kollegialen Beratung ist diese Beratungsmethode sicherlich eine der anspruchsvollsten. Die Berater stehen vor der nicht leichten Aufgabe, die beschriebene Situation,
die erwähnte Personenkonstellation, eine bestimmte Person oder
ein Verhalten in Metaphern zu kleiden, die ihnen passend erscheinen: «Dies kommt mir vor wie …» Diese Bilder können aus ganz
unterschiedlichen Quellen stammen, beispielsweise Assoziationen zu Spielen, Film- oder Buchtiteln, Geschichten, Werken der
Literatur, Märchen, Gleichnissen, Sprichwörtern, Filmszenen,
Kunstwerken oder Anekdoten.

Hierbei hat die Gruppe drei Möglichkeiten. Entweder sie wählt

Variante A «Metaphern sammeln», Variante B «Metapher(n) aus-schmücken», oder sie kombiniert beide Varianten. Bei Variante A benennt jeder Berater ein unterschiedliches Bild, womit das Bera-tungsteam eine große Vielfalt unterschiedlicher Vergleichsange-bote entwirft. Bei Variante B können die Berater bereits genannte Bilder ausschmücken, Details vertiefen oder durch Fragen erwei-tern. In beiden Fällen braucht es eine erste, kurze Sammlung an Metaphern und Vergleichsfeldern, wobei nach kurzer Zeit der Fallerzähler gefragt wird, ob ihm eine der Metaphern besonders zusagt und bei ihm emotionale Resonanz hervorruft. Die Gruppe kann sich aber auch dafür entscheiden, die Varianten A und B zu kombinieren. Dann können einige Berater neue Metaphern vor-schlagen, während andere an bereits genannte Metaphern an-knüpfen.

Ablauf bei Metaphern und Analogien

1. **Der Moderator beschreibt kurz die Methode und mögliche Quel-len für Vergleiche.**
2. **Die Berater tragen Metaphern und Bilder zur Situation oder zu Teilaspekten zusammen.**
3. **(Die Berater schmücken eine Metapher weiter aus.)**

Beispiel für Metaphern und Analogien: «Wind und Kälte in der Puppenkiste»

Spontanerzählung des Fallerzählers: «Ich bin seit zwei Jahren Lei-ter eines Bereichs einer Bank mit insgesamt 150 Mitarbeitern. Meine engere Führungsmannschaft besteht aus sieben Abtei-lungsleitern: zwei Frauen und fünf Männern. Es gibt für mich gerade viele ‹Baustellen›. Ich weiß gar nicht, wo ich anfangen soll. Die größte Baustelle ist die örtliche Betriebsrätin. Wir kommen miteinander einfach nicht zurecht. Immer wenn ich etwas von ihr will, zitiert sie umgehend und wörtlich das Betriebsverfassungsgesetz. Das geht so weit, dass wir uns nicht mehr persönlich oder sachlich miteinander unterhalten können. Wir korrespondieren, wie man so schön sagt, nur noch schriftlich. Sie hält mich für eine miese Führungskraft, die ihre Mannschaft nicht im Griff hat. Sie wirft mir vor, dass meine Führungsmannschaft macht, was sie will. Das Verhältnis ist so frostig, dass normale Kommunikation nicht mehr möglich ist. Sie intrigiert gegen mich in anderen Bereichen. Was immer ich tue oder vorhabe, ich kriege Gegenwind, den sie vermutlich angezettelt hat. Ich gebe der Betriebsrätin Recht, meine Mannschaft ist schon schwierig. Ich gebe Aufträge, die setzen wir aber nicht genügend um. Meine Mannschaft ist kein Team. Das Team ist gespalten, die Frauen und die Männer. Die eine Abteilungsleiterin ist auch noch eine gute Bekannte der Betriebsrätin, da, glaube ich, werden einige Fäden gesponnen.»

Vereinbarte Schlüsselfrage: «Wie gehe ich mit der Betriebsrätin um, damit ich den Bereich steuere und nicht sie?»

Metaphern erfinden: Die Gruppe möchte dem Fallerzähler andere Blicke auf seine Lage anbieten, daher wählt sie die Metaphern als Beratungsmethode aus. [Für dieses Fallbeispiel sollen beide Varianten dargestellt werden.]

Variante A (Metaphern sammeln): «Es kommt mir vor wie ein Löwenkäfig. Sie sind der König der Löwen, haben aber einen Konkurrenten, der Ihnen den Rang streitig macht.» / «Mich erinnert das an einen Urwald, wo jeder ums Überleben kämpft, weil er Angst hat, gefressen zu werden. Ich frage mich: Wovor hat die Betriebsrätin Angst?» / «Sie haben vorhin von Baustellen gesprochen. Dort könnten Sie der Bauleiter sein, der alte Pläne übernommen hat und sich bei stockendem Fortschritt fragen könnte, ob er die Pläne mal überarbeiten sollte.» / «Es kommt mir so vor, als hätten Sie auf Ihrer Baustelle auch noch Grundwassereinbruch, der die Sache erschwert. Wenn man das Wasser bloß abpumpt, fließt es ständig nach. Wichtig ist, die Einbruchstelle zu finden und abzudichten.» / «Ein Wort von Ihnen war vorhin ‹frostig› oder so. Mir kam dabei in den Sinn, dass man das Kühlgerät von Zeit zu Zeit abtauen muss. Dafür sollte man herausfinden, wo der Temperaturregler ist, damit man nicht den Stecker ziehen muss.» / «Beim Stichwort ‹Gegenwind› fällt mir ein: Windkraftanlagen erzeugen gerade aus Gegenwind alternative Energien.» / «Apropos ‹Mannschaft›: Die Radfahrer des ‹Teams Telekom› versuchen, möglichst im Windschatten des anderen zu fahren, um ihre Kräfte zu schonen.» Usw.

Variante B (Metapher ausschmücken): Der Fallerzähler fühlte sich bei einer ersten, stichwortartigen Metaphernsammlung von der Szene «Augsburger Puppenkiste» angesprochen. Also sammeln die Berater Ideen und Fragen zu diesem Bild: «Ich frage mich: Wer ist hier Puppenspieler und wer ist Puppe?» / «Wie kann die Puppe herausfinden, welcher Art die Fäden genau sind?» / «Wie kann die eine Puppe ihre Fäden loswerden?» / «Wie kann die eine Puppe dafür sorgen, dass ein anderes Stück aufgeführt wird?» / «Was passiert, wenn die Puppe die Fäden einfach durchschneidet?» / «Kann ich einen anderen Puppenspieler bekommen?» / «Was müsste passieren, damit der Faden reißt?» / «Was machen die Puppen in der Pause?» / «Wer ist das Publikum, und was hält es von dem Stück?» / «Wann fällt der Vorhang?» / «Welche Figur kann dem Stück ein Happy End geben?» Usw.

Hinweise für Metaphern und Analogien

Die Berater sollten versuchen, prägnante, eher bekanntere Bilder zu beschreiben, die auch dem Fallerzähler geläufig sind.

Moderator und Berater sollten besonders gut auf die Reaktionen des Fallerzählers achten, denn diesem können Menge, Vielfalt und Geschwindigkeit der Beiträge zu viel werden. Der Fallerzähler braucht ausreichend Zeit, um sich in unterschiedliche Metaphern oder die Ausschmückung einer Metapher hineinzudenken, ein Bild zu entwickeln und es mit seiner Situation zu verknüpfen.

Die Praxis der Kollegialen Beratung

Die Gruppenbildung

Der Impuls für den Aufbau einer Gruppe zur Kollegialen Beratung kann von verschiedenen Stellen ausgehen. Im Grunde kann jeder Interessierte eine Gruppe gründen und andere Teilnehmer dafür gewinnen. Die Gruppe kann unternehmensintern zusammengestellt werden oder Mitglieder verschiedener Unternehmen / Organisationen umfassen. Die Stationen auf dem Weg zu einer arbeitsfähigen Gruppe, deren Mitglieder sich mit Hilfe der Kollegialen Beratung in ihrer Berufspraxis unterstützen und weiterqualifizieren, führen von der Zusammenstellung der Gruppe über die wichtige Phase der Gruppenentwicklung zum Erwerb der notwendigen Methodenkenntnisse. Unterwegs sind verschiedene Aspekte und Rahmenbedingungen zu klären, über die sich die Initiatoren, die Organisatoren und die Teilnehmer der Kollegialen Beratung verständigen müssen.

Initiative durch Interessierte. Die Bildung einer Gruppe kann von jedem initiiert werden, den die Idee der Kollegialen Beratung überzeugt. Es braucht hierfür natürlich Energie, Organisationsgeschick und ein wenig Durchhaltevermögen; am Ende dieses Prozesses steht als Lohn eine ziemlich einzigartige Möglichkeit zur gegenseitigen beruflichen Weiterentwicklung, Unterstützung und Entlastung.

Zu Beginn steht die Frage, für wen die Mitwirkung an Kollegialer Beratung ebenfalls attraktiv sein könnte. Dabei sollten beide Optionen erwogen werden: die unternehmensinterne und die organisationsübergreifende Suche. Sie kann über die gezielte persönliche Ansprache im Kollegenkreis, über Netzwerke oder auch Verbände geschehen. Der beste Weg besteht darin, im persönlichen Gespräch zunächst einen oder zwei sympathische Kollegen zu gewinnen, die das weitere Organisieren erheblich erleichtern. Gemeinsam kann man in einer solchen «Keimzelle» Ideen zur Werbung für die Kollegiale Beratung entwerfen und weitere Schritte planen.

Stammen die (späteren) Gruppenmitglieder aus demselben Unternehmen, dann kann die Personalentwicklung für organisatorische Fragen hinzugezogen werden. Empfehlenswert ist es in jedem Fall, einen Starthelfer zu engagieren, der die Gruppe systematisch und fundiert in die Kollegiale Beratung einführt. Auch hier kann die Personalentwicklung bei Fragen des Budgets für Honorare, von Zeiten und von Räumlichkeiten behilflich sein. Setzen sich die Mitglieder der Gruppe unternehmensübergreifend zusammen, dann organisieren sie ihre Einführungsveranstaltung selbständig. Auch hier unterstützt ein Starthelfer die Gruppenbildung, vermittelt die Methodik und begleitet die Gruppe bei ihrer weiteren Entwicklung.

Initiative durch das Unternehmen. Verantwortliche Personen, die die Idee der Kollegialen Beratung fördern wollen, können den Impuls zur systematischen Einführung von Kollegialer Beratung im Unternehmen geben. Sie können selber initiativ werden oder die Personalentwicklung mit der Organisation beauftragen. So können Manager, Personalentwickler und Weiterbildner kollegiale Beratungsgruppen zur Praxisqualifizierung und Personalentwicklung bilden und andere Führungskräfte oder Projektleiter in ihrer Organisation dafür gewinnen. Sehr sinnvoll ist Kollegiale Beratung beispielsweise als Baustein im Rahmen der Führungskräfteentwicklung oder als Folgequalifizierung nach Praxisseminaren (siehe S. 27ff). Ein interner oder externer Starthelfer hilft der Gruppe, sich zu formieren und die notwendigen Kompetenzen zu erwerben.

Wer kann teilnehmen?

Bei der Frage der Zielgruppen, für die Kollegiale Beratung interessant sein könnte, sind kaum Grenzen denkbar. Ihre Stärke entfaltet die Methodik bei allen Berufsgruppen, in denen die Gestaltung von Kommunikation und Interaktion mit Kunden, Kollegen oder Mitarbeitern wesentlicher Bestandteil ihres professionellen Selbstverständnisses und ihrer konkreten Arbeit ist. Das trifft auf viele Angestellte innerhalb von Unternehmen zu, aber zum Beispiel auch auf wissenschaftliche Mitarbeiter in Universitäten oder auf Freiberufler, die gerne in Netzwerken arbeiten. Auch Absolventen von Studiengängen können sich kollegial beraten, um sich bei den ersten Schritten ins Berufsleben wechselseitig mit Ideen und Rückhalt zu unterstützen.

Teilnehmerkonstellation. Insgesamt sollten mindestens fünf, besser aber sieben Teilnehmer in einer Anfangsformation sein. Damit wird allein aufgrund der Gruppengröße für eine Arbeitsfähigkeit gesorgt, falls jemand ausfällt. Die Obergrenze liegt bei neun bis zehn Teilnehmern. Bei der Zusammenstellung der Gruppe sind einige Aspekte zu beachten. Potenzielle Teilnehmer sollten nach Möglichkeit

- aus unterschiedlichen Fachbereichen stammen, um unterschiedliche Hintergründe und Perspektiven erschließen zu können,
- vergleichbare Erfahrungen in Bezug auf ihren beruflichen Hintergrund wie zum Beispiel Führungsverantwortung oder Projekterfahrungen besitzen,
- im Arbeitsalltag keine direkten Arbeitsbeziehungen miteinander pflegen, also eher «fremde Kollegen» sein und
- nicht in hierarchischer Beziehung zueinander stehen, weil sonst die notwendige Offenheit leiden könnte.

Die Teilnahme von Kollegen, die im selben Arbeitsfeld direkt miteinander arbeiten, erweist sich in der Beratung als schwierig. Weil dort berufliche Praxis thematisiert wird, kann es passieren, dass einer der in der Kollegialen Beratung anwesenden Kollegen für den anderen, der die Rolle des Fallerzählers einnimmt, in der Fallschilderung eine wichtige Rolle spielt, unter Umständen sogar sein Konfliktpartner ist. Da die Bearbeitung von Konflikten unter Anwesenden jedoch ausgeschlossen ist, würde das bedeuten, dass für beide Kollegen bestimmte wichtige Themenbereiche nicht berücksichtigt werden könnten.

Andere Variablen wie das Alter oder das Geschlecht der Teilnehmer können bei der Komposition der Gruppe bedacht werden. Sie hängen weit gehend von Vorlieben der späteren Mitglieder ab, daher sind sie schwer im Voraus zu planen. Manche Menschen können besser in Gruppen lernen und arbeiten, wenn diese in bestimmten Merkmalen homogen sind, andere wiederum profitieren von größerer Heterogenität. Dies kann sich auch auf die Berufserfahrungen beziehen: In Gruppen mit Teilnehmern von unterschiedlichem «Dienstalter» haben erfahrenere Mitglieder ebenso viel zu gewinnen wie weniger erfahrene.

Weiterhin ist bei der Gruppenbildung darauf zu achten, dass zwischen den Teilnehmern eine konstruktive Zusammenarbeit möglich ist. Deshalb sollten potenzielle Konfliktherde vermieden werden, die eine vertrauensvolle Atmosphäre beeinträchtigen könnten. Die zwischenmenschliche «Chemie» sollte nicht durch Ingredienzen gefährdet werden, die heftig reagieren. Konflikte können vorprogrammiert sein, wenn bereits im Vorfeld persönliche Animositäten existieren, wenn Teilnehmer schlechte Erfahrungen miteinander gemacht haben oder wenn Führungskräfte außerhalb der Gruppe miteinander konkurrieren. Zur beiläufigen Konfliktlösung zwischen Anwesenden eignet sich die Arbeit in der Beratungsgruppe nicht.

Wenn das Interesse an der Kollegialen Beratung so groß wird, dass die Gruppe mehr als zehn Mitglieder hat und damit an die oberste Grenze ihrer Arbeitsfähigkeit stößt, kann überlegt werden, durch «Zellteilung» zwei Gruppen zu bilden. Dabei ist darauf zu achten, dass Kompetenzen und Methodenwissen gleich verteilt werden, um beiden Gruppen einen guten Start und in der Folge qualitativ hochwertige Beratungen zu ermöglichen.

Erwartungen an die Teilnehmer. Die Erwartungen, die sich an die Teilnehmer der Kollegialen Beratung richten, betreffen vor allem deren Haltungen und Einstellungen zur Zusammenarbeit.

- Sie sollen die Bereitschaft mitbringen, die verschiedenen Teilnehmer-Rollen aktiv zu übernehmen sowie die Rahmenbedingungen und Kooperationsregeln zu akzeptieren, um verantwortungsvoll zu einer konstruktiven Arbeitsatmosphäre beizutragen.

- Sie sollen die Bereitschaft mitbringen, von ihrer Praxis zu berichten und ihre Praxis im Rahmen der Kollegialen Beratung vor anderen infrage zu stellen. Im Gegenzug sollen sie den anderen Teilnehmern bei der Lösung ihrer Praxisfragen helfen. Sie sollten ihre Erfahrungen zur Verfügung stellen und die Erfahrungen der anderen anerkennen.

Wichtige Rahmenbedingungen für die Gruppe

Zu den förderlichen Rahmenbedingungen der Kollegialen Beratung gehören die Freiwilligkeit der Teilnahme, die Terminverlässlichkeit und die Unterstützung durch Schlüsselpersonen.

Freiwilligkeit: Da die Kollegiale Beratung von der Arbeit an den Problemen der Teilnehmer lebt, sollte die Teilnahme freiwillig sein. Wer sich aus freien Stücken entscheidet, wird das größte Interesse und Engagement für das Gelingen der Beratung aufbringen. Die Verpflichtung von Mitarbeitern zur Teilnahme kann sich dagegen nachteilig auswirken. Erzwungene Teilnahme und persönliche Reflexion passen nicht zueinander. Häufig wird die Teilnahme einerseits zwar offiziell freigestellt, andererseits jedoch unausgesprochen erwartet, dass man teilnimmt. Man kann Menschen jedoch nicht anweisen, sich kollegial, kooperativ und offen zu verhalten.

Terminverlässlichkeit: Allen Teilnehmern sollte bewusst sein, dass ihre kontinuierliche Anwesenheit wichtig für die Qualität der Beratung und den Fortbestand der Gruppe ist. Die Termine für die Kollegiale Beratung sollten längerfristig festgelegt werden, damit Terminkollisionen vermieden werden können. Die Beratung kann gerade noch stattfinden, wenn mindestens fünf Personen anwesend sind.

Angesichts kurzfristiger, dringender Termine wird es sich nicht immer vermeiden lassen, dass Beratungstreffen verschoben werden oder gar ausfallen. Die «betriebliche Realität» macht manchmal eben eine flexible Handhabung der Kollegialen Beratung notwendig. Deshalb wird empfohlen, dass die Gruppenmitglieder gemeinsam für die Terminkoordination sorgen (beispielsweise am Anfang einer jeden Sitzung den *über*nächsten Termin vereinbarten) oder aber einen Terminkoordinator aus den eigenen Reihen bestimmen.

Öfter abwesende Teilnehmer, verschobene oder ausfallende Beratungstermine gefährden das Fortbestehen der Kollegialen Beratung. In diesen Symptomen können sich mangelnde Unterstützung durch Vorgesetzte, eine sich verschlechternde Gruppenatmosphäre oder nachlassendes Interesse der Teilnehmer ausdrücken. In solchen Fällen ist es ratsam, einen internen oder externen Begleiter hinzuzuziehen, um die Ursachen zu klären.

Unterstützung durch die Führungsebene. Wie bei jeder betrieblichen Qualifizierungsmaßnahme wird der Erfolg der Kollegialen Beratung entscheidend von Akzeptanz und Unterstützung durch die Führungsebene und das Management beeinflusst. Eine rechtzeitige und angemessene Aufklärung über Sinn, Ziele und Inhalte der Kollegialen Beratung durch die Initiatoren oder den Start-helfer steigert die Akzeptanz durch die Führungsebene erheblich und fördert den Willen zur Unterstützung. Im besten Fall geht die Initiative für die Bildung von Beratungsgruppen sogar vom Management aus. Dadurch wird in der Regel auch die Bereitstel-lung von finanziellen Mitteln für die Einführung und Begleitung der Kollegialen Beratung erheblich erleichtert.

Wenn Vorgesetzte von Teilnehmern offene oder verdeckte Vor-behalte gegen die Ziele und den Sinn der Kollegialen Beratung haben, können ernste Hindernisse entstehen. «Dringendere Auf-gaben» und abfällige Bemerkungen zermürben das Engagement der Teilnehmer. In gut geführten Unternehmen müssen Bera-tungsgruppen tätig werden können, ohne belächelt zu werden. Oft helfen persönliche Gespräche und offizielle Informationstreffen gegen Widerstände. Um für Verständnis im unmittelbaren Arbeitsumfeld zu sorgen, sollten die Teilnehmer auch ihre Mitar-beiter und Kollegen über Sinn und Zweck der Kollegialen Bera-tung aufklären.

Der Anfang

Der Start einer Gruppe zur Kollegialen Beratung durchläuft mehrere Stadien. Er gliedert sich a) in die Informations- und Auftaktphase, bei der Teilnehmer Sinn und Zweck kennen lernen, b) in die Starthilfephase, bei der die Teilnehmer die Methodik lernen, und c) in die Zeit der ersten Sitzungen, in denen die Gruppe selbständig zu arbeiten beginnt (hierzu ab Seite 230).

Informations- und Auftaktphase

Wenn sich eine Gruppe konstituiert hat, trifft sie sich zu einem ersten Termin, um notwendige und wichtige Rahmenbedingungen zu besprechen und zu vereinbaren. Dazu gehören:

Überblick über die Ziele und die Methode der Kollegialen Beratung. Die Teilnehmer lernen die Möglichkeiten, Grenzen und Fallstricke der Kollegialen Beratung kennen. Dadurch können sie ihre Erwartungen klären; sie können nun einschätzen, was sie zur Kollegialen Beratung selber beitragen möchten und was sie im Gegenzug dafür erhalten werden.

Vereinbarung über Dauer und Umfang der Kollegialen Beratung. Die Initiatoren der Kollegialen Beratung besitzen meist schon eine Vorstellung davon, wie häufig und für wie lang die Gruppe sich treffen sollte. Finden die Treffen beispielsweise alle zwei bis drei Monate statt, sollte man auf jeden Fall so viel Zeit einplanen, dass jedes Mitglied pro Termin einmal beraten werden kann. Setzt sich die Gruppe häufiger zusammen, kann weniger Zeit angesetzt werden. Jeder Teilnehmer sollte aber innerhalb eines angemessenen Zeitraums die Gelegenheit erhalten, einen Fall vorzubringen.

Sinnvoll ist es darüber hinaus, einer Beratungsgruppe zunächst eine zeitliche Grenze zu setzen. Eine Dauer von beispielsweise einem Jahr macht die Maßnahme überschaubar und planbar. Gegen Ende dieses Zeitraums können die Teilnehmer Bilanz ziehen und eine Verlängerung der Gruppe vereinbaren.

Vereinbarungen festhalten und beschließen. Wenn die an gegenseitiger Beratung Interessierten sich für die Teilnahme entschieden haben, dann trifft die Gruppe einige Abmachungen, um funktionsfähig zu werden. Diese Vereinbarungen sollten schriftlich festgehalten werden. Handelt es sich beim ersten Treffen um eine reine Informationsveranstaltung, dann sollten diese Vereinbarungen erst bei der Starthilfeveranstaltung zum Thema gemacht werden.

Regeln für die Kollegiale Beratung

Regeln sorgen dafür, dass in der Kollegialen Beratung durch einen bestimmten Umgang der Teilnehmer miteinander ein förderliches Klima der Zusammenarbeit entsteht, in dem eine produktive, konstruktive und befriedigende Beratung sehr wahrscheinlich wird. Die Teilnehmer müssen miteinander eindeutige Übereinkünfte über Ziele, Formen und Ablauf der Kollegialen Beratung treffen und sich verbindlich daran halten. Die meisten Schwierigkeiten in den Gruppen entstehen erfahrungsgemäß bei der Frage der Regeln, ihrer Einhaltung und ihrer Veränderung.

Wenn alle Gruppenmitglieder die folgenden Aspekte akzeptieren und verwirklichen, entsteht ein gutes Fundament für eine erfolgreiche Kollegiale Beratung.

Vertraulichkeit. Offenheit und Vertrauen können sich in der Gruppe nur entwickeln, wenn alle Teilnehmer sich ausdrücklich dazu verpflichten, mit dem Gehörten streng vertraulich umzugehen. Das ist ein Muss, damit niemand durch Erzählungen und Gerüchte Schaden nimmt. Eine Verschwiegenheitsvereinbarung ist elementarer Bestandteil des Beratungskontraktes. Sie bezieht sich mindestens auf sensible Inhalte, vertrauliche Informationen und die Prozesse innerhalb der Gruppe.

Respekt und Wertschätzung. Alle Teilnehmer bringen sich eine grundsätzliche Wertschätzung entgegen. Dazu gehört vor allem die Toleranz gegenüber den Ansichten, Überzeugungen und Eigenarten der anderen Teilnehmer. Die Kollegiale Beratung lebt von einer gewissen Unterschiedlichkeit und der Perspektivenvielfalt ihrer Teilnehmer. Gerade die große Bandbreite möglicher Blickwinkel erzeugt den fruchtbaren Boden, auf dem Lösungen gedeihen können. Besonderer Respekt gebührt natürlich dem Fallerzähler, der seine Gedanken, Gefühle und Schwierigkeiten in einer Praxissituation schildert. Erst auf der Basis von erlebter Akzeptanz ist man bereit für die Konfrontation mit anderen Sichtweisen. Wer sich mit all seinen Persönlichkeitsanteilen angenommen erlebt, wird für Veränderungsvorschläge und Kritik offen sein.

Verbindlichkeit der Teilnahme und Termintreue. Kollegiale Beratung lebt von der aktiven Teilnahme aller Gruppenmitglieder in den verschiedenen Rollen. Um das Fortbestehen der Beratungsgruppe zu gewährleisten, sollten die Teilnehmer die verabredeten Termine zuverlässig einhalten und jeweils über die ganze Zeitdauer anwesend sein. Zur Verbindlichkeit zählt auch, dass Teilnehmer rechtzeitig absagen, wenn sich abzeichnet, dass sie nicht erscheinen können. So können die übrigen Mitglieder der Beratungsgruppe sich darauf einstellen und notfalls einen Termin verschieben.

Autonomie des Fallerzählers. Der Fallerzähler steht im Mittelpunkt und entscheidet selber über Fokus und Tiefe der Beratung. Auch wenn der Moderator oder andere Kollegen zu der Überzeugung gelangen, dass es dem Fallerzähler gut täte, wenn er in eine andere Richtung dächte, so entscheidet letztlich doch der Fallerzähler selbst, ob er das will und tut. Beratung kann nur im Einvernehmen mit dem zu Beratenden geschehen. Zur Autonomie des Fallerzählers zählt auch, dass er die Freiheit besitzt, einen

Beratungsprozess umzulenken oder abzubrechen, wenn die Situation für ihn sehr unangenehm wird.

Selbstverantwortung jedes Teilnehmers. Jeder, der an der Kollegialen Beratung teilnimmt, wirkt an den Beratungen mit. Damit beeinflusst er, welchen Verlauf die Beratungsprozesse nehmen und welche Ergebnisse für ihn selbst und andere an deren Ende stehen. Die Verantwortlichkeit umfasst auch die Entscheidung jedes Gruppenmitglieds darüber, wie viele und welche Informationen es den anderen mitteilt. Niemand muss mehr als von ihm selber gewünscht erzählen. Und er muss sich auf den vertraulichen Umgang mit den von ihm gegebenen Informationen verlassen können.

Aktive Beteiligung der Teilnehmer. Die Mitglieder erhalten in jedem Durchgang der Kollegialen Beratung eine Rolle, aus der heraus sie aktiv im Beratungsprozess mitwirken. Alle Teilnehmer werden mit ihrer Aufmerksamkeit und ihren Beiträgen gebraucht, da nur im Zusammenwirken der Kompetenzen aller Beteiligten fundierte Beratungsergebnisse erzielt werden können. Durch die aktive Mitarbeit verdeutlichen die Teilnehmer auch ihren Respekt und ihr Bemühen, einem Mitglied in einer wichtigen Frage weiterzuhelfen.

Offenheit der Beteiligten. Alle Teilnehmer sind offen, sich gegenseitig von ihren Arbeitssituationen zu berichten. Sie müssen keine prekären Details preisgeben, wenn sie nicht wollen. Die Gruppenmitglieder brauchen jedoch die Informationen, die zu einem Grundverständnis der problematischen Situation führen, damit sie den Fallerzähler in dessen Interesse unterstützen können. Offenheit bezieht sich auch auf die Bereitschaft, anderen zuzuhören, deren Standpunkte zu prüfen und alternative Gedankengänge wenigstens probeweise zuzulassen.

Regeln bedeuten Verlässlichkeit und Sicherheit für die Einzelnen. Nur wer sichauf sie verlassen kann, kann sich angstfrei äußern – und das ist gerade für Beratungssituationen eine entscheidende Voraussetzung. Das bedeutet natürlich nicht, an vereinbarten Regeln festzuhalten, wenn sie sich als dysfunktional oder hinderlich erweisen. Ein allzu starres Reglement, das Ablauf, Atmosphäre und Zufriedenheit der Gruppe beeinträchtigt, wirkt sich kontraproduktiv auf die Beratungssituation aus.

Für alle Regeln gilt: Sie sind nie Selbstzweck, sondern immer darauf ausgerichtet, das Gruppengeschehen, den Beratungsprozess sowie die Beratungsresultate günstig zu beeinflussen. Das gemeinsame Aushandeln neuer Vereinbarungen und die Modifikation von bestehenden Regeln gehört zu den erfolgskritischen Prozessen in der Beratungsgruppe. Nur wenn die Zusammenarbeit konstruktiv erlebt wird, sind die Gruppe und die Kollegiale Beratung so attraktiv, dass alle Teilnehmer sich dort wohl fühlen und produktiv miteinander arbeiten können.

Kontrakt zur Kollegialen Beratung

Ein sinnvolles Instrument zur Dokumentation der getroffenen gegenseitigen Vereinbarungen und der Rahmenbedingungen ist ein schriftlicher Kontrakt zur Kollegialen Beratung, manchmal auch «Intervisionsvertrag» genannt (Hendriksen 2000). Mit dem Intervisionsvertrag erhalten die genannten gegenseitigen Absprachen eine größere Verbindlichkeit. In ihm werden die Dinge niedergelegt, die die Gruppe verhandelt hat, beispielsweise:

- Ziele der Kollegialen Beratung: zum Beispiel die gegenseitige Beratung in problematischen Praxisfragen; Weiterqualifizierung etc.

- Arbeits- und Organisationsformen der Gruppe: zum Beispiel die selbständige und eigenverantwortliche Steuerung der Gruppe / Regelungen für den Eintritt oder das Verlassen der Gruppe etc.

- Angaben über Teilnahme und Fragen der Freistellung: zum Beispiel Bestandteil der Arbeit / als Qualifizierung / während der

Arbeitszeit / Förderung und Unterstützung durch das Management etc.

- Vertrauensfördernde Vereinbarungen: zum Beispiel Verbindlichkeit der Absprachen / Vertraulichkeit des Gehörten (Schweigepflicht) etc.
- Fragen zur Auswertung des Prozesses und Evaluation der Kollegialen Beratung: zum Beispiel regelmäßige Auswertungsgespräche mit den Organisatoren etc.

«Vertragspartner» des Kontraktes zur Kollegialen Beratung können die Teilnehmer untereinander (bei frei organisierten Gruppen) oder aber die Teilnehmer und die Organisatoren (Personalentwicklung, Management) sein. Einzelne Fragen können Rechte der Mitarbeitervertretung berühren. Im Zweifel empfiehlt es sich immer, rechtzeitig den Betriebsrat zu konsultieren.

Starthilfe

Erleichtert wird der Einstieg in die Kollegiale Beratung durch einen kompetenten Starthelfer, der die Einführung in die Kollegiale Beratung übernehmen kann und die Gruppe bei Bedarf berät. Seine Aufgaben bestehen darin, die Gruppenbildung zu unterstützen, die Teilnehmer in einem Starthilfeseminar in die Lage zu versetzen, eigenständig qualifizierte Kollegiale Beratungen durchzuführen und die Gruppe anschließend zu begleiten und zu beraten.

In der Startphase der Kollegialen Beratung unterstützt der Starthelfer die Gruppe dabei, Vereinbarungen bei organisatorischen Fragen zu treffen. Vor allem aber hilft er, das Kennenlernen zu erleichtern, den Gruppenprozess anzuschieben, den Erwerb von Beratungskompetenzen durch gezielte Übungen zu fördern und die Gruppe auf das eigenständige Arbeiten vorzubereiten. Der Starthelfer unterstützt später die selbständige Beratungsgruppe dabei, offene Fragen zur Methodik zu klären, Konflikte in der Gruppe aufzuarbeiten und möglichen Fehlentwicklungen (z. B. Einseitigkeiten in der Methodenwahl) gegenzusteuern. Er kann zu einer Vertiefung, Auffrischung und Erweiterung des Methodenrepertoires der Gruppe beitragen und ihr bei der Reflexion des Gruppenprozesses helfen.

Der Starthelfer sollte für diese Aufgaben ausreichend qualifiziert sein. Das bedeutet, dass er

- mit der Methodik der Kollegialen Beratung vertraut ist,
- Erfahrungen in der Leitung von Gruppen und Konfliktklärung in Gruppen hat,
- den Gruppenprozess kompetent begleiten kann und
- das Vertrauen aller Teilnehmer genießt.

Ob er dabei aus der Organisation selber stammt oder externer Starthelfer ist, spielt eine untergeordnete Rolle. Entscheidend ist vielmehr, dass er in der Lage ist, einen Lernprozess zu initiieren, der die Gruppe befähigt, Kollegiale Beratung eigenständig zu praktizieren.

Das Starthilfeseminar

Das Starthilfeseminar bildet den gemeinsamen Auftakt für die Kollegiale Beratung. Am Ende des Seminars sollen bestimmte Ziele erreicht worden sein, damit die Gruppe in der Folge selbständig weiterarbeiten kann. Diese Ziele liegen auf zwei Ebenen.

Ziele auf der Sachebene

- Die Teilnehmer verstehen das Grundgerüst und kennen einige Methodenbausteine zur Beratung.
- Die Teilnehmer haben ein tieferes Verständnis für die Rollen, ihre Funktion und deren Aufgaben.

- Jedes Gruppenmitglied hat praktische Erfahrungen in mehreren Rollen gesammelt.
- Die Teilnehmer besitzen grundlegende Kommunikationskompetenzen.

Ziele auf der Gruppenebene
- Die Gruppe ist so attraktiv für jedes Mitglied, dass es sich zur Teilnahme an der Kollegialen Beratung entschließen kann.
- Die Teilnehmer kennen einander besser, sie haben für die weitere Zusammenarbeit genug Vertrauen zueinander.
- Die Regelungen zur Zusammenarbeit sind vereinbart; die Gruppe hat sich über gemeinsame Zielsetzungen verständigt und einen Vertrag geschlossen.

Darüber hinaus sollte das Seminar einen sehr großen Praxisteil enthalten, bei dem Kollegiale Beratung konkret geübt und anschließend ausgewertet wird. Ziel ist, dass die kollegiale Beratungsgruppe mit Abschluss der Starthilfe arbeitsfähig ist, weil sie für den eigenständigen Beginn ausreichend Kompetenzen erworben hat. Im Mittelpunkt stehen – neben dem methodischen Handwerkszeug – am Anfang die Entwicklung einer konstruktiven Beratungshaltung und die Vermittlung von Gesprächsführungskompetenzen.

Die Dauer einer solchen Starthilfeveranstaltung richtet sich danach, wie viele Vorerfahrungen die Teilnehmer mit Kommunikationsprozessen, mit Beratung, Supervision oder Coaching mitbringen. Möglich und empfehlenswert ist es, die Starthilfe auf zwei oder drei aufeinander aufbauende Seminare zu verteilen. Die Gruppe kann dann zwischen den Seminaren die Kollegiale Beratung praktizieren und ihre in der Zwischenzeit gesammelten Erfahrungen aufarbeiten. So entwickeln sich die Beratungsfähigkeiten der Teilnehmer schrittweise.

Die selbständige Beratungsgruppe

Nach dem Starthilfeseminar kann die Gruppe eigenständig weiter arbeiten und ihre Kompetenzen nach und nach ausbauen. Gefördert werden Routine, Lernprozess und Stabilität der Gruppe durch folgende konkrete Maßnahmen:

Visualisierung des Ablaufs und der Methodentitel. Für die Gruppe bedeutet es eine Erleichterung, wenn der Ablauf der Kollegialen Beratung mit seinen sechs Phasen deutlich sichtbar auf einem großen Bogen Papier an der Wand hängt. Der Moderator kann sich so besser orientieren und die Gruppe bewusst durch den Beratungsprozess führen. Für die Auswahl der Methodenbausteine der Kollegialen Beratung ist es empfehlenswert, wenn die Namen der Beratungsmethoden auf einem Flipchart für alle lesbar sind.

Einführung eines Prozessbeobachters in der Anfangsphase. Wenn die Zahl der Teilnehmer es zulässt, sollte die Gruppe sich anfangs dafür entscheiden, bei jedem Beratungsdurchgang einen Beobachter zu benennen, der den Beteiligten nach Ende der Beratung eine Rückmeldung gibt. Der Prozessbeobachter gibt den Beteiligten ein Feedback darüber, welches Verhalten ihm in welcher Phase förderlich erschien und welches Verhalten sich seiner Beobachtung nach nachteilig auf den Prozess ausgewirkt hat. Die Arbeit mit einem Prozessbeobachter ist die einfachste Möglichkeit für die Gruppe, kontinuierlich zu lernen – und gleichzeitig eine sehr effektive.

Dokumentation der Kollegialen Beratungen. Eine Dokumentation ist hilfreich für den Fallerzähler, weil er darin den Beratungsprozess nachlesen kann. Ein Protokoll des Verlaufs und der Inhalte eines Beratungsdurchgangs lässt zudem die Fortschritte der Gruppe in der Beratungsarbeit erkennen. Als Gedankenstütze für die Art der eingesetzten Methoden und für gesammelte Erfahrungen in bestimmten Phasen kann es Grundlage für eine Reflexion sein. Selbstverständlich sind die Protokolle so aufzubewahren, dass die Vertraulichkeit nicht beeinträchtigt wird.

Feedback am Ende jeder Sitzung. Um Erfolge bewusst zur Kenntnis zu nehmen und Anregungen aufzugreifen, ist ein Feedback hilfreich. Die Gruppenmitglieder sollten am Ende eines Treffens in einer Runde ausdrücken, wie zufrieden (oder unzufrieden) sie mit dem Verlauf und dem Ergebnis des Treffens sind. Daraus lassen sich dann konstruktive Vorschläge für Veränderungen im Ablauf oder im Reglement ableiten.

Beachten des Gruppenprozesses. Die Gruppenentwicklung durchläuft in der Regel verschiedene Phasen, in denen bestimmte Erscheinungen und Verhaltensweisen typisch sind. Dies gilt sowohl für jede einzelne Sitzung als auch für den gesamten Lebenszyklus einer Gruppe. Erst nach einer Weile ist eine Gruppe voll arbeitsfähig. Wenn zwischendurch Spannungen auftreten, sollte die Gruppe sie zunächst thematisieren und bei Bedarf den Starthelfer kontaktieren, damit er zu einer konstruktiven Weiterarbeit beitragen kann.

Reflexion mit dem Starthelfer. In regelmäßigen Abständen oder aus besonderem Anlass, etwa wenn die Zusammenarbeit stockt, sollte die Gruppe eine Sitzung mit dem Starthelfer vereinbaren. Mit ihm kann sie ihre Vereinbarungen und das gemeinsame Regelwerk leichter verändern. Er kann helfen, Fragen zur Methodik etc. zu beantworten, Unstimmigkeiten in der Gruppe zu klären und darüber hinaus der Kollegialen Beratung in der Gruppe neue Impulse verleihen, indem er neue Methoden einführt.

Veränderungen in der Gruppenzusammensetzung

Wenn eine Gruppe zur Kollegialen Beratung länger besteht, können sich im Lauf der Zeit auch Zugänge oder Abgänge von Mitgliedern ergeben. Diese Veränderungen wirken sich auf die Gruppe und das Gruppengeschehen aus. Auch ein eingespieltes Team sollte ihrer Bewältigung besondere Aufmerksamkeit schenken, weil Eintritte und Austritte zu ungewohnten und sogar zu kritischen Situationen führen können.

Teilnehmer verlassen die Gruppe. Die Gründe für das Ausscheiden aus einer laufenden Gruppe können sehr unterschiedlich sein: der Umzug in eine andere Stadt, die Versetzung an einen anderen Dienstort, das Verlassen der Organisation (bei organisationsinternen Gruppen), aber auch die nachlassende Lust an der Kollegialen Beratung oder die abnehmende Zufriedenheit mit der Gruppe.

Die verbleibenden Mitglieder sollten die Entscheidung gegen eine weitere Teilnahme respektieren und erkunden, ob ein Grund für den Abschied aus der Gruppe in der Unzufriedenheit über die Zusammenarbeit liegt. Ein solches Gespräch kann selbstverständlich auch im Dialog unter vier Augen stattfinden. Es kann Aufschluss über möglicherweise vernachlässigte oder bislang unbeachtete Aspekte der Gruppe geben. Bei solchen Hinweisen sollten die übrigen Mitglieder der Beratungsgruppen diese Aspekte zum Thema machen und anschließend über Veränderungen für die Zukunft beraten.

Da mit jedem Teilnehmer, der ausscheidet, auch eine Quelle für Erfahrung und unterschiedliche Perspektiven versiegt, sollte die Gruppe prüfen, ob sie ein neues Mitglied werben möchte. Bei kleineren Gruppen kann die kritische Grenze der Arbeitsfähigkeit, die bei fünf bis sechs Mitgliedern liegt, durch den Ausstieg einer Person unterschritten werden, sodass es schon für das Fortbestehen der Gruppe und die Aufrechterhaltung der Zusammenarbeit notwendig ist, sich durch ein neues Mitglied zu verstärken.

Neue Mitglieder kommen hinzu. Gruppen, deren Mitglieder sichtbar zufrieden und erfolgreich miteinander arbeiten, wirken auf Kollegen attraktiv. So kann unter Kollegen der Wunsch entstehen, sich der Gruppe anzuschließen. Neue Mitglieder bringen mit ihren

Erfahrungen und Sichtweisen oft frischen Wind in die Gruppe und bereichern die Kollegiale Beratung. Sie beeinflussen jedoch immer auch die Zusammenarbeit und das Beziehungsgefüge im Team.

Wenn sich jemand interessiert zeigt und die Gruppe ein weiteres Mitglied aufnehmen möchte, kann die Gruppe ihn einladen, zunächst ein- oder zweimal probeweise teilzunehmen, damit beide Seiten einander besser kennen lernen können, bevor sie sich entscheiden. Einem potenziellen Mitglied sollte genug Zeit zugestanden werden, um die Zusammenarbeit, die Methodik und die Mitglieder zu erleben.

In der Zeit der Aufnahme eines neuen Mitglieds ist besonders wichtig, Ablauf, Methoden und Rollenanforderungen während des Beratungsprozesses ausdrücklich zu verbalisieren, damit das neue Mitglied die Kollegiale Beratung lernen und schrittweise in die verschiedenen Rollen finden kann. Und schließlich bietet der Eintritt eines neuen Mitglieds für die gesamte Gruppe eine gute Gelegenheit, die Formen und Regeln der Zusammenarbeit gemeinsam zu überdenken und neu zu vereinbaren.

Kompetenzen für die Kollegiale Beratung

Die Teilnehmer der Kollegialen Beratung brauchen neben dem Methodenkoffer, der oben vorgestellt wurde, auch allgemeines Handwerkszeug zur Beratung. Hierzu gehören zum einen Hintergrundwissen über die Gruppendynamik und als Handwerkszeug für die Gesprächsführung unter anderem das gezielte und erkundende Fragen sowie das aktive Zuhören. Der Starthelfer bringt der Beratungsgruppe diese «Sprech-Werkzeuge» in Übungen näher.

Die Gruppendynamik

Jedes Mitglied besitzt Erfahrungen aus diversen Gruppen. Viele Mitglieder werden darüber hinaus Erfahrungen und Kompetenzen zur Leitung von Gruppen mitbringen, zum Beispiel als Leiter einer Abteilung oder eines Projektteams. In vielerlei Hinsicht gleicht die Dynamik der Beratungsgruppe der anderer Gruppen. Dass sie keinen erklärten Leiter haben, der für die Regulierung des Geschehens zuständig ist, kann besonders bei gruppeninternen Konflikten eine Schwierigkeit darstellen. Die Verantwortung in selbstgesteuerten Gruppen liegt daher bei allen Mitgliedern. Es ist hilfreich und notwendig, folgende Aspekte zu berücksichtigen:

Das Gruppengeschehen hat mehrere Ebenen. In allen Gruppen spielen sowohl Sachthemen als auch Beziehungsaspekte eine Rolle. Allgemein unterscheidet man daher eine Sachebene und eine Beziehungsebene. Auf der Sachebene arbeitet die Gruppe an ihrem inhaltlichen Auftrag, hier: an der Beratung von Praxisfällen aus dem beruflichen Alltag ihrer Mitglieder. Auf der Beziehungsebene arbeitet man miteinander, und hier spielen Gefühle wie Sympathie und Vertrautheit oder auch Neid und Ängstlichkeit eine Rolle. Beide Ebenen sind miteinander verwoben und beeinflussen sich wechselseitig. Sie bestimmen gleichermaßen, ob die

Gruppe produktiv arbeiten kann und die Teilnehmer sich in der Gruppe wohl fühlen. Wenn es im Gruppengebälk knirscht, ist es ein anspruchsvolles Unterfangen, aufzuklären, was die Spannung verursacht hat.

Gruppen brauchen eine Struktur. Jedes Gruppentreffen braucht einen erklärten Anfang, eine Arbeitsphase und ein definiertes Ende. Diese oftmals unscheinbaren Rituale haben alle ihre Funktion. Der Anfang dient dazu, dass die Gruppe sich auf der Sachseite orientiert und auf der Beziehungsseite aufeinander einstimmt. Hier wird geklärt, was die Themen und Ziele des Treffens sein werden und was gebraucht wird, um miteinander arbeitsfähig zu werden. In der Arbeitsphase finden die Beratungen statt. Ein Abschluss enthält ein inhaltliches Resümee und eine kurze Reflexion zur Zusammenarbeit. Eine Vernachlässigung dieser Rituale kann Komplikationen zur Folge haben.

Jede länger bestehende Gruppe durchläuft verschiedene Phasen. Bis eine Gruppe arbeitsfähig ist, braucht es Geduld und Geschick. Am Anfang der Zusammenarbeit sollten die Mitglieder sich Zeit nehmen, um miteinander bekannt und vertraut zu werden, Regeln des Umgangs zu vereinbaren und den gruppeneigenen Arbeitsstil zu entwickeln. Neben kreativen Phasen entstehen auch immer wieder spannungsreiche. Sie erfordern besondere Aufmerksamkeit und möglicherweise modifizierte Vereinbarungen zur Zusammenarbeit. Auch der Eintritt von neuen Mitgliedern in eine Gruppe oder das Ausscheiden alter beeinflusst das Gruppengeschehen nicht unerheblich, weil sich das interne Beziehungsgefüge in der Regel stark verändert. Die Gruppe muss sich anschließend weitgehend wieder neu finden.

Störungen brauchen Klärung. In der Kollegialen Beratung ist die Pflege der Gruppe besonders bedeutsam, denn sie ist die wesentliche Beratungsinstanz. Wenn die Zusammenarbeit weitgehend konfliktfrei verläuft, steigt die Wahrscheinlichkeit befriedigender

Beratungen für alle Beteiligten. Störungen können nicht nur die Atmosphäre, sondern in der Folge auch die Qualität der Beratungen beeinträchtigen. Bei der gemeinsamen Kollegialen Beratung können sich, wie in jeder Gruppe, zwischenmenschliche Konflikte und gruppendynamische Komplikationen einstellen, deren Bewältigung die Anwesenden rat- und hilflos machen kann. Manches Feedback wird als Kränkung empfunden, manche Prozessanregung als Unterdrückung eigener Impulse, manche geäußerte Idee als Provokation usw. Wenn sich Mitglieder bereits aus Arbeitszusammenhängen kennen, werden häufig auch gruppendynamische Belastungen eingeschleppt, und die Gruppe ist in der Regel damit überfordert, mit diesen Komplikationen menschlich befriedigend und zielführend umzugehen. Dass sie formal ohne Leiter und ausgewiesenen Gruppenexperten agiert, macht diese Aufgabe nicht leichter, denn niemand hat die Autorität, hier zu führen, zu moderieren oder zu beraten. Nicht selten ist der gewählte Moderator selber auf irgendeine Weise in die Auseinandersetzung verflochten. Wenn sich Konflikte verhärten oder aus dem Ruder zu laufen drohen, kann der Bestand der Gruppe bedroht sein. Die Teilnehmer der Kollegialen Beratung sollten sich durch diese verdichtete Aufzählung jedoch nicht entmutigen lassen, sondern sich vergegenwärtigen, dass der Erfolg nicht selbstverständlich ist und Fallstricke in der Natur der Sache liegen. Daher ist es ratsam, frühzeitig einen Begleiter zur Klärung und Aufarbeitung hinzuzuziehen, wenn schwerwiegendere Störungen auftreten.

Gute Fragen stellen

«Wer gute Fragen stellt, bekommt auch gute Antworten.» Nicht nur in Bezug auf Beratung trifft dieser Satz zu, sondern auf fast alle Gesprächssituationen. Der Moderator gestaltet durch seine Fragen die Tiefe und den Fokus der Spontanerzählung. Gute Fragen regen den Erzählfluss des Fallerzählers an und bringen ihn selber auf neue Gedanken. Für den Moderator und die Berater in der Kollegialen Beratung sind gute Fragen wichtiges Handwerkszeug. Sie geben damit dem Gespräch neue Richtungen.

Selbstverständlich sollte sich jeder in der Gruppe darüber im Klaren sein, dass die Fragen nicht zu bohrend gestellt sein sollten. Fragen können den Fallerzähler nicht nur weiterführen, sondern auch unangemessen scharf konfrontieren oder sogar verletzen. Hier sollten der Moderator, aber auch die Berater in der Fragerunde am Ende der Spontanerzählung gehöriges Feingefühl beweisen. Sie sollten daher mit einigen Frageformen vertraut sein, um den Verlauf der Erzählung bewusst weiterzubringen.

Geschlossene Fragen. *«Haben Sie denn längere Führungserfahrung?»*, *«Hat der Mitarbeiter sich offen beschwert?»* Diese Fragen eignen sich, um Details auf den Punkt zu bringen oder gezielt gewisse Nuancen in Erfahrung zu bringen. Der Gefragte kann meist sehr schnell darauf antworten, und die Antworten sind erfahrungsgemäß sehr kurz. Die Antwortmöglichkeiten auf geschlossene Fragen sind oft beschränkt auf «Ja» oder «Nein», sodass Zwischenstufen wie «Jein» oder andere Antwortmöglichkeiten leicht untergehen können.

Alternativfragen. *«Ist das bei Ihnen eine Ausnahme oder normal?»*, *«Wie viele Mitarbeiter denken ähnlich – mehr oder weniger als die Hälfte?»* Alternativfragen bilden eine Variante der geschlossenen Fragen. Sie eignen sich für das Erfragen von Details. In der Frage werden die Antwortalternativen gleich mit genannt. Der Fragende nimmt dem Gefragten dadurch die Arbeit der eigenen Formulierung ab.

Offene Fragen. *«Woran haben Sie gemerkt, dass es Spannungen gibt?»*, *«Was haben Sie dabei empfunden?»*, *«Wie muss sich Ihr Vorgesetzter verhalten, damit Sie sagen, er ist stur?»* Auf offene Fragen formuliert der Gefragte eigenständige Antworten. In der

Regel werden sie durch W-Wörter eingeleitet: «Wie», «Was», «Welche», «Wer» usw. In seinen Antworten erweitert oder vertieft der Befragte das betreffende Thema. Offene Fragen eignen sich, um eine Erzählung anzuschieben. Bei Personen, die ohnehin zu epischer Breite neigen, können sie manchmal nachteilig sein.

Verständnisfragen. *«Wie hat Ihr Vorgesetzter genau reagiert, als er davon Wind bekommen hat?», «Wie lange tragen Sie den Gedanken schon mit sich herum?»* Verständnisfragen sollen Klärung bewirken. Die Absicht des Fragenden liegt hierbei nicht so sehr darin, dass der Gefragte neue Gedanken entwickelt, sondern dass der Fragende mehr von dem Gefragten erfährt. Es geht darum, ein besseres Verstehen zu ermöglichen. Verständnisfragen können offen oder geschlossen sein.

Konstruktive Fragen. *«Was würde passieren, wenn Sie nichts weiter unternehmen?», «Angenommen, Sie würden sich für den ersten Weg entscheiden, wer fände das am bedenklichsten?»* Konstruktive Fragen führen Gedankenspiele im Sinne von «Was wäre, wenn» ein. Sie zielen darauf ab, dem Gefragten neue Verknüpfungen anzubieten, indem eine veränderte Situation konstruiert wird.

Zirkuläre Fragen. *«Wie erklärt sich wohl Ihr Mitarbeiter Ihr Verhalten?», «Für wen in Ihrer Abteilung wäre das ein Problem?»* Mit zirkulären Fragen wird der Gefragte bewusst eingeladen, die möglichen Positionen anderer in seine Überlegungen einzubeziehen und neue Blickwinkel zu erkunden. Er kann auf die Frage antworten, wenn er sich auf die angebotene Perspektive einlässt.

Wie leicht zu erkennen ist, können unterschiedliche Frageformen unterschiedliche Antwortqualitäten hervorrufen. Natürlich können Fragen auch mehreren Kategorien zugeordnet werden.

Beim Fragen kann der Moderator auch inhaltliche Schwerpunkte setzen. So kann ihn die Idee leiten, das zu ermitteln, was vom Fallerzähler in der Spontanerzählung wenig betont wurde.

Er kann beispielsweise auch nach Gefühlen fragen, wenn Gedanken und Sachaspekte im Vordergrund der Spontanerzählung stehen. Oder er kann durch Fragen das Augenmerk auf die Perspektiven anderer richten, wenn der Fallerzähler sehr stark von sich selbst berichtet.

Aktives Zuhören

Aktives Zuhören, auch «kontrollierter Dialog» genannt, ist eine bewährte Methode der Gesprächsführung, die den Erzähl- und Klärungsprozess des Fallerzählers besonders fördert. Seine Spontanerzählung kann durch aktives Zuhören vonseiten des Moderators vertieft, verlangsamt oder auch verflüssigt werden, je nachdem, was diesem hilfreich erscheint. Er versucht dabei, die Darstellung des Fallerzählers nachzuvollziehen und zu verstehen. Das bedeutet nicht, dass er dessen Standpunkt übernimmt. Seine Haltung drückt aber aus, dass er akzeptiert, was der Fallerzähler erlebt hat. Er zeigt sich offen gegenüber den Gefühlen, Gedanken, Erklärungen und Vorstellungen des Fallerzählers. Aktives Zuhören ist nicht ganz leicht, und die richtige Dosierung erfordert etwas Übung. Es kann förderlich wirken, aber manchmal auch des Guten zu viel sein und dann ziemlich stören.

Beim aktiven Zuhören spiegelt der Moderator dem Fallerzähler in Abständen wider, was er von dessen Bericht bis dahin verstanden hat. Damit wird er zum direkten Gesprächspartner, dem der Fallerzähler seine Geschichte erzählt. Aktives Zuhören kann in mehreren Stufen geschehen:

▪ Grundsätzlich begleitet der Moderator die Spontanerzählung, indem er aufmerksam und verständnisvoll zuhört. Er zeigt sich interessiert durch seine zugewandte Körperhaltung, durch seine Gestik und durch Blickkontakt. Er signalisiert dem Fallerzähler durch gelegentliche «Telefongeräusche» («Hm», «Ja»), dass er bei der Sache ist. So wird er als interessiertes Gegenüber erkennbar, dem der Fallerzähler stellvertretend für die ganze Gruppe berichtet.

- Gelegentlich unterbricht der Moderator den Fallerzähler und wiederholt in eigenen Worten knapp, was er verstanden hat. Diese sinngemäße Wiederholung nennt man «Paraphrasieren». Die Wahl eigener Begriffe ist hierbei wichtig, damit der Fallerzähler sich ernst genommen fühlt. Der Moderator fasst in Worte, was er selber verstanden hat, und fügt möglichst keine eigenen Botschaften oder Wertungen hinzu. Er sollte sich danach vergewissern, ob der Fallerzähler sich verstanden fühlt. Der Fallerzähler kann der Zusammenfassung zustimmen, bestimmte Formulierungen ergänzen oder auch zurückweisen. Durch das Paraphrasieren wird deutlicher, was der Fallerzähler ausdrücken will, besonders wenn er Korrekturen oder Präzisierungen liefert.

- Auf einer weiteren Stufe kann der Moderator Gefühle, Empfindungen und Wertungen, die er zwischen den Zeilen der Erzählung gehört oder in Mimik und Gestik des Fallerzählers wahrgenommen hat, im Klartext widerspiegeln und sich fragend rückversichern, ob sie zutreffen. Seine Formulierungen bilden zusätzliche Angebote, die dem Fallerzähler helfen können, seine Gefühle bewusster auszudrücken und in seine Schilderungen aufzunehmen.

Der Moderator trägt durch aktives Zuhören entscheidend zur ersten Klärung des Fallerzählers bei. Er hilft dem Fallerzähler, seine Schilderungen zu ordnen und Zwischenresümees zu ziehen. Da die Spontanerzählung in der Kollegialen Beratung lediglich relativ kurze Zeit einnimmt, sollte der Moderator den Erzählfluss des Fallerzählers jedoch nur unterbrechen, wenn er den Eindruck gewinnt, dass es den Fallerzähler oder dessen Bericht bereichern könnte.

Nachwort

Mit den Ideen zum Ablauf, den Methodenanleitungen und den Praxisbeispielen steht Ihnen nun eine reichhaltige Sammlung an Werkzeugen zur Verfügung, um Kollegiale Beratung zu lernen und erfolgreich durchzuführen. Ich wünsche Ihnen viel Freude und Erfolg bei der gemeinsamen Entwicklung von Lösungen.

Wenn Sie Erfahrungen rückmelden möchten, die Sie beim Lernen und gemeinsamen Beraten gesammelt haben, oder weitere Ideen, Beispiele, Fragen oder Anregungen zur Methodik haben, können Sie mich per E-Mail direkt erreichen:

kontakt@kollegiale-beratung.de

Literatur

Andersen, T.: Das Reflektierende Team. Dialoge und Dialoge über die Dialoge. Dortmund 1990

Blomen, J., Dusch, Y., Stark, M.: Praxisnahe Qualifizierung von Projektleiter-Nachwuchs im IT-Bereich einer Universalbank sowie daraus entstandene Ansätze zur Veränderung in der internen PE. In: M. Schmitz-Buhl (Hg.): Wirtschaftspsychologie: Unternehmen verändern. Beiträge zur Wirtschaftspsychologie 2000. Lengerich 2000, S. 28

Fallner, H., Gräßlin, H. M.: Kollegiale Beratung. Eine Systematik zur Reflexion des beruflichen Alltags. Hille 1990

Galler, K., Kopp, R., Vonesch, L.: Kollegiale Fallberatung in der organisationellen Praxis. In: Personal, 2001, 2, S. 90–96

Gudjons, H.: Fallbesprechungen in Lehrergruppen. Ein Leitfaden für gegenseitige Supervision und Beratung in der praxisnahen Lehrerfortbildung. In: Westermanns Pädagogische Beiträge, 1977, 9, S. 373–379

Hendriksen, J.: Intervision. Kollegiale Beratung in Sozialer Arbeit und Schule. Weinheim, Basel 2000

Herwig-Lempp, J.: «Einfallsarbeit» in der Fallarbeit. Das Modell der Teamberatung. In: Sozialpädagogik, 1993, 3, S. 150–158

Herwig-Lempp, J.: Die Ressourcen der Teilnehmer nutzen – Handwerkszeug für die systemische Supervision in der Gruppe. In: Familiendynamik, 1997, 3, S. 264–287

Lauterburg, C.: Gute Manager fallen nicht vom Himmel. In: Organisationsentwicklung, 2001, 2, S. 4–11

Mutzeck, W.: Kooperative Beratung. Grundlagen und Methoden der Beratung und Supervision im Berufsalltag. Weinheim, Basel 1999

Osterhold, G.: Systemisches Coaching. In: Wirtschaftspsychologie, 2001, 1, S. 30 f.

Palmowski, W.: Der Anstoß des Steines. Systemische Beratungs-
strategien im schulischen Kontext. Dortmund 1998

Redlich, A.: Berufsbezogene Supervision in Gruppen. Vier Super-
visionsmethoden für Selbsthilfegruppen und Supervisoren.
Materialien aus der Arbeitsgruppe Beratung und Training,
Band 19, Universität Hamburg, Fachbereich Psychologie, Hamburg 1994

Rotering-Steinberg, S.: Anleitungen zum Selbsttraining für Lehrergruppen. Entwicklung und Evaluation eines Programmes
zur Kommunikation, Praxisberatung und Selbstkontrolle. Weinheim, Basel 1983

Rotering-Steinberg, S.: Ein Modell kollegialer Supervision.
In: H. Pühl (Hg.): Handbuch der Supervision. Berlin 1990,
S. 428–440

Rotering-Steinberg, S.: Die «Führungs-Lernstatt» als kooperative
Lern-Organisationsform. In: K. Geissler (Hg.): Handbuch Personalentwicklung. Köln 1998, Kap. 7.9

Rotering-Steinberg, S.: Anleitungen zur Kollegialen Supervision.
Ein professioneller und persönlicher Entwicklungs- und Wachs-
tumsprozess zur Selbstevaluation und Qualitätssicherung.
Tübingen 1999

Rowold, G., Schley, W.: Kollegiales Team Coaching. In: SE –
Schulentwicklung, 1998, 4, S. 70–78

Schein, E.: Process Consultation. Its Role in Organization Deve-
lopment. Reading 1987

Schlee, J.: Veränderung subjektiver Theorien durch Kollegiale
Beratung und Supervision (KoBeSu). In: J. Schlee, W. Mutzeck:
Kollegiale Supervision. Heidelberg 1996, S. 149–167

Schlee, J.; Mutzeck, W.: Supervision für Lehrerinnen und Lehrer.
In: J. Schlee, W. Mutzeck: Kollegiale Supervision. Heidelberg
1996, S. 9–22

Schulz von Thun, F.: Praxisberatung in Gruppen. Erlebnisaktivierende Methoden mit 20 Fallbeispielen zum Selbsttraining für Trainerinnen und Trainer, Supervisoren und Coachs. Weinheim 1996

Schulz von Thun, F.: Miteinander Reden 3 – Das «Innere Team» und situationsgerechte Kommunikation. Reinbek 1998

Thimm, K.: Fallsupervision – Systemisch-methodenplurale Überlegungen zu einem traditionellen Supervisionstypus. In: Supervision, 1997, 31, S. 86–103

Thomann, C.: Klärungshilfe: Konflikte im Beruf. Methoden und Modelle klärender Gespräche bei gestörter Zusammenarbeit. Reinbek 1998

Thönnessen, J.: Kommentar zu Online-Coaching-Fall Nr. 25. URL: http://mwonline.de, 2001

Wack, O., Detlinger, G., Grothoff, H.: Kreativ sein kann jeder. Kreativitätstechniken für Leiter von Projektgruppen, Arbeitsteams, Workshops und von Seminaren. Hamburg 1993

Watzlawick, P.: Anleitung zum Unglücklichsein. München, Zürich 1988

Watzlawick, P.: Vom Schlechten des Guten. Oder Hekates Lösungen. München, Zürich 1993

Friedemann Schulz von Thun

Schweigen ist Silber,
miteinander reden ist Gold

Führungsstil & Management bei rororo

Mit optimalem Zeitmanagement und motivierten Mitarbeitern zum Erfolg

Kenneth Blanchard et al.
Führungsstile
Wirkungsvolleres Management durch situationsbezogene Menschenführung
3-499-61435-9

Management durch Empowerment
Das neue Führungskonzept: Mitarbeiter bringen mehr, wenn sie mehr dürfen.
3-499-60771-9

Der Minuten-Manager: Führungsstile
Wirkungsvolleres Management durch situationsbezogene Menschenführung. 3-499-19934-3

Der Minuten Manager schult Hochleistungs-Teams
3-499-61437-5

Der Minuten Manager und der Klammer-Affe
Wie man lernt, sich nicht zuviel aufzuhalsen
3-499-61439-1

K. Blanchard/Sheldon Bowles
Gung Ho!
Wie Sie jedes Team in Höchstform bringen. 3-499-61479-0

Blanchard/Johnson
Der Minuten Manager
3-499-61434-0

Spencer Johnson
Ja oder Nein. Der Weg zur besten Entscheidung
Wie wir Intuition und Verstand richtig nutzen 3-499-19906-8

Eine Minute für mich
3-499-61436-7

Spencer Johnson/Larry Wilson
Das Minuten Verkaufstalent
3-499-61438-3

Nadina-Maria Kress/ Andreas von Studnitz
Teamführung: Gemeinsam zum Ziel
Ein Handbuch für alle, die Führungskraft geworden sind oder werden 3-499-60928-2

Foto: Daniel Fuchs

Michael Lukas Moeller

Der «Papst der Paare» hilft die Zeitbombe der Sprachlosigkeit zu entschärfen

Worte der Liebe
Erotische Zwiegespräche
Ein Elixier für Paare
3-499-60433-7
Heute herrscht Sprachlosigkeit zwischen den Liebenden. Die Partner verwalten meist nur geschäftsmäßig ihren Alltag und haben es verlernt, sich ihr wesentliches Erleben ungestört mitzuteilen. Wie soll sich in einer solchen versachlichten Beziehung Erotik aufrechterhalten?

Gelegenheit macht Liebe
Glücksbedingungen in der Partnerschaft. 3-499-61169-4

Die Liebe ist das Kind der Freiheit 3-499-60594-5

Auf dem Weg zu einer Wissenschaft von der Liebe
Dyadologie: Die Lehre vom Dialog der Dyade. 3-499-61417-0

Selbsthilfegruppen
Anleitungen und Hintergründe
3-499-19987-4

Die Wahrheit beginnt zu zweit
Das Paar im Gespräch
«Gibt es überhaupt noch eine Chance für eine bessere Beziehung? Ich glaube, ja. Miteinander reden macht glücklichere Paare. Nur wie? Der entscheidende Weg ist das wesentliche Zwiegespräch.» (Michael Lukas Moeller)

Michael Lukas
Moeller
Die Wahrheit
beginnt zu zweit
Das Paar im Gespräch

3-499-60379-9

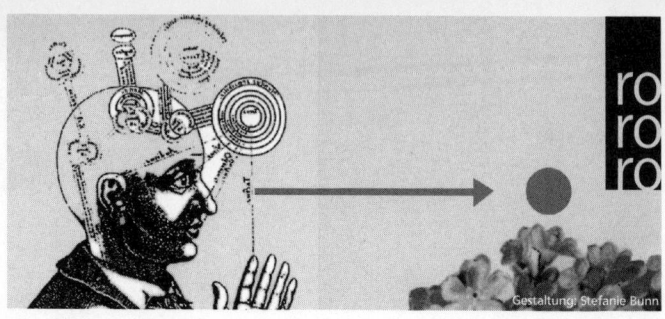

Gestaltung: Stefanie Bünn

Psychologie bei rororo

Hilflos, unfähig, k.o. – oder doch lieber o.k.?

Eric Berne
Spiele der Erwachsenen
Psychologie der menschlichen
Beziehungen 3-499-61350-6

Shakti Gawain
Stell dir vor
Kreativ visualisieren
3-499-18093-6

Thomas A. Harris
Ich bin o.k. – Du bist o.k.
Wie wir uns selbst besser verste-
hen und unsere Einstellung zu
anderen verändern können.
Eine Einführung in die Trans-
aktionsanalyse 3-499-16916-9

Amy Bjork Harris/
Thomas A. Harris
Einmal o.k. – immer o.k.
Transaktionsanalyse für den
Alltag 3-499-18788-4

Laurence J. Peter/
Raymond Hull
Das Peter-Prinzip
oder Die Hierarchie der Unfähigen
3-499-61351-4

Wolfgang Schmidbauer
Hilflose Helfer
Über die seelische Problematik
der helfenden Berufe
3-499-19196-2

Raymond Hull
Alles ist erreichbar
Erfolg kann man lernen

3-499-61352-2

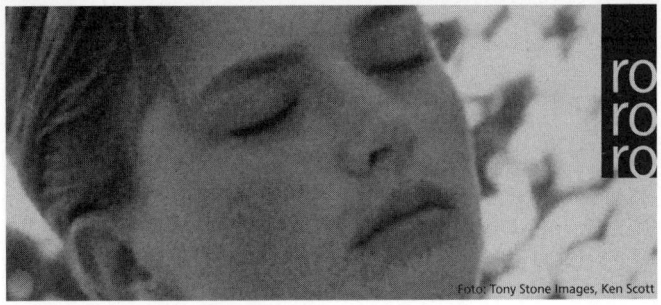

Foto: Tony Stone Images, Ken Scott

Lebenshilfe bei rororo

Stress, Depression, seelische Problemzonen – und die Kunst, sie zu überwinden

Wayne W. Dyer
Der wunde Punkt
*Die Kunst, nicht unglücklich
zu sein. Zwölf Schritte
zur Überwindung unserer
seelischen Problemzonen*
3-499-17384-0

Eugene T. Gendlin
Focusing
*Selbsthilfe bei der Lösung
persönlicher Probleme*
3-499-60521-X

**Edward M. Hallowell/
John Ratey**
**Zwanghaft zerstreut
oder Die Unfähigkeit,
aufmerksam zu sein**
3-499-60773-5

Frederic F. Flach
Depression als Lebenschance
*Seelische Krisen und wie
man sie nutzt*
3-499-61111-2

Reinhard Tausch
Hilfen bei Streß und Belastung

*Was wir für unsere Gesundheit
tun können*
3-499-60124-9

**Laura Epstein Rosen/
Xavier F. Amador**
**Wenn der Mensch, den du
liebst, depressiv ist**
*Wie man Angehörigen oder
Freunden hilft*

3-499-61331-X

Foto: FPG/Bavaria

Politik, Zeitgeschichte, Gesellschaft

**«In Zeiten wie diesen gehört viel Mut dazu,
den Finger in die Wunden des Westens zu legen.»**
Süddeutsche Zeitung

Brisard/Dasquié
Die verbotene Wahrheit
*Die Verstrickungen der USA
mit Osama bin Laden*
3-499-61501-0

Martin/Schumann
Die Globalisierungsfalle
*Der Angriff auf Demokratie
und Wohlstand* 3-499-60450-7

**Prenzlauer Berg Museum/
Annett Gröschner**
**«Ich schlug meiner Mutter die
brennenden Funken ab»**
*Berliner Schulaufsätze aus dem
Jahr 1946* 3-499-60834-0

Inge Viett
Nie war ich furchtloser
Autobiographie 3-499-60769-7

**Donella Meadows/Dennis
Meadows/Jorgen Randers**
**Die neuen Grenzen des
Wachstums**
3-499-19510-0

Daniela Dahn
Spitzenzeit

*Lebenszeichen aus einem
gewesenen Land* 3-499-61117-1
Wenn und Aber
Anstiftungen zum Widerspruch
3-499-61458 8
Westwärts und nicht vergessen
Vom Unbehagen in der Einheit
3-499-60341 1

3-499-61451-0